ACCESO GRATIS a la Lectura en la Nube

Para visualizar el libro electrónico en la nube de lectura envíe junto a su nombre y apellidos una fotografía del código de barras situado en la contraportada del libro y otra del ticket de compra a la dirección:

ebooktirant@tirant.com

En un máximo de 72 horas laborales le enviaremos el código de acceso con sus instrucciones.

La visualización del libro en **NUBE DE LECTURA** excluye los usos bibliotecarios y públicos que puedan poner el archivo electrónico a disposición de una comunidad de lectores. Se permite tan solo un uso individual y privado

MANUAL DE POLICÍA JUDICIAL EN DELITOS CONTRA LA SEGURIDAD VIAL

Procedimiento de selección de originales, ver página web:
www.tirant.net/index.php/editorial/procedimiento-de-seleccion-de-originales

MANUAL DE POLICÍA JUDICIAL EN DELITOS CONTRA LA SEGURIDAD VIAL

ANTONIO CARRASCO GARCÍA
Comisario Policía

Prólogo: Ilmo. Sr. D. Manuel José Baeza Díaz-Portales.
Presidente Sala TSJ Valencia

tirant lo blanch
Valencia, 2024

En caso de erratas y actualizaciones, la Editorial Tirant lo Blanch publicará la pertinente corrección en la página web www.tirant.com.

Director de colección: Francisco de Anton y Barbera

EDITA: TIRANT LO BLANCH
C/ Artes Gráficas, 14 - 46010 - Valencia
TELFS.: 96/361 00 48 - 50
FAX: 96/369 41 51
Email: tlb@tirant.com
www.tirant.com
Librería virtual: www.tirant.es
DEPÓSITO LEGAL: V-2187-2024
ISBN: 978-84-1071-107-5

Si tiene alguna queja o sugerencia, envíenos un mail a: *atencioncliente@tirant.com.* En caso de no ser atendida su sugerencia, por favor, lea en *www.tirant.net/index.php/empresa/politicas-de-empresa* nuestro procedimiento de quejas.

Responsabilidad Social Corporativa: http://www.tirant.net/Docs/RSCTirant.pdf

"Sine Sole Sileo"

Índice

Prólogo

Los delitos contra la seguridad vial vienen configurándose durante los últimos años como uno de los actores principales de numerosas y variadas reformas de nuestro Código Penal. Adicionalmente, y gracias a la reforma operada en la Ley de Enjuiciamiento Criminal por la Ley 41/2015, de 5 de octubre, se facilitó el acceso a la función nomofiláctica de los mismos por parte del Tribunal Supremo, ya que con anterioridad a la misma, salvo en caso de determinados fueros personales, se privaba a nuestro alto tribunal de tal función unificadora y clarificadora en relación con los delitos "menores" que conforman la delincuencia vial.

Gracias a su aplicación en los últimos años se han solventado heterogéneas disyuntivas entre diversas Audiencias Provinciales y se han resuelto un gran número de cuestiones tales como si la negativa al sometimiento de la segunda prueba de alcoholemia constituía un delito de negativa o no (STS 210/2017, de 28 de marzo, TOL6.012.755); El concurso entre el delito de conducción alcohólica y el delito de negativa a someterse a las pruebas (STS 419/2017, de 8 de junio, TOL6.172.049), Márgenes de error de cinemómetros móviles con funcionamiento en modo estático (STS 184/2018, de 17 de abril, TOL 6.586.899); Penalidad del subtipo atenuado contenido en el artículo 385 Ter (STS 38/2020, de 6 de febrero, TOL7.763.421), Descripción de los elementos típicos que conforman el nuevo delito de fuga del lugar del accidente de tráfico (STS 145/2023, de 18 de enero, TOL9.379.320); El redondeo en los decimales de la prueba de alcoholemia (STS 788/2023, de 25 de octubre, TOL9.763.953)...

El Manual de Policía Judicial en delitos contra la seguridad vial es una obra completamente actualizada que incluye la más reciente jurisprudencia de nuestro Tribunal Supremo. A diferencia de la oferta bibliográfica predominante en la materia presenta una característica diferenciadora y es que es una obra creada "*ad hoc*" y específicamente destinada a los profesionales de la seguridad y en concreto a los miembros de la denominada Policía Judicial del Tráfico que deseen ahondar en la problemática y densidad normativa relacionada con la delincuencia vial.

En la obra estructurada en comunión con el articulado de nuestro Código Penal (*Arts. 379 a 385*), se efectúa una pequeña evolución histórico-jurídica de cada tipo penal, se destacan los elementos normativos del tipo con especial énfasis en su diferenciación con la norma administrativa que atañe a cada uno de ellos dada su naturaleza dicotómica (pues tanto una conducción temeraria, una conducción bajo los efectos del alcohol... dependiendo de las características del hecho puede revestir carácter penal o administrativo); igualmente se efectúa una pequeña exégesis de sus principales elementos normativos relacionados con la praxis operativa policial y en las postrimerías de cada capítulo se adereza la obra con el planteamiento y resolución de supuestos prácticos para facilitar la comprensión.

En definitiva nos encontramos ante una herramienta muy útil, actualizada y recomendada a todo aquél policía que desee profundizar en conocimientos en la materia, al objeto de otorgar una adecuada y actualizada respuesta jurídica ante este tipo de delitos; lo que, sin duda, redundará en un servicio público policial a la ciudadanía adecuado y de calidad, del cual la formación se erige como pilar fundamental.

MANUEL JOSÉ BAEZA DÍAZ-PORTALES

Presidente de la Sala de lo Contencioso-Administrativo del Tribunal Superior de Justicia de la Comunidad Valenciana.

Abreviaturas

AAP.- Auto Audiencia Provincial.

ATGC.- Agrupación de Tráfico de la Guardia Civil.

ATS.- Auto del Tribunal Supremo.

CE.- Constitución Española.

CNP.- Cuerpo Nacional de Policía

CP.- Código Penal.

DGT.- Dirección General de Tráfico.

E.E.E.- Espacio económico europeo.

EMP.- Error máximo permitido.

FCS.- Fuerzas y cuerpos de seguridad.

FGE.- Fiscalía General del Estado.

GC: Guardia Civil.

INTCF.- Instituto Nacional de Toxicología y Ciencias Forenses.

LECRIM.- Ley de Enjuiciamiento Criminal.

LO.- Ley orgánica.

LSV.- Ley de seguridad vial.

PL.- Policía Local.

RD.- Real Decreto.

RGCIR.- Reglamento general de circulación.

RGCON.- Reglamento general de conductores.

SAP.- Sentencia Audiencia Provincial.

SJCA.- Sentencia Juzgado de lo contencioso administrativo

SJP.- Sentencia Juzgado de lo Penal.

STC.- Sentencia Tribunal Constitucional.

STS.- Sentencia Tribunal Supremo.

STSJ.- Sentencia Tribunal Superior de Justicia.

THC.- Tetrahidrocannabinol

UE.- Unión Europea.

VMP.- Vehículo de movilidad personal.

Introducción

Cuestiones comunes

Los delitos contra la seguridad vial, conforme datos de la Fiscalía General del Estado (2021) son los delitos más habituales año tras año en nuestros órganos jurisdiccionales representando aproximadamente un tercio de las sentencias condenatorias que se dictan en España. De tal magnitud de datos es fácilmente extrapolable su enorme importancia y su adecuado conocimiento, para especialmente cualquier miembro de las FCS con competencias en materia de tráfico.

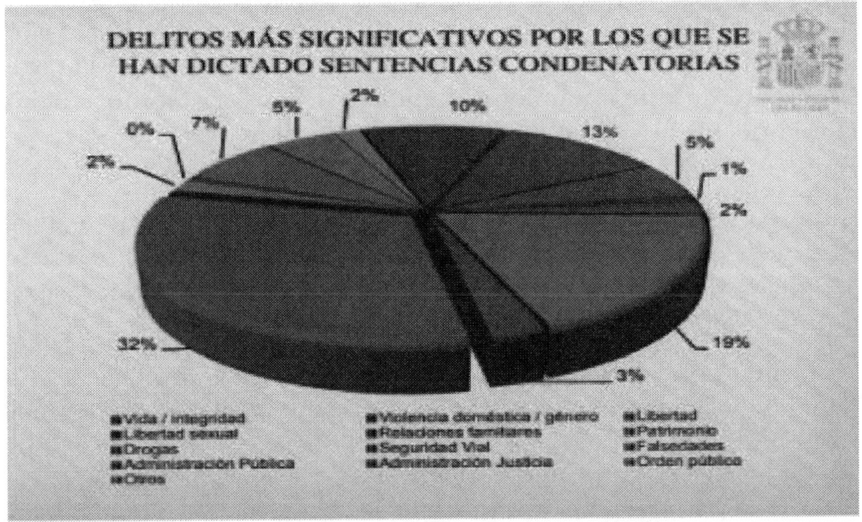

La evolución de los tres últimos años es la siguiente:

	2018	2019	2020
Seguridad vial	34 %	31 %	32 %
Patrimonio	21 %	21 %	19 %
Administración de Justicia	7 %	7 %	7 %
Violencia doméstica/género	10 %	10 %	13 %
Vida e integridad física	9 %	9 %	10 %
Orden Público	4 %	5 %	5 %
Libertad	5 %	6 %	5 %

Fuente: Memoria FGE 2021

En el presente libro cuyo eje central lo constituye la exégesis de los artículos que comprenden del artículo 379 al 385 del Código Penal y el cual está orientado principalmente a un lector profesional de la seguridad, se procede a desgranar uno a uno los distintos artículos que conforman la delincuencia vial desde un prisma policial. De tal manera, al margen de una debida introducción a cada figura delictiva y sus principales elementos normativos nos centramos principalmente en diversos aspectos útiles para la práctica operativa policial diaria, tales como el adecuado contenido de los atestados penales que se instruyan o la resolución de distintas cuestiones controvertidas expuestas a través de supuestos prácticos que cualquier profesional puede encontrarse en su día a día, al objeto que sea conocedor de la más moderna doctrina y jurisprudencia, y por ende de una adecuada tramitación procedimental de cada caso, basada no en opiniones personales sino en la más reciente opinión fundamentada de nuestros tribunales, fiscalía o instrucciones de tráfico. A lo largo de la obra también se trata la vertiente administrativa propia de los delitos contra la seguridad vial, pues cada figura penal tiene una infracción administrativa análoga la cual operará y entrará en funcionamiento dependiendo de las circunstancias que rodeen al hecho investigado, por lo que esta obra pretende ofrecer una visión integral sobre los delitos viales.

Empero y con carácter previo al desarrollo capitular, conviene dejar claros distintos conceptos que suelen ser comunes y de aplicación a la generalidad de los delitos contra la seguridad vial, los cuales pasamos a explicar a continuación:

Un primer concepto a definir, pues se constituye como la acción típica principal de los delitos viales es el relativo a la conducción y qué debemos entender para que exista conducción. El Tribunal Supremo y es opinión consolidada, ha declarado que para que exista conducción es necesario que se ponga en marcha el motor y que el desplazamiento del vehículo se efectúe a impulsos. El delito sólo surgirá cuando el sujeto activo se sirva de las prestaciones del motor del vehículo, habiendo destacado la doctrina mayoritaria que ello requiere el desplazamiento espacial del vehículo que se produce cuando se da el manejo de los mecanismos de dirección. Sin embargo, se pueden hallar sentencias de audiencias provinciales en sentido contrario, sirva de ejemplo la SAP Alicante 29/11/2005 (TOL6.307.568) en la que se juzga a la conductora que entró en su vehículo, el cual estaba estacionado en la vía pública, en una zona de cuesta o pendiente y situándose en el asiento del conductor quitó el freno de mano, con lo que el vehículo se deslizó varios metros hasta chocar con otro estacionado y la misma fue considerada culpable, puesto que entendió el órgano jurisdiccional que quien se encuentra al volante del vehículo, tiene el deber de controlarlo, dominarlo o conducirlo y ello con independencia de que el vehículo se desplace por la propulsión del motor o aprovechando la pendiente de la calzada. Piénsese por ejemplo también en los casos en los que el vehículo circula tras haberse quedado sin combustible o por fallo mecánico.

No obstante, tal tesis es minoritaria y entendemos más ajustada a derecho la que requiere que el vehículo a motor se halle en movimiento gracias a la fuerza motriz generada por el motor del que va dotado, puesto que tal opinión ha sido la expresada por el Tribunal Supremo en reiteradas y recientes sentencias. De tal manera la STS 892/2023, de 29 de noviembre (TOL9.803.974) absolvió al conductor ebrio que fue sorprendido por agentes de la Guardia Civil empujando un vehículo de pie, con medio cuerpo metido en la plaza del conductor y manejando con la mano el volante, el cual presentaba síntomas como olor a alcohol, habla pastosa, frases incoherentes y repetitivas, rostro muy enrojecido y sudoroso... pero que no puso en marcha el motor del vehículo. El verbo empleado en la mayoría de los tipos penales es conducir y empujar no es conducir y no puede efectuarse una interpretación extensiva en perjuicio del reo. Cuestión distinta que apunta este autor es que tanto la conducta anteriormente referida (empujar un coche) o deslizarse cuesta abajo con el motor apagado por personas en estado de ebriedad, si bien está conculcada su punición por el Art. 379.2 CP, los hechos pudieran subsumirse por la figura del Art. 385 CP (cuyo sujeto activo no tiene porque ser conductor) ya que por ejemplo un vehículo en dichas circunstancias puede tener la consideración de obstáculo imprevisible en la calzada generador de un alto riesgo, dentro de las conductas que recoge dicho artículo que sirve de cláusula de cierre al sistema de delitos viales.

Otra cuestión controvertida y común e inherente a la acción de la conducción, es cuánto tiempo tiene que durar la misma o si se exige una distancia mínima para la consumación delictual. En relación a la acción de conducir, y centrándonos en el párrafo segundo del artículo 379, la SAP Santander 2083/2004, de 29 de octubre (TOL7.890.526) establece que es indiferente que la conducción fuera de pocos metros o si la única intención del inculpado era cambiar el coche de sitio, ya que todo ello no es óbice a la punición de tal hecho. En el mismo sentido la SAP Girona 479/2004, de 7 de junio (TOL480.208) entiende que las maniobras de estacionamiento de un vehículo, son constitutivas de delito, puesto que el precepto penal vulnerado se verifica por la realización de una acción y no por la producción de resultado alguno, de manera que no se exige para su comisión, ni un desenlace lesivo como un accidente de circulación, ni la concreta puesta en peligro de cualquier tipo de bienes jurídicos, como consecuencia de una conducción viciada, sino que basta con realizar la conducta típica en circunstancias que potencialmente pongan en peligro la seguridad en la conducción. Peligro a su vez vinculado entre otros con la integridad física, vida y patrimonio de las personas. Por ello, el órgano jurisdiccional, entiende que la conducta de aparcar sí que puede subsumirse en la conducta típica de conducir, con independencia que la intención del conductor ebrio sea la de incorporarse al vial público o la de estacionar su vehículo. En igual sentido SAP Valencia 140/2022 (TOL9.409.214) reconoce que el acusado fue sorprendido intentando aparcar el coche, y ello es sin duda, un acto de conducción por breve que sea.

Por su parte, la SAP Coruña 05/06/2009 (TOL6.872.626) castiga al conductor interceptado tras un desplazamiento de dos o tres metros, según testigos. En el presente caso es muy clarificadora la STS 794/2017, de 11 de diciembre (TOL6.461.960) donde la policía sorprende a un varón ebrio parado en un semáforo en rojo. Nuestro alto tribunal incide en que conducir arreglo el diccionario de la Real Academia de la Lengua Española significa llevar, transportar de una parte a otra. La acción de conducir un vehículo de motor incorpora de esa forma unas mínimas coordenadas espacio-temporales, un desplazamiento, el traslado de un punto geográfico a otro. Sin movimiento, no hay conducción. Actos de aparcamiento o desaparcamiento sí que se consideran conducción, pero en el caso presente no se ha observado la conducción y el artículo 379.2 CP exige un movimiento locativo, un trayecto del automóvil bajo la acción del sujeto activo, en una vía pública y por tanto en condiciones tales de causar en abstracto algún daño. La STS 436/2017, de 15 de junio (TOL6.185.691) entiende a tal efecto que el desplazamiento de vehículo dos metros es suficiente para la consumación.

Finalmente es importante en estos delitos el **lugar de comisión del mismo**, puesto que tal y como se señala en STS 23/04/1974 (TOL4.254.428), se excluye la aplicación penal a las zonas privadas, tales como garajes (no abiertos a colectividades indeterminadas de usuarios), siendo de aplicación únicamente en las vías públicas, coincidiendo su ámbito de aplicación con el reseñado en el artículo segundo de la Ley de seguridad vial, según el cual los preceptos de dicha Ley serán aplicables en todo el territorio nacional y obligarán a:

1º.- Titulares y usuarios de las vías y terrenos públicos aptos para la circulación, tanto urbanos como interurbanos.

2º.- Titulares y usuarios de las vías y terrenos que, sin tener tal aptitud sean de uso común.

3°.- En defecto de otras normas, a los titulares de las vías y terrenos privados que sean utilizados por una colectividad indeterminada de usuarios.

De esta manera queda sentada la inaplicación del precepto en zonas privadas de acceso restringido y sí en las públicas y demás privadas. No obstante, podemos encontrarnos en la práctica policial situaciones confusas en las que se combina el elemento privado y el elemento público, la opinión de nuestros órganos jurisdiccionales y por lo tanto la que se debe seguir, es la siguiente expresada en las siguientes sentencias: La SAP Coruña de 09/10/2000 (ECLI:ES:APC:2000:3594), especifica que no es forzar el tipo penal incluir como delito la conducción realizada por un parking subterráneo, en virtud del artículo segundo de la Ley de seguridad vial. Por su parte, la SAP Burgos de 11/10/2002 (ECLI:ES:APBU:2002:1309) condena en un supuesto en que los hechos no ocurren en un garaje particular de uso exclusivo del acusado, sino en un aparcamiento público aunque restringido a los usuarios de un centro hospitalario. La SAP Vizcaya 23/01/2004 (TOL412.983) estima cometido el delito en una explanada al lado de una discoteca utilizada como aparcamiento por sus usuarios y la SAP Madrid 27/10/2005 (TOL749.455) ratifica la condena impuesta en primera instancia a un conductor que conducía borracho en el interior de un garaje privado, pero con zonas comunes, produciéndose el delito no en el interior de su plaza privada, sino en un acceso común para todos los vecinos de la finca, representando un peligro para la seguridad vial en relación al resto de usuarios del garaje. La SAP Madrid 263/2018, de 20 de abril (TOL6.717.902) aplica el delito a quien el interior de un parking privado usado por una colectividad indeterminada, desaparcó su vehículo chocando contra una columna. En idénticos términos se expresa la SAP Murcia 995/2019, de 14 de mayo (TOL7.320.229) en la cual un conductor en estado ebrio circulaba por un camino de carácter privado pero de uso público, construido para dar acceso a las propiedades de los fundos colindantes y que opera instrumentalmente para facilitar las actividades agrícolas a los titulares de distintas fincas, motivo por el cual se ratificó su condena por conducción bajo los efectos del alcohol en concurso con un delito de negativa al sometimiento de las pruebas, a pesar del carácter privado de la vía, puesto que la misma era utilizada por una colectividad indeterminada de usuarios. La STS 55/2018, 31 de enero (TOL6.499.027) a este tenor considera que existe delito «en este caso del Art. 384 CP» al bajar por la rampa de entrada y salida de un garaje.

De igual manera y con idéntico carácter introductorio adicionalmente a las prescripciones efectuadas, se efectúa una pequeña síntesis del proceso penal atinente a la delincuencia vial. Proceso penal, Enjuiciamiento y Delitos contra la seguridad vial: La Ley de enjuiciamiento criminal, aprobada por Real Decreto de 14 de septiembre de 1882, con sus respectivas modificaciones y actualizaciones, es la norma legal que regula principalmente el derecho procesal español, entendiendo por proceso penal, las distintas etapas y pasos dentro de ellas que debe seguir la causa judicial incoada por la comisión de un hecho delictivo. El proceso penal se distingue principalmente del resto de procesos (*civiles, contenciosos, sociales...*) porque se puede iniciar de oficio, así como porque la fase de instrucción la efectúa con carácter general un órgano jurisdiccional distinto al que dicta la sentencia. La LECRIM, contiene distintos tipos de procesos penales o procedimientos según las circunstancias que rodean al hecho delictivo *(objetivas, personales...)* de manera que por ejemplo los hechos más graves acarrean procedimientos más garantistas hacia el procesado, que desembocan en procedimientos más extensos y viceversa. Aunque la LECRIM originariamente establecía únicamente un procedimiento ordinario y calificaba el resto de especiales, a día de hoy existe una amplia tipología de distintos procesos penales, que se pueden clasificar a su vez de múltiples formas, destacando por su uso generalizado y excepciones propias:

- Procedimiento sumario/ ordinario: Delitos con pena privativa de libertad superior a nueve años.
- Procedimiento abreviado: Delitos con pena privativa de libertad inferior a nueve años.
- Procedimiento sobre delitos leves: Enjuiciamiento de delitos leves.
- Procedimiento de juicio rápido: Conforme el artículo 795 LECRIM, se tramitarán por esta vía, los hechos delictivos que atiendan los siguientes criterios:

  - Pena privativa de libertad - 5 años, u otras -10.
  - Incoación mediante atestado policial. Delito flagrante.
  - Se trate de determinados delitos tipificados (Seguridad vial, *Daños, Salud pública, Hurtos, Robos y Robo/Hurto de uso de vehículos, Propiedad intelectual e industrial y lesiones, coacciones o amenazas cometidas contra determinadas personas*) o hechos punibles que se aprecie facilidad instructora.

Por dicho motivo, como policía judicial de tráfico el atestado efectuado por la comisión de un delito contra la seguridad vial, cursará en circunstancias habituales por el procedimiento relativo a los juicios rápidos, derivando una vez en sede judicial en la transformación del atestado en Diligencias Urgentes. (*Sumario, en los procedimientos ordinarios; Diligencias Previas en los abreviados...*).

No obstante, la LECRIM regula una nutrida serie de procedimientos especiales que suelen responder a un fuero o criterio personal del procesado y no a la gravedad o tipo del delito, tales como el enjuiciamiento de:

- Menores: *Mayores de 14 años y menores de 18* años.
- Militares: Si se encuentran en actividad, se le aplican las especialidades contenidas en la Ley Orgánica 2/1989, de 13 de abril, Procesal Militar.
- Aforados: Quienes en algunos casos gozan de inviolabilidad, sin que en ninguna circunstancia puedan ser detenidos y en otros supuestos únicamente se permite su detención cuando son sorprendidos en flagrante delito, correspondiendo su enjuiciamiento a determinados tribunales.

En todos estos casos el procedimiento de juicio rápido está vetado, para los casos en que un menor, un militar en actividad o un aforado cometa un delito contra la seguridad vial. Cuestión que deberá tener en cuenta la policía judicial que confeccione el atestado, debiendo inhibirse los juzgados de instrucción no competentes, en caso de remisión por error. Véase al respecto la STS 3168/2013, de 17/06/2013 (TOL3.787.958) en la que es el Tribunal Supremo quien juzga por un delito contra la seguridad vial a un diputado de las Cortes Generales, el cual había sido juzgado por error por órgano jurisdiccional inferior.

En concordancia con lo referenciado, la Circular 1/2003, de 10 de abril, de la Fiscalía General del Estado, sobre el procedimiento para el enjuiciamiento rápido e inmediato de determinados delitos y faltas estipula que la dinámica operativa establecida en los artículos 303 y 309 LECRIM relativa a los aforados, no es cohonestable con las previsiones de celeridad y los breves plazos establecidos para los juicios rápidos pensados para un juez de instrucción de guardia que conoce inmediatamente y con plenitud de poderes del atestado que le es remitido por la policía judicial y que debe resolverlo en el período de la guardia. Debe negarse, por todo ello, la posibilidad de tramitar causas contra aforados ante dichos tribunales por el procedimiento de las diligencias urgentes.

Igualmente en relación a los menores y militares, el artículo 779 LECRIM relativo al procedimiento abreviado, (supletorio del rápido) estipula la remisión a los órganos pertinentes si los hechos estuviesen atribuidos a la jurisdicción militar o del menor.

379.1 Código Penal.

Velocidad excesiva

El que condujere un vehículo de motor o un ciclomotor a velocidad superior en sesenta kilómetros por hora en vía urbana o en ochenta kilómetros por hora en vía interurbana a la permitida reglamentariamente, será castigado con la pena de prisión de tres a seis meses o con la de multa de seis a doce meses o con la de trabajos en beneficio de la comunidad de treinta y uno a noventa días y, en cualquier caso, con la de privación del derecho a conducir vehículos a motor y ciclomotores por tiempo superior a uno y hasta cuatro años.

Evolución legislativa: Resulta novedosa la introducción dentro del ámbito penal de los excesos de velocidad. Y es que no sólo el alcohol se configura como una de las causas principales de la siniestralidad vial, sino que junto a la velocidad se encuentra en el origen de un gran número de víctimas mortales. Asimismo al introducir esta nueva técnica legislativa, se daba respuesta a la escandalosa impunidad de aquellos conductores que circulaban a velocidades totalmente desproporcionadas. Recuérdese el caso de la absolución de un conductor que circulaba a 260 kilómetros por hora, en un tramo recto de la autovía A-231, por la SAP Burgos, de 12 de marzo (TOL7.527.982) en la cual se reseñaba que pese a que circular a dicha velocidad constituye una conducta manifiestamente temeraria, no se podía considerar como un delito de conducción temeraria, porque no hubo ninguna circunstancia de peligro concreto.

No obstante dicha novedad legal, es relativa pues ya los Códigos Penales de 1848 y de 1850, consideraban como hechos constitutivos de falta, a quienes *"corrieren carruajes o caballerías con peligro de las personas, haciéndolo de noche o en paraje concurrido"*. E igualmente, el Código Penal de 1928, en su articulado consideraba imprudencia grave con vehículos, aquellos en los que además se marchara con velocidad excesiva en relación con las disposiciones que la fijen, y si no las hubiere en relación con la prudencia que exigiere el sitio y el tránsito de otros vehículos o viandantes. A partir de aquí y a diferencia de otros delitos atentatorios contra la seguridad vial, la conducta consistente en excesos de velocidad no se consagra en el texto punitivo, siendo reintroducida por la Ley orgánica 15/2007, en el Código Penal de 1995, con el texto anteriormente epigrafiado como un delito de peligro abstracto y como una norma penal en blanco, si bien el contenido de su articulado fue modificado durante su *iter* parlamentario en numerosas ocasiones, ya que en un principio la propuesta formulada por la irección general de tráfico, consistía en caracterizar como penal la conducción de vehículos superando en un 50% el límite máximo de velocidad reglamentariamente autorizado, no distinguiendo entre zona urbana e interurbana.

Posteriormente, la propuesta de la comisión general de codificación que ya distinguía entre ambos tipos de vía, consideraba delito el conducir con una velocidad superior en 40 km/h o en 70 Km/h a la permitida, modificándose tales límites en el anteproyecto de reforma del Código Penal presentado por el Consejo de Ministros, el cual elevaba a 50 Km/h y 70 Km/h respectivamente el ilícito penal. Hasta llegar finalmente a la proposición de ley orgánica de modificación del Código Penal, que derivó en la Ley orgánica 15/2007, de 30 de noviembre que elevó nuevamente los límites de velocidad hasta los 60 km/h y 80 km/h, que han sido los que definitivamente se han plasmado en el Código. No requiriéndose para su consumación una duración determinada, bastando el transcurso de un mínimo lapso de tiempo o distancia conduciendo con dicha velocidad superior, para su punición penal.

La velocidad agrava todo tipo de accidentes, cualquiera que sea la vía donde se produzcan. Cuando un automóvil sufre un accidente y choca contra otro o contra un objeto (muro, árbol, edificio...) soporta una decelaración que se relaciona con la velocidad a la que circula. A mayor velocidad, mayor decelaración. El riesgo de que los ocupantes mueran o sufran lesiones graves o muy graves, crece exponencialmente a partir de deceleraciones superiores a 30 Km/h. Y es que circular a doscientos kilómetros por hora, significa que en caso de colisión, la misma es equiparable a caerse desde 158 metros, que viene a ser un piso cuarenta y cinco o como caer desde lo alto de la torre Picasso de Madrid. Siendo necesario además para poder frenar el equivalente a más de tres campos de fútbol, recorriéndose aproximadamente 56 metros por segundo y reduciéndose el campo visual útil a menos de veintiocho grados. Ya a partir de 120 Km/h, la posibilidad de muerte en caso de colisión está cercana al 95%. Y en vía urbana a mas de 50 Km/h la mayor parte de los atropellos son mortales (obsérvese gráfico siguiente). Razones que nos inducen a pensar que la introducción de esta nueva modalidad delictiva, no vulnera el carácter fragmentario y subsidiario del derecho penal.

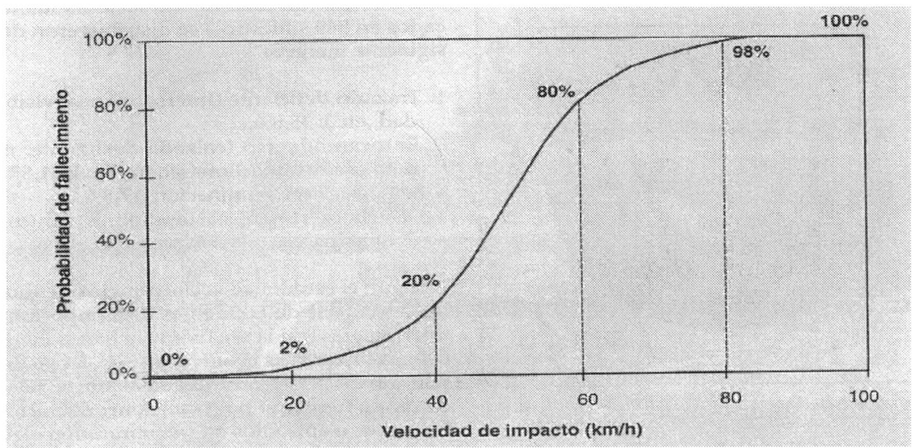

Fuente: Arregui, Luzón y Seguí-gómez: *Fundamentos de biomecánica (2010).*

¿QUÉ DEBE CONTENER UN CORRECTO ATESTADO POLICIAL, EN REFERENCIA A LA PRESENTE FIGURA DELICTIVA?

1) Determinación del tipo de la vía: Urbana o interurbana. Es vía interurbana toda vía pública situada fuera de poblado y vía urbana toda vía pública situada dentro de poblado. Las travesías tienen la consideración de vía interurbana como regla general, salvo que exista una alternativa viaria o variante a la cual tenga acceso. (Anexo I LSV, puntos 71 y 73). Por lo tanto, de conformidad con los criterios consolidados en la Circular 10/2011, se ha de aplicar a las travesías el exceso de velocidad de 80 Km/h previsto para las vías interurbanas, aunque las labores de control y vigilancia de la vía se ejerzan por Policía Local. La Circular 10/2011 de la Fiscalía general del estado, en relación a la cuestión en particular, relata que en puridad, vías urbanas son las situadas geográficamente entre las señales de entrada y salida de poblado e interurbanas las demás. La calificación de poblado, de lo urbano a efectos del tipo, se hace depender de la colocación de señales de entrada y salida, descritas en el catálogo oficial de señales cuyos símbolos y nomenclatura se encuentran en el Anexo I del RGCIR.

Señal S-500

(*Entrada a poblado*)

Señal S-510

(*Fin de población*)

En el mismo sentido reseña que en los casos de manifiesta inadecuación o inexistencia de la señalización, habrá que prestar atención como criterios de análisis a la existencia de edificios o núcleos urbanos y su entidad, configuración de la ciudad y del suelo, valoraciones de riesgo, extensión del término municipal, conexión con el tráfico urbano, titularidad de la vía, agentes policiales encargados de su vigilancia y control, así como fórmulas de coordinación y reparto de competencias entre las autoridades administrativas del territorio. Y en caso que aún persistan dudas razonables, es obligado *pro reo*, computar el exceso de velocidad en vía interurbana.

2) Se debe indicar la velocidad máxima del tramo fijada a través de las correspondientes señales, indicando el punto kilométrico, número, altura o intersección donde se encuentra instalada la señal, incorporándose a ser posible reportaje fotográfico de la misma, donde se aprecie su visibilidad y conservación. Por ello se procurará la práctica de controles de velocidad en lugares apropiados, "que deben de ser la mayoría". No obstante, si detectásemos cualquier deficiencia en la señalización descartaríamos el lugar y procedería dar aviso a los servicios técnicos pertinentes, salvo deficiencias graves, donde lógicamente actuaríamos de oficio en un primer momento. En caso de no existir señalización específica, se indicará la velocidad máxima genérica aplicable.

A este respecto, la Circular FGE 10/2011 cita que *"En los casos en que la señalización por su estado de deterioro u otras circunstancias induzca de modo claro a su confusión o perjudique su visibilidad, siempre con ponderación de las circunstancias concurrentes, NO se ejercitará la acción penal y se interesará el archivo del procedimiento con comunicación de las irregularidades a las autoridades administrativas competentes…"*

3) Se indicará el tipo de vehículo denunciado, así como en el caso de vías interurbanas si se encontraba realizando una maniobra de adelantamiento (Tal cuestión carece de virtualidad práctica hoy en día tras la promulgación de la Ley 18/2021, de 20 de diciembre, que derogó el Art. 51 RGCIR, que permitía en carreteras convencionales rebasar en 20 Km/h a turismos y motocicletas en adelantamientos cuando adelantaran a otros vehículos que circularan a velocidad inferior). También se procederá a comprobar el funcionamiento del velocímetro.

4) Se harán constar las circunstancias personales del conductor que motiven una variación en los límites de velocidad. Así por ejemplo, antes de su derogación por la Orden PRE/629/2011, de 22 de marzo, que eliminó la restricción de velocidad máxima a 80 Km/h, que afectaba a los conductores noveles, tal circunstancia era de necesaria reseña. A día de hoy, siguen vigentes otras limitaciones personales en la figura del conductor, como son los códigos y sub-códigos de velocidad máxima limitada, en el apartado 12 de los permisos y licencias de conducción:

70	80	90	100
105.1	**105.2**	**105.3**	**105.4**

De esta manera un conductor con el sub-código 105.2, que condujera un turismo por autopista, cometería el delito, a partir de 161 Km/h, y no a partir de 201 Km/h.

5) Resultará conveniente hacer constar otros datos que puedan incidir en el riesgo para la circulación de la conducta denunciada y especialmente conforme la Nota Fiscal de Sala Coordinador de Seguridad Vial de 27/05/2021 deben consignarse las circunstancias meteorológicas, densidad del tráfico, riesgos concurrentes en la vía y cualesquiera otras relevantes que alude el Art. 21 LSV, puesto que serán ilustrativas de la particular entidad y características de los hechos constitutivos del Art. 379.1 CP y su mayor o menor gravedad de injusto para la individualización de la pena en los términos del Art. 66.1.6°.

6) En cuanto a la determinación de la velocidad a la que circula el infractor, se aportará si la hubiera la medición de la velocidad teniendo siempre en cuenta los posible márgenes de error, si van incluidos o no en la medición, e identificaremos el cinemómetro con el que se hubiere realizado la medición, teniendo en cuenta su fecha de puesta en servicio al objeto de una correcta aplicación de los errores máximos permitidos acompañándose del correspondiente certificado como que la medida es conforme la legalidad, el cual podrá ser de verificación de producto si el cinemómetro es nuevo y no ha sido reparado o modificado; de verificación periódica si tiene más de un año de antigüedad o de reparación / modificación si ha sufrido tales operaciones. Así como la correspondiente filmación o el registro fotográfico. No obstante, cabe la acreditación de la comisión del delito por otros medios, como puede ser mediante la declaración de los agentes que hubieran observado el hecho delictivo en el curso de una persecución (SAP Burgos 17/01/11, TOL 2.071.831) y que con la observación de la velocidad de su propio vehículo en relación con la que llevase el imputado, pudiesen determinar aproximadamente la velocidad a la que circulaba. Y es que tal y como se cita en las conclusiones de las jornadas de fiscales delegados de seguridad vial celebradas en Madrid los días 17-18 de enero de 2008, no hay limitación de medios de prueba sobre los hechos delictivos. Así los mismos pueden investigarse no sólo con instrumentos de detección, sino con informes técnicos, huellas de frenada, declaraciones de testigos, confesión del acusado, tacógrafos, etc. (En idéntico sentido opina fiscalía de Galicia). En relación a los cinemómetros, la STC 40/2008 (TOL1.273.861) manifiesta que sus pruebas gozan de una presunción *iuris tantum* de veracidad siempre que dichos aparatos hayan sido fabricados y hayan superado los controles establecidos por la normativa técnica vigente en cada momento y así resulte acreditado, además mediante las correspondientes certificaciones de naturaleza técnica.

7) Finalmente es necesario identificar al conductor. Recordando que en caso de imposibilidad en tiempo las diligencias u atestado que iniciemos se cursarán por el procedimiento abreviado y no por juicio rápido. Para el caso que el conductor no sea identificado en el momento, es decir, se produzca una identificación diferida, la placa del vehículo debe servir a la policía judicial de tráfico como base para la investigación posterior, siendo conveniente incluir en el atestado los datos del vehículo obrantes en el registro de vehículos de la DGT, puesto que constituyen el nexo de unión entre vehículo y titular / conductor habitual. A partir del cual, una serie de indicios podrán ayudar a esclarecer los hechos, tales como declaración del titular del vehículo que en su caso deberá efectuarse en calidad de investigado con plenas garantías sobre su persona, comprobación en su caso de versión exculpatoria, localización GPS / teléfono móvil el día y hora de los hechos, antropometría del conductor observada en la fotografía, datos del tomador del seguro, seguimiento del vehículo para averiguar su conductor habitual… Siendo deseable como indicaba el Fiscal adscrito al Fiscal de Sala coordinador de Seguridad Vial, D. Mario Sanz Fernández-Vega que *"con la finalidad de evitar dilaciones y en aras de la economía procesal, es deseable que se practiquen en sede policial todas las diligencias tendentes a la identificación del conductor"*. Así, se evitarán dilaciones, practicándose una completa investigación en sede policial antes de judicializar el procedimiento.

En este supuesto en particular la prueba obviamente es más compleja, pues en virtud del principio acusatorio y la presunción de inocencia, la mera titularidad del vehículo no es por sí sola causa de imputación. No siendo aplicable al modelo penal, el ejemplo administrativo en el que la mera negativa a identificar al conductor de una infracción origina una sanción que devengará en el doble de la cuantía inicial si la infracción cometida es de carácter leve, o del triple si no se identifica al autor de una infracción grave o muy grave (Art. 80.2.B LSV) procediéndose a continuación al cierre del expediente y cierre de indagaciones. Si tenemos además en cuenta que por vía del artículo 416 LECRIM, (exenciones declaratorias) la mayoría de estos procedimientos suelen acabar en autos de sobreseimiento por falta de autor conocido, pudiendo darse la paradoja que cuando se sobrepasen los límites administrativos se ofrezca una contundente respuesta, pero si se exceden los límites penales la infracción penal (más garantista) quede impune. Por lo que cobrará especial relevancia cualquier investigación previa efectuada por los agentes de policía judicial, a la hora de determinar la autoría y evitar vías de impunidad.

Elementos normativos: A continuación, y para una mejor aplicación práctica policial del delito descrito, derivada de su carácter de norma penal en blanco se exponen una serie de tablas de contenido diverso, en las cuales se especifica la velocidad máxima de circulación de las principales unidades de tráfico, los distintos márgenes de error máximos admisibles, así como finalmente, para el caso de excesos de velocidad no perseguibles por la vía penal, cuadro resumen de la vía administrativa, procediéndose a denunciar por los artículos 48, 50 y 52 del RGCIR los excesos en vía interurbana, urbana, travesías, y velocidades prevalentes respectivamente.

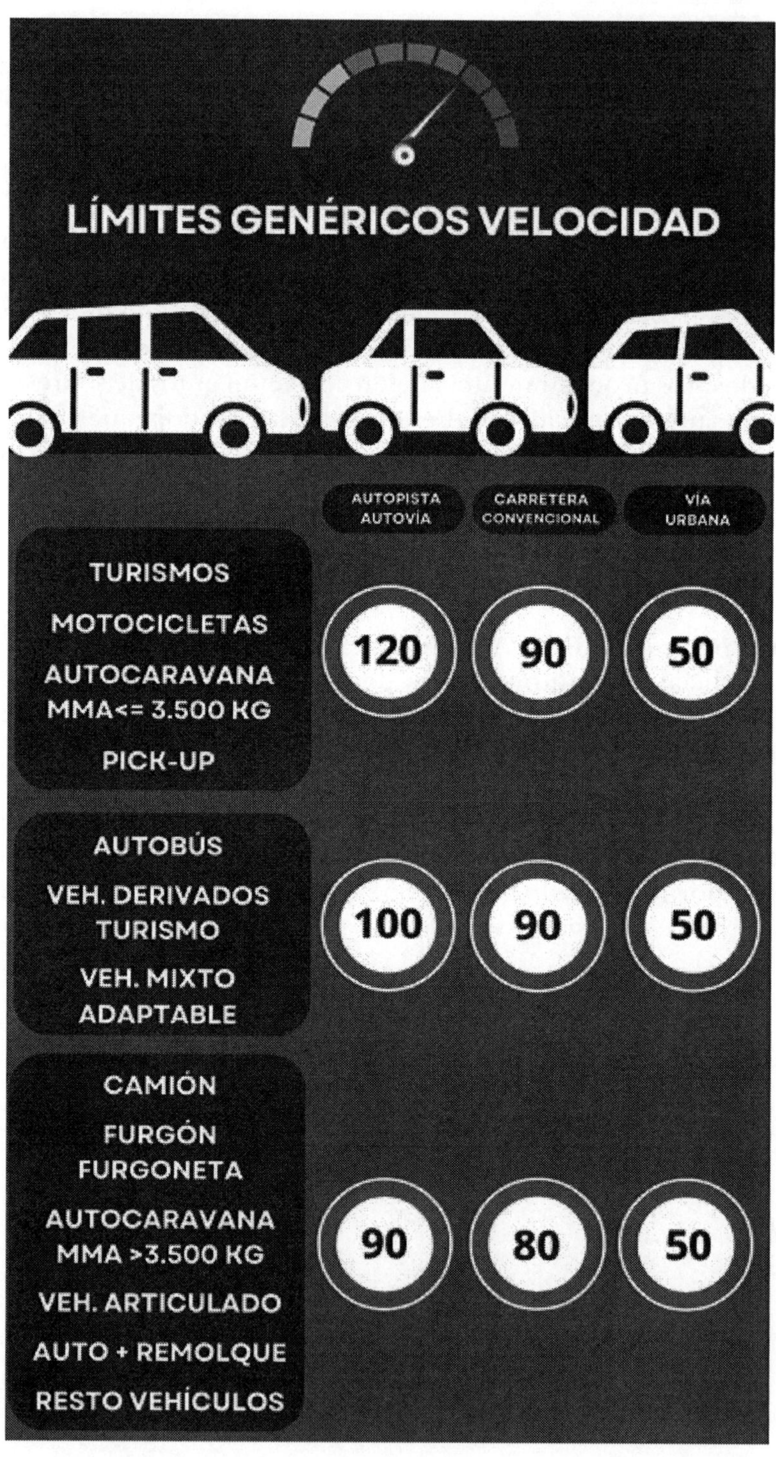
LÍMITES GENÉRICOS VELOCIDAD
AUTOPISTA AUTOVÍA
CARRETERA CONVENCIONAL
VÍA URBANA
TURISMOS
MOTOCICLETAS
AUTOCARAVANA MMA<= 3.500 KG
PICK-UP
120
90
50
AUTOBÚS
VEH. DERIVADOS TURISMO
VEH. MIXTO ADAPTABLE
100
90
50
CAMIÓN
FURGÓN FURGONETA
AUTOCARAVANA MMA >3.500 KG
VEH. ARTICULADO
AUTO + REMOLQUE
RESTO VEHÍCULOS
90
80
50

El control metrológico del Estado se rige por la Ley 32/2014, de 22 de diciembre, por el Real Decreto 244/2016, de 3 de junio y específicamente para los cinemómetros en atención a lo dispuesto en la Orden ICT/155/2020, de 7 de febrero (Anexo XII), que deroga la anterior Orden ITC/3123/2010, de 26 de noviembre. Los errores máximos permitidos (EMP) en la verificación periódica de cinemómetros en uso, en función de la legislación en vigor en el momento de la puesta en servicio del instrumento es la siguiente:

Errores máximos permitidos (EMP)

Cinemómetros

TIPO DE INSTALACIÓN	ORDEN ICT 155/2020 (vigor 24/10/20)	ORDEN ITC 3123/2010 (vigor 04/12/10)	ORDEN ITC 3699/2006 (vigor 07/12/06)	OM 11/01/1994 (vigor 20/02/94)
INSTALACIÓN FIJA / ESTÁTICA	5 Km/h para velocidades iguales o superiores a 100 Km/h. 5% para velocidades inferiores a 100 Km/h.			
INSTALACIÓN MÓVIL	7Km/h para velocidades iguales o superiores a 100 Km/h. 7% para velocidades inferiores a 100 Km/h.			10 Km/h v ≥ 100 Km/h 10 % v < 100 Km/h
INSTALACIÓN AERONAVE	5 %	10 %		
CINEMÓMETRO DE TRAMO	3 Km/h v ≥ 100 Km/h 3% v < 100 Km/h	5 Km/h v ≥ 100 Km/h 5% v < 100 Km/h		

Cuando exista ausencia de datos tales como si el radar es fijo o móvil, fecha de aprobación de modelo, tiempo de utilización desde su funcionamiento o reparación, así como imposibilidad de aportarlos, se utilizará el máximo porcentaje de error contemplado en la norma según jurisprudencia consolidada de Audiencias, SAP Lleida 28/12/2010 (TOL2.102.844). En idéntico sentido se expresa el Fiscal de Sala Coordinador de Seguridad Vial en su nota de 27 de mayo de 2021.

En relación a los radares móviles instalados en vehículos, para la captación de la velocidad, cuando el vehículo se halla detenido. En estos casos, ¿El cinemómetro tendrá la consideración de fijo o móvil? La cuestión no es baladí, pues el margen de error no es el mismo. Pues la SAP Lleida 28/12/2010 (TOL2.102.844) responde a esta cuestión, argumentando que el Tribunal Constitucional exige según doctrina reiterada, que toda conducta debe ir precedida de una prueba de cargo suficiente y legítima, correspondiendo la carga de la actividad probatoria al acusador. Cita por tanto, que el uso del radar multinova 6F-MR de efecto doppler para vehículo móvil y estático, cuando el vehículo está estacionado no permite afirmar sin género de dudas que la instalación fija se efectúe siguiendo las instrucciones del fabricante, y duda de que un vehículo oficial, deba entenderse por lugar fijo, motivo por el cual respetando el principio *"in dubio pro reo"*, señala que debe aplicarse el margen de error más alto (Móvil). Sin embargo, dicha solución es contraria a la posterior STS 184/2018, de 17 de abril (TOL6.586.899). En la misma un conductor fue detectado por un radar móvil estático a 214 Km/h. A raíz de ello, el juzgado de lo penal que utilizó un margen de error del 7% (radares móviles) lo absolvió, sin embargo la Audiencia Provincial, lo condenó, al utilizar un margen de error del 5% (radar fijo). Dado que la velocidad máxima de la vía donde fue registrada la velocidad era de 120 Km/h. Obsérvese como la determinación del margen de error del 5 o del 7% marca la diferencia entre la vía penal y la administrativa:

- 214 Km/h → Margen error 5% →203 Km (+80)
- 214 Km/h → Margen error 7% → 199 Km (-80)

La sentencia define el problema respecto a los sistemas de detección, en principio móviles, colocados sobre trípodes o en vehículo parado, derivados de la distinción entre instrumentos de medición fijos o móviles que efectúa la normativa vigente, llegando a la conclusión que si el cinemómetro empleado se encuentra en una ubicación fija, esto es sin movimiento, ya sea fijo o estático, el margen de error será el del 5%, que es el que corresponde a los radares fijos. Debemos recordar además que son inválidas las mediciones efectuadas a través de cinemómetros válidos pero ubicados en soportes no revisados (SAP Zamora 28/03/2012, TOL2.509.413). En la referenciada sentencia si bien se basa en la normativa anterior ITC 3699/2006, por la que se regulaba el control metrológico del Estado, se establecía la obligatoriedad de la verificación periódica de los cinemómetros y cada tres años de las instalaciones que le sirven de soporte, por ende a pesar que el cinemómetro estaba verificado, la ausencia de verificación trianual del soporte devino en la absolución de un conductor que fue detectado a 239 Km/h. La nueva normativa actualmente en vigor igualmente en relación a los cinemómetros fijos que generalmente van ubicados en contenedores o cabinas y sirven de alojamiento al cinemómetro, la norma especifica que si la cabina influye en las características metrológicas del cinemómetro, deberá cumplir los requisitos normativos que establece la

ICT/155/2020 (*anclajes, rigidez, aislamiento, seguridad y protección*) las cuales se revisarán cada cuatro años coincidiendo con el proceso de verificación periódico del cinemómetro. Por el contrario, no se considera cabina el vehículo sobre el que vaya instalado un cinemómetro móvil ni los emplazamientos sobre los que estén instalados los cinemómetros estáticos, siendo la presente una cuestión únicamente a tener en cuenta en relación a los cinemómetros fijos.

Dicotomía entre sanción administrativa e ilícito penal: Como todos los delitos contra la seguridad vial, el exceso de velocidad tiene una doble vertiente administrativa o penal, conforme las circunstancias del hecho. No obstante si atendemos a las cifras oficiales observaremos una nota característica fácil de apreciar a primera vista si analizamos los datos. En primer lugar mostramos el volumen de procedimientos judiciales incoados entre 2013-2022 con causa en el Art. 379.1 CP:

Diligencias Previas + Diligencias Urgentes	2013	2014	2015	2016	2017	2018	2019	2020	2021	2022
Art. 379.1 CP . .	1.021	752	818	902	813	842	889	1.562	1.193	1.111
Art. 379.2 CP . .	72.430	69.340	61.346	61.177	59.466	69.121	68.039	57.262	70.674	77.133
Art. 380 CP . . .	2.587	2.384	2.310	2.658	2.761	1.553	2.009	3.050	3.360	3.539
Art. 381 CP . . .	318	204	190	204	190	87	207	297	268	267
Art. 383 CP . . .	2.070	1.884	1.550	1.583	1.819	2.013	2.381	2.252	2.897	3.261
Art. 384 CP . . .	36.017	33.883	31.231	31.262	30.875	36.649	40.670	37.172	47.058	51.431
Art. 385 CP . . .	411	396	482	417	379	389	477	489	489	664
Total	114.854	108.843	97.927	98.203	96.303	110.654	114.672	102.084	125.939	137.406

Fuente: Memoria Fiscalía General Estado, 2023

Tal y como se aprecia, los ilícitos penales con causa en excesos de velocidad suelen año tras año situarse en una cifra cercana a los mil procedimientos anuales, representando además en todas las anualidades menos una, un porcentaje inferior al 1% del total de los delitos contra la Seguridad Vial (dada la actual configuración mucho más laxa, que por ejemplo la legislación holandesa que establece como delito la superación en 30 o 40 Km/h, la velocidad máxima permitida en vías urbanas e interurbanas respectivamente). Por el contrario a nivel administrativo la sanción administrativa relativa a los excesos de velocidad, sin ninguna duda se constituye como la sanción de tráfico más común y cotidiana, sancionándose más de 3.000.000 procedimientos anuales.

Conforme datos oficiales de la DGT (excluyen País Vasco y Cataluña), en el ejercicio 2022 dicho organismo formuló 5.542.178 denuncias, de las cuales más de 3.704.675 fueron denuncias por exceso de velocidad aumentando en particular las provenientes de los radares móviles. Por lo tanto en España por cada procedimiento penal que llega a los tribunales por su gravedad, se han tramitado 3.334 denuncias administrativas.

Es decir la sanción administrativa representa el 99,97% y la sanción penal únicamente el 0.03%. Por el contrario en materia de alcohol y drogas la DGT interpuso en 2022 respectivamente 85.130 y 26.126 denuncias administrativas, mientras que a nuestros tribunales en idéntico año llegaron 77.133 procedimientos, es decir el 59,06% es castigado por la vía administrativa y el 40,94% por sede judicial. De dichos datos y en correlación con el *iter* parlamentario descrito en el apartado relativo a la evolución legislativa donde en principio la configuración penal del delito era a partir de excesos que superaran los 40 y 60 Km/h, que fueron progresivamente en el transcurso de su aprobación elevados a los actuales 60 y 80 Km/h, han configurado un tipo penal prácticamente residual, sancionándose la inmensa mayoría de los excesos de velocidad a través de la sanción administrativa concorde los parámetros contenidos en el Anexo IV de la LSV:

Límite		20	30	40	50	60	70	80	90	100	110	120	130	Multa	Puntos
Exceso velocidad	Grave	21 40	31 50	41 60	51 70	61 90	71 100	81 110	91 120	101 130	111 140	121 150	131 150	100	-
		41 50	51 60	61 70	71 80	91 110	101 120	111 130	121 140	131 150	141 160	151 170	151 170	300	2
		51 60	61 70	71 80	81 90	111 120	121 130	131 140	141 150	151 160	161 170	171 180	171 180	400	4
		61 70	71 80	81 90	91 100	121 130	131 140	141 150	151 160	161 170	171 180	181 190	181 190	500	6
	Muy grave	71	81	91	101	131	141	151	161	171	181	191	191	600	6

A continuación se relatan, a pesar a la exhaustividad con la que se ha pretendido exponer la presente figura penal, distintos supuestos prácticos en relación a la figura penal de la conducción a velocidad excesiva, para una mejor comprensión del precepto, características y naturaleza:

F.V. **CASO 01:** Vehículo con placa de ensayo o investigación (V-12):

Conforme el Artículo 48 del Reglamento General de Circulación, apartado G, se estipula que los vehículos a los que, por razones de ensayo o experimentación, les haya sido concedido un permiso especial para ensayos podrán rebasar las velocidades establecidas como máximas en 30 Kilómetros por hora, pero sólo dentro del itinerario fijado y en ningún caso cuando circulen por vías urbanas, travesías o por tramos en los que exista señalización específica que limite la velocidad.

Por lo tanto, en vías interurbanas, sin señalización específica (**únicamente la genérica)** un turismo amparado previamente por permiso especial para ensayos, no cometería infracción penal hasta que al menos y una vez aplicado el margen de error, circulara a 231 Km/h (120 genérica + 80 tipo penal + 30 Placas ensayo + 1 para superar el límite reglamentario). En cambio, sí que cometería el delito, si circulara en ciudad a 111 Km/h, ya que reglamentariamente no se le permite *(Recordemos que el Art. 379.1 se configura como una norma penal en blanco, que se remite a la normativa administrativa).*

CASO 02: Vehículo que circula a velocidad anormalmente reducida o por debajo de las velocidades mínimas exigidas por el RGCIR:

Imaginemos el caso de un camión que circula a 45 Kilómetros por hora por una autopista / autovía. Dicho supuesto deberemos ponerlo en relación con el artículo 49 del Reglamento General de Circulación que establece las velocidades mínimas en poblado y fuera de poblado y que prohíbe la circulación en autopistas y autovías de vehículos a motor a una velocidad inferior a 60 Kilómetros por hora, y en las restantes vías, a una velocidad inferior a la mitad de la genérica señalada para cada categoría de vehículos de cada una de ellas, aunque no circulen otros vehículos, fuera de las propias excepciones que regula el mismo precepto.

Pues si bien la referida conducta produce un elevado riesgo de colisión por alcance, la aplicación de los principios de tipicidad y legalidad al caso concreto, excluyen la aplicación del precepto contenido ene el Art. 379.1 del Código Penal, el cual exige <u>superar</u> la velocidad y no dice nada de circular a velocidades inferiores a las permitidas reglamentariamente. No obstante, nada impide que la referidas conducta pueda quedar incardinada en otros preceptos del mismo capítulo relativo a los delitos contra la seguridad vial, tales como en su caso una posible conducción temeraria (380) o una colocación de obstáculo imprevisibles que creen un grave riesgo para la circulación (385).

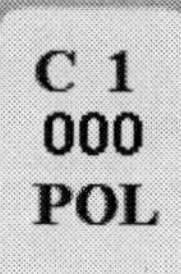

CASO 03: ¿Puede un ciclomotor cometer un delito de velocidad excesiva?

Resulta curiosa la inclusión de los ciclomotores en el precepto penal objeto de estudio y descripción, en base a que tanto el Anexo I de la Ley de Seguridad Vial en su punto noveno, como el Anexo II del Reglamento General de Vehículos definen y entienden por ciclomotor los vehículos de dos o tres ruedas e inclusive los de cuatros ruedas cuya masa en vacío sea inferior a 350 Kg, excluida la masa de las baterías en el caso de vehículos eléctricos provistos de un motor de cilindrada no superior a 50 cm3, si es de combustión interna y con una velocidad máxima por construcción no superior a 45 Km/h.

Es decir, por naturaleza y originariamente dado que no deben superar los 45 Km/h y como mínimo para apreciar el delito, se debería circular a más de 60 Km/h, con carácter originario los ciclomotores estarían excluidos de esta figura penal. La única posibilidad (*aunque técnicamente ya no serían ciclomotores)* consiste en el trucaje y posterior circulación de un ciclomotor. Así por ejemplo y tal y como se refleja en la sentencia de 26 de junio de 2008, del juzgado de lo penal número I, de Pontevedra, en la que se enjuicia un delito vial del Art. 384 CP quien manipula el ciclomotor para aumentar su potencia (en este caso en concreto se aumentó de 49 c.c. a 77,45 c.c), automáticamente y en base a las definiciones de los anexos mentados, el ciclomotor se convertiría en una motocicleta.

CASO 04: ¿Puede un vehículo prioritario, en servicio de urgencia, cometer el delito de velocidad excesiva?

El núcleo de la conducta típica del Art. 379.1 del Código Penal, es la conducción a velocidad excesiva. Dicha norma penal, es una norma penal en blanco, que únicamente contiene los límites fijados conforme la objetivación de las conductas que atentan contra la seguridad vial, que hay que adicionar a los límites establecidos en la normativa administrativa que completa e integra la norma, la cual es el Reglamento General de Circulación.

Según el mismo y concretamente en base al artículo 67 (*Así como Art. 27 LSV)* los vehículos prioritarios en servicio de urgencia tendrán prioridad de paso, podrán circular por encima de los límites de velocidad y estarán exentos de cumplir otras normas o señales. Por dicho motivo cabría entender que las ambulancias, coches de bomberos o de policía, no tienen un límite máximo de velocidad y siempre que su conducta no sea irracional, sea oportuna, adecuada y proporcionada, la misma se hallaría justificada con exclusión de ofensividad al bien jurídico protegido, no pudiendo ser sancionada ni administrativa, ni penalmente su acción ya que al no haber un límite máximo reglamentado, no se podrían superar **límites** no tasados. En cambio los vehículos particulares en casos de emergencia, únicamente podrían ampararse en el estado de necesidad. Ya que además en los vehículos prioritarios puede operar la eximente de cumplimiento de deber, ejercicio legítimo de derecho, oficio o cargo.

Noticias de prensa *22/10/2014*

LA FISCALÍA YA NO IMPUTARÁ A LOS POLICÍAS QUE SUPEREN LOS 60 KM/H PARA ACUDIR A UNA URGENCIA

La Fiscalía de Seguridad Vial del Estado ha impartido instrucciones a los fiscales delegados de toda España para que no se impute penalmente a los policías que circulen a más de 60 Km/h en ciudad u 80 Km/h en carretera cuando vayan en misión urgente.

Los fiscales sí podrán tramitar imputaciones si los vehículos realmente no estaban en un servicio de urgencia. Para ello, consultarán antes con los responsables del servicio implicado, para comprobar si realmente estaban en una situación que exigía superar los límites penales.

https://www.vozpopuli.com/espana/policias-fiscalia-seguridad_0_745425517.html

Vehículo con señal V-1 (Vehículo prioritario en servicio urgencia)

CASO 05: ¿Puede un vehículo diplomático, cometer el delito de velocidad excesiva?

El Reglamento General de Vehículos, en su anexo XVII relativo a las placas de matrícula, clasifica las matrículas en ordinarias (Vehículos automóviles, Vehículos especiales; Remolques / semirremolques y Ciclomotores) y especiales (Régimen diplomático, Matrícula turística y Vehículos Especiales). Las matrículas con régimen diplomático a su vez se subdividen en las siguientes modalidades, caracterizándose en que únicamente las expide la Jefatura Provincial de Tráfico de Madrid, a instancia del Ministerio de Asuntos Exteriores.

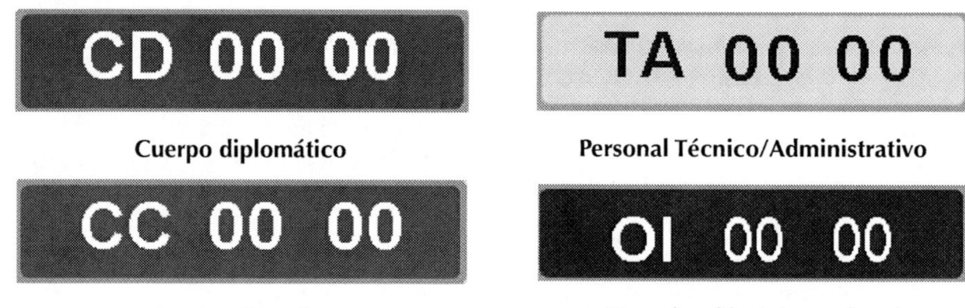

Cuerpo diplomático — Personal Técnico/Administrativo

Cuerpo Consular — Organización Internacional

A diferencia de los vehículos prioritarios en servicio de urgencia, que conforme los artículos 27 de la LSV y 67 del RGCIR, su conducta sería atípica (tras una mínima actividad policial investigadora, que determine si el vehículo efectivamente se hallaba en prestación de un servicio de emergencia), los vehículos con matrículas diplomáticas no tienen como finalidad primordial la prestación de servicios de emergencia y por tanto quedarían fuera de la atipicidad que recogen dichos artículos.

Por lo tanto en estos casos y con la finalidad de evitar crear márgenes de impunidad a la Ley, debe efectuarse atestado policial para su posterior remisión al órgano jurisdiccional y al Ministerio Fiscal. No obstante, en el ámbito internacional, diversos tratados (Convención de Viena sobre relaciones diplomáticas, de 1961 y sobre relaciones consulares, de 1963) establecen la inviolabilidad de determinadas personas e inclusive sus familiares y miembros del personal administrativo-técnico que gozan de un status privilegiado en otros países y concretamente inmunidad respecto de la jurisdicción penal del Estado receptor. Dicha normativa destaca por su complejidad y excepciones, por lo tanto cuando se detecte un vehículo con matrícula diplomática dentro de los casos penales que comprende el Art.

379.1 CP, se instruirá y remitirá el correspondiente atestado describiendo los hechos e identificando únicamente al conductor, para que la investigación y la práctica de diligencias se lleven a cabo vía Ministerio de Asuntos Exteriores. A continuación se muestran modelos de tarjetas expedidas por los Ministerios de Asuntos Exteriores de los Estados miembros, a los miembros acreditados de las representaciones diplomáticas y oficinas consulares y los miembros de sus familias, de conformidad con lo establecido en el Reglamento (CE) 562/2006 del Parlamento Europeo.

Tarjeta de identidad: Embajador

Tarjeta de identidad: Funcionario consular

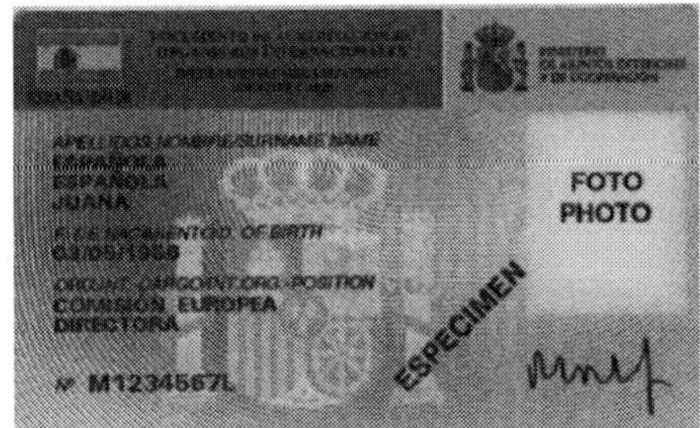

Tarjeta de identidad: Organismos Internacionales

En último lugar y como reflexión particular del autor, se recomienda además en base al dolo necesario para la comisión de la figura penal consistente en excesos de velocidad punibles, comprobar que el vehículo se halle dotado de velocímetro (Art. 11 RGVEH: Obligatorio en vehículos que superen los 40 Km/h en llano) y que el mismo funcione aunque no pueda determinarse la exactitud del mismo.

Puesto que quien manifestara que su indicador de velocidad funcionaba incorrectamente o no funcionaba podría invocar un error; Y por tanto la ausencia del dolo al creer que circulaba por debajo de los límites penales. Y más cuando conforme el vigente manual de procedimiento de inspecciones de las ITV (Versión 7.7.0 - *Mayo 2023)* en las ITV de los vehículos, únicamente mediante inspección visual se comprueba en relación a los velocímetros:

- La existencia del indicador de velocidad, el cual todo vehículo de motor matriculado a partir del 01/07/1972, capaz de alcanzar en llano una velocidad superior a 40 Km/h, deberá estar provisto de uno. En caso contrario se considera defecto grave. (*Vehículos M, N)*
- Que las unidades del indicador de velocidad se hallen en Km/h (*No en millas, como en algún vehículo de importación).* En caso contrario se considera defecto grave. (*Vehículos M ,N)*
- Que se halle iluminado. En caso contrario se considera defecto leve. (*Vehículos M, N)*

Es decir, en las inspecciones técnicas de los vehículos, no se verifica el funcionamiento del velocímetro, únicamente su existencia, sus unidades de medida y su iluminación.

379.2 Código Penal .

Conducción bajo efectos Alcohol - Drogas

Con las mismas penas será castigado el que condujere un vehículo de motor o ciclomotor bajo la influencia de drogas tóxicas, estupefacientes, sustancias psicotrópicas o de bebidas alcohólicas. En todo caso será condenado con dichas penas el que condujere con una tasa de alcohol en aire espirado superior a 0,60 miligramos por litro o con una tasa de alcohol en sangre superior a 1,2 gramos por litro.

La conducción alcohólica, el alcohol: En química se denomina alcohol (Del árabe, *al-kukhul.* Que significa "el espíritu") a aquellos compuestos químicos orgánicos que contienen un grupo hidroxilo, en sustitución de un átomo de hidrógeno enlazado de forma covalente a un átomo de carbono. A nivel de lenguaje popular se utiliza para indicar comúnmente una bebida alcohólica, pero hablando con propiedad, las bebidas alcohólicas contienen únicamente, una clase de alcohol que es el etanol. El etanol o alcohol etílico, es un líquido a temperatura ambiente (punto ebullición 78,4º) incoloro, insípido, inodoro, inflamable e hidrófilo que se constituye como principal elemento de las denominadas bebidas alcohólicas, siendo su formulación química C_2H_60:

$$
\begin{array}{ccccccccc}
 & & H & & H & & & & \\
 & & | & & | & & & & \\
H & - & C & - & C & - & O & - & H \\
 & & | & & | & & & & \\
 & & H & & H & & & &
\end{array}
$$

El alcohol no es un alimento, no aporta elementos nutritivos, aunque sí calorías (7 por gramo). No obstante son calorías falsas o vacías, ya que no son aprovechables, puesto que el alcohol obliga a un mayor consumo de calorías por parte del organismo, para su metabolización, que las que el mismo aporta.

Técnicamente se configura como un tóxico que actúa como un depresor del sistema nervioso central, induciendo un estado de inhibición neuroquímica. La aparente estimulación ejercida por el alcohol en pequeñas dosis es consecuencia de la depresión de los mecanismos de control inhibitorio existentes en el cerebro. Dada su toxicidad, el organismo tiende a su eliminación.

Debido a las tasas impositivas, con que se grava el alcohol etílico en la mayoría de los países, el alcohol destinado a usos industriales se impurifica o se marca con sustancias de señalado olor o sabor, que impidan su empleo para consumo humano. Su composición química es muy similar a otros alcoholes, tales como el propanol (C3H8O) o el metanol (CH4O) utilizado dada su composición y bajo coste, para adulterar el alcohol etílico "conocido popularmente como garrafón", a pesar y con el gran peligro de su mayor toxicidad, ya que el uso normal de este alcohol es como anticongelante o disolvente.

Noticias de prensa *10/02/2012*

DOS INDIGENTES FALLECEN EN VALENCIA, POR INGERIR METANOL

Dos indigentes fallecieron en Valencia la pasada noche, como consecuencia de la ingesta de metanol, sustancia que ingirieron para emborracharse a bajo precio y que es un tipo de alcohol muy barato de uso industrial que se emplea como disolvente. Es altamente tóxico e inflamable y normalmente se utiliza como anticongelante en vehículos, combustible de bombonas de camping-gas o disolvente para tintas.

https://www.levante-emv.com/comunitat-valenciana/2012/02/10/indigentes-murieron-beber-litro-alcohol-13005251.html

Noticias de prensa *08/05/2014*

80 MUERTOS POR ALCOHOL ADULTERADO CON METANOL EN KENIA

La intoxicación masiva tras la ingesta de alcohol adulterado en Kenia ha dejado por el momento 80 muertos y 150 enfermos en varios barrios chabolistas del centro del país. Los intoxicados comenzaron a sentir fuertes dolores de estómago y de cabeza, pérdida de visión y sequedad en la boca.

https://www.lavanguardia.com/sucesos/20140508/54407692959/llegan-a-cerca-de-80-los-muertos-por-alcohol-adulterado-con-metanol-en-kenia.html

El etanol o alcohol etílico, se obtiene de la fermentación anaeróbica de los hidratos de carbono y por su destilación posterior (Velasco, 2014). Según se trate de un procedimiento u otro podemos hablar de:

– Bebidas fermentadas: Aquellas que se obtienen del reposo de vegetales y frutas con gran contenido en glucosa. Presentan una concentración de etanol baja o media-baja. (Cerveza 4°-7°; Vino 10°-15°; Champagne/Cava 10°-15°).

– Bebidas destiladas: Las obtenidas al hervir "destilar" una bebida fermentada. Alta concentración de alcohol, entorno los 40-50°. (Whisky, Coñac, Vodka, Ron, Tequila, Ginebra). No obstante existen bebidas destiladas que presentan graduaciones mucho más altas que el resto, reseñando a título de ejemplo el Vodka Spirytus (96°), licor Everclear (95°) o determinadas absentas como *La Cour* (89,9°).

Metabolismo del alcohol: En el cuerpo humano se puede estructurar en cuatro segmentos o procesos:

1- Absorción: El etanol es consumido de forma prácticamente exclusiva, por vía oral (Aragón et al. 2002). La absorción del etanol es muy buena y rápida, un 30% es absorbido por la mucosa del estómago y después por el intestino delgado el 70% restante (*Anadon Baselga, 2010*). Se produce más rápidamente con el estómago vacío, pudiendo alcanzar la mayor concentración de alcohol en el organismo a la hora, tiempo que se dilata hasta las dos o tres horas en caso de ingesta en unión de alimentos.

También influye en la absorción, la propia naturaleza de la bebida alcohólica o la mezcla de bebidas gaseosas, pues estas últimas producen la repleción gástrica, acelerando el vaciamiento. Igualmente, las bebidas con una graduación comprendida entre 20° y 30°, que podríamos denominar de graduación media, favorecen el paso más expedito del etanol a la sangre desde el tracto gastrointestinal, por la ya citada repleción gástrica. Sin embargo, las bebidas más diluidas se absorben más lentamente y las soluciones más concentradas por el contrario enlentecen el vaciado gástrico, además de provocar erosiones en la mucosa del estómago.

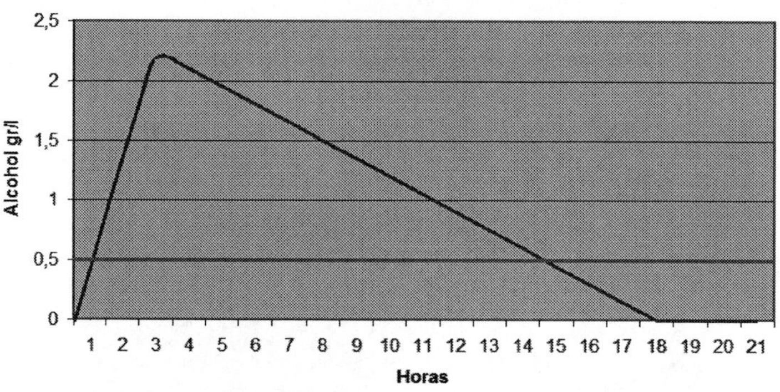

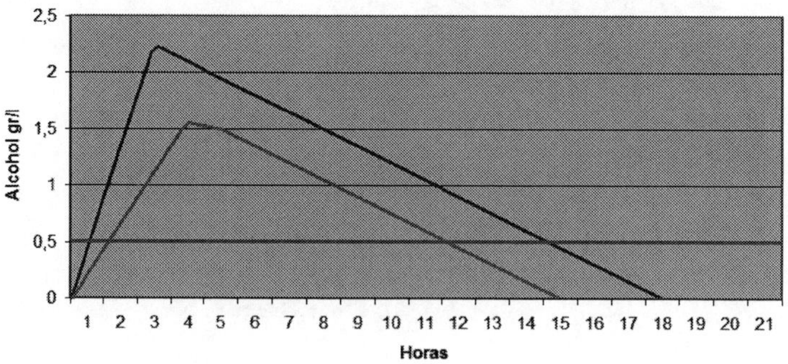

2- Difusión: El alcohol penetra en la sangre desde los órganos que la absorben y ésta la distribuye a todo el cuerpo a partir del torrente sanguíneo, repartiéndose proporcionalmente al contenido acuoso de los órganos y tejidos con excepción del hígado donde se reparte en base a su proporción de grasa. Tal distribución provoca que con una misma ingesta en gramos de alcohol efectuada por un varón y por una mujer de similares características físicas, se arrojen resultados dispares, puesto que la mujer tiene una proporción de agua inferior a la que posee el hombre y mayor porcentaje de materia grasa, por lo tanto al distribuirse en una menor proporción de agua la misma cantidad de alcohol la concentración de este sea mayor (Aragón et al. 2002). Unido al hecho que por naturaleza el hombre es de constitución más alta y pesada que la mujer, deriva en que la tasa de alcohol en la mujer en relación a una misma ingesta sea mucho mayor, utilizándose como constante de reducción 0,68 +/-0.085 para los hombres y 0,55 +/- 0.055, para la mujer. De manera que a igual ingesta de alcohol entre un varón y una mujer de igual peso, una mujer presentará una tasa 1,23 veces superior a la del varón. También las grasas dificultan la difusión del alcohol, por ello con el estómago lleno la tasa de alcohol es inferior, que en una ingesta sin alimentos (línea verde gráfica superior).

El punto de equilibrio entre el alcohol que se absorbe y el que se elimina, se denomina meseta de Grehant.

3- Metabolización: A la vez que es distribuido el alcohol por la sangre, simultáneamente se inicia su degradación enzimática, que es llevada a cabo por el hígado y que consiste principalmente en la oxidación del alcohol llevada mediante la dehidrogenasa alcohólica (ADH) que es una enzima que transforma el etanol en acetaldehido, sobre el que posteriormente actúa la dehidrogenasa aldehídica, formándose ácido acético. Finalmente la destrucción de este ácido hasta llegar a anhídrido carbónico y agua se puede llevar a cabo en otros tejidos, como el muscular. Las mujeres tienen un nivel más bajo de actividad (ADH) que el hombre, por ello a igualdad de parámetros la misma cantidad alcanza mayor etanolemia. Igualmente factores genéticos, determinan que poblaciones sean más sensibles. Por ejemplo, el 40% de los japoneses tienen déficit de la enzima ADH (Anadon Baselga, 2010).

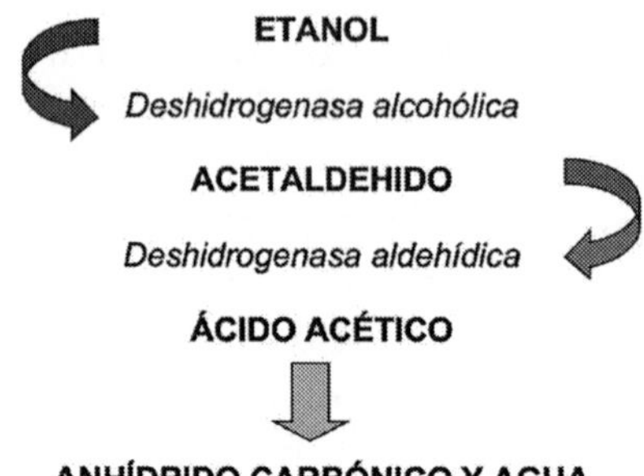

4- Eliminación: La degradación oxidativa del hígado, elimina entorno al 90% del alcohol transformándolo en acetaldehído. El 10% restante se eliminará por orina, sudor y respiración. El ritmo de eliminación es constante, según estudios científicos, lo cual nos puede ayudar a calcular la tasa de alcohol, que presentaba un sujeto con anterioridad.

La tasa de eliminación o factor □, es prácticamente constante en ambos sexos, siendo 0,0025 (+/- 0,00056) gramos por minuto para los hombres y 0,0026 (+/- 0,00037) gr/min para las mujeres. No obstante, existen determinados matices que derivan en imperfecciones a la hora de efectuar el cálculo retrospectivo del alcohol, como que el sujeto no padezca enfermedades hepáticas, el acostumbramiento del sujeto a las bebidas alcohólicas que puede hacer aumentar hasta en un 20% la velocidad de metabolización, puesto que en los bebedores moderados es la enzima ADH la que metaboliza prácticamente el 90-95% del alcohol, pero en los crónicos además existe otra enzima que aumenta significativamente su actividad y llega a eliminar el 25%; Así como que el sujeto se encuentre en la curva descendente de la alcoholemia.

El cálculo retrospectivo del alcohol: Widmark en 1932, enunció que el metabolismo del alcohol transcurría orgánicamente a una velocidad constante, pero lenta, añadiendo posteriormente Nicloux, que dicha tasa de eliminación constante del etanol en sangre, se producía independientemente de su concentración. Por tanto, se puede «estimar» una alcoholemia anterior en base a una conocida posterior, en base a la siguiente fórmula:

$$Ct = c0 + \beta \times t$$

Ct Alcohol en sangre gr/l = c0 Alcohol en el momento de la extracción gr/l + β Coeficiente de etiloxidación x t minutos

Recordemos en síntesis, que para aplicar el cálculo retrospectivo del alcohol, la persona debe hallarse en la fase descendente conforme SAP

Guipúzcoa 315/2023, de 8 de mayo (TOL9.796.315) y que existe un notable margen de error ante las distintas eventualidades posibles en la persona del conductor (Genética, Enfermedades; Bebedor crónico...) que se sitúa en torno al 20%. A continuación, se expone un ejemplo práctico del cálculo retrospectivo de la alcoholemia. Piénsese en un sujeto varón que se le efectúa la prueba de alcoholemia a las 19:00 horas y arroja un resultado de 0.50 gr/l y queremos averiguar, la tasa de alcohol que presentaba a las 17:00 horas:

X = 0.50 gr/l + (0.0025 x 120 minutos)

X= 0.50 gr/l + 0.30 gr/l

X= 0.80 gr/l

Si tenemos en cuenta el posible margen de error del 20% (10% al alza + 10% a la baja), partiendo de la base de la medición certera efectuada a las 19 horas, podemos deducir que dicho conductor a las 17 horas, presentaba una tasa comprendida entre 0.88 gr/l y 0.72 gr/l. Que equivale, extrapolando la medida a miligramos por litro de aire espirado a 0.44 mg/l y 0.36 mg/l.

El cálculo retrospectivo del alcohol, es una herramienta que tiene un amplio reconocimiento dentro del mundo judicial. Así por ejemplo en la SAP TF 2450/2022, de 15 de noviembre (TOL9.369.793) se calcula la tasa de alcohol de una conductora a partir de la extracción sanguínea que le fue realizada por orden del juez tres horas después del accidente en que se vio implicada. La STSJ CL 2576/2022, de 20 de junio (TOL9.134.529) igualmente valida el cálculo retrospectivo efectuado por agentes de la GC al conductor responsable de varios homicidios imprudentes, efectuado varias horas posteriores al accidente. Y la SAP SG 353/2020, de 26 de julio (TOL8.142.581) basa su condena en el resultado de una prueba de extracción sanguínea efectuada 8 horas después del accidente, a partir de la cual se efectúa el cálculo retrógado del alcohol en el conductor en el momento del accidente. Otras sentencias relevantes al respecto son la SAP Pontevedra 96/2017, de 10 de mayo (TOL6.183.276) en la que se entiende acreditada la tasa objetiva de alcohol con relevancia penal a raíz del análisis de sangre efectuado sobre una muestra extraída hospitalariamente con resultado positivo de 1,47 gramos de alcohol por litro de sangre. Así como la SAP Pontevedra 161/2016, de 21 de julio (TOL5.819.024) que da por válida la aplicación de la curva de alcoholemia y de la fórmula de Widmark en tasas de 0,63 y 0,54 miligramos de alcohol por litro de aire espirado más de dos horas después de la conducción, confirmando la condena por el tipo de influencia, aunque señalando que tales datos fácticos serían suficientes para apreciar el tipo de tasa objetivada. Por último la SAP Valencia 47/2013, de 15 de enero (TOL3.767.111) donde de los resultados que arrojaron las pruebas de alcoholemia cabe deducir racionalmente que la curva de alcoholemia del acusado se encontraba en fase decreciente, de lo que cabe derivar que al momento de la conducción (entre 55 y 71 minutos anterior a la 1ª y 2ª prueba) la tasa que presentara debía ser superior a la que se detectó en las pruebas. Según la fórmula habitualmente utilizada para el cálculo retrospectivo de la tasa de alcoholemia (C0 = C1 + □ x T; donde C0 es la tasa que se pretende averiguar, C1 la tasa conocida, □ el coeficiente de etiloxidación, que para los hombres es, como mínimo de 0,0025 y t, el tiempo en minutos transcurrido desde el momento en el quiere conocerse la tasa y el momento en que se obtiene una tasa de alcoholemia cierta), la tasa que podía presentar el acusado sería de 0›67 o 0›68 mg. alcohol por aire espirado, superior, por tanto a la exigida normativamente para la concurrencia de la conducta típica.

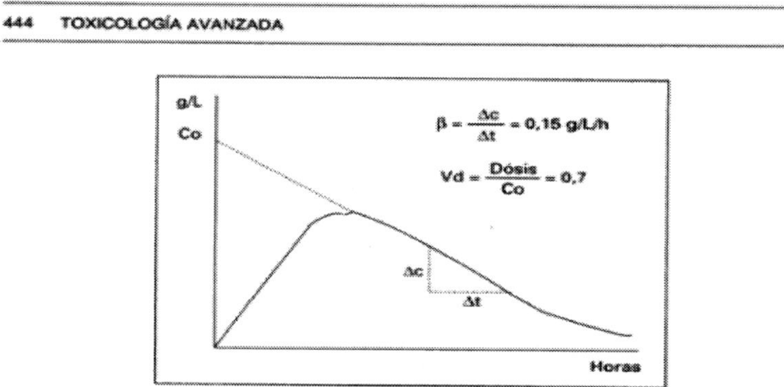

Figura 11.3 Distribución y metabolismo del etanol.

Fuente: Repetto, M. (1995). Toxicología del alcohol etílico.

De esta manera con carácter certero en caso de una primera imposibilidad física por parte del conductor a someterse a la prueba de alcoholemia o posterior localización, el cálculo retrospectivo se configura como una poderosa herramienta para dilucidar responsabilidades avalada en sede judicial por numerosas sentencias y existiendo numerosos manuales de toxicología forense en los cuales profundizar en la materia, tales como el Manual de Toxicología avanzada de Repetto o el Manual de Criminalística y ciencias forenses aplicadas a la investigación criminal de Anadón Baselga y Robledo Acinas.

Evolución legislativa: El delito de conducción bajo la influencia de intoxicación etílica se incorporó a la normativa penal española, por la llamada Ley del automóvil de 9 de mayo de 1950, que castigaba en su artículo primero a quien condujera un vehículo de motor bajo la influencia de bebidas alcohólicas, drogas tóxicas o estupefacientes que colocaran al sujeto en un estado de incapacidad para realizarlo con seguridad, configurándose por la jurisprudencia como un delito de riesgo concreto. El aumento de accidentes de circulación por conductores ebrios indujo al legislador a modificar el texto del precepto mediante la Ley de 24 de diciembre de 1962, de uso y circulación de automóviles, que suprimió la frase "que colocaran al sujeto en un estado de incapacidad para realizarlo con seguridad" quedando el artículo redactado como "El que condujere un vehículo de motor bajo la influencia manifiesta de bebidas alcohólicas, drogas tóxicas o estupefacientes" lo que llevó a la doctrina a estimar la embriaguez del conductor sin más, para tener por consumado el delito, transformándose la naturaleza del riesgo de concreto a riesgo en abstracto, pese a que cierta parte de la doctrina científica seguía calificándolo como delito de riesgo concreto.

En la reforma de la Ley de 8 de abril de 1967, por la que se incorporan al Código Penal, en su artículo 340 bis, estos delitos de tráfico en el apartado a) 1° se suprimió la palabra "manifiesta", con lo que el carácter de riesgo abstracto de este delito ya no ofrecía dudas facilitando la prueba sin que sea preciso que el conductor se encontrara en un estado de incapacidad y sin que sea necesario para su existencia la demostración de un peligro concreto, exigido por la Ley para otros tipos delictivos contra los entonces denominados delitos contra la seguridad del tráfico. Desde entonces el articulado permaneció inalterado, si bien la Ley Orgánica 3/1989, adicionó las sustancias psicotrópicas a las ya mentadas.

Con el Código Penal de 1995, la conducción bajo los efectos del alcohol, drogas, estupefacientes y psicotrópicos pasa a conformar el artículo 379 del citado texto, manteniendo la misma identidad y naturaleza que la contenida en el Código precedente . Es decir, el núcleo esencial de la antijuricidad penal lo configuraba el hecho de conducir bajo la real y efectiva influencia del alcohol o estupefacientes, tal y como declaró la STC 2/2003 (TOL228.958) debiéndose acreditar por parte de la acusación la real influencia de la ingesta en la conducción y ello porque como decían las STC 145/1985 (TOL79.535), 148/1985 (TOL79.538) y 221/1991 (TOL81.903), la etilometría ni es la única prueba que puede producir la condena, ni es una prueba imprescindible para su existencia debiendo valorarse por el juzgador, ponderando todos los medios de prueba válidos en nuestro sistema.

En este sentido, la STS de 22 de febrero de 1989 (TOL2.364.072), en un profundo estudio sobre la influencia del alcohol en la conducción, indicaba que la valoración médico-legal de la alcoholemia se extiende desde 1 gramo (embriaguez inicial) a 4 gramos de alcohol por litro de sangre, que da lugar a un estado de coma, de tal modo que en los grados intermedios del 2 y del 3 por litro, se producen respectivamente graves disturbios con entrada en el campo de la confusión y alteraciones sensoriales, el primero y entrada en la fase de estuporación el segundo. Siendo la tendencia legislativa de los países, a establecer con alguna oscilación que llega al 1,5 gr/l, el límite máximo tolerable, a partir del cual se presupone la afectación, siempre con referencia a un individuo medio.

Por dicho motivo y unido a otras sentencias, tales como la STS 09-12-1999 (TOL51.367) se vino a establecer en muchos órganos jurisdiccionales, sobre todo en la denominada "jurisprudencia menor" conformada por las audiencias provinciales, que a partir de 0,75 mg/l la influencia del alcohol era probable en el conductor y a partir de 1,00 mg/l tal influencia debía de estimarse acreditada como cierta, pero siempre con carácter indicativo según estudios médico-toxicológicos.

En el año 2003, la Ley Orgánica 15/2003 vino a modificar no el contenido del articulado, pero si su penalidad puesto que se sancionaba a los reos de este delito con la pena de arresto de fin de semana, la cual desde la promulgación de la citada Ley Orgánica, pasó a desaparecer al no haber sido satisfactoria su aplicación práctica, sustituyéndose según el caso por penas de prisión de corta duración, por trabajos en beneficio de la comunidad o por la nueva medida de pena de localización permanente. Igualmente la reforma endureció las penas relativas a este delito tal y como se puede apreciar en gráfico posterior.

Más adelante, la reforma derivada de la promulgación de la L.O. 15/2007, vuelve a alterar el contenido del precepto, siendo la modificación más importante la de delimitar la cantidad de alcohol a partir de la cual, objetivamente se presumirá siempre la influencia del alcohol en la persona del conductor, sea cual sea su peso, talla, edad, *et caeteros.* Manteniéndose en todo caso como delito, la sintomatología positiva sea cual fuese la tasa, es decir en dicho párrafo se recogen dos tipos distintos, aun cuando estrechamente vinculados.

Junto a esta novedad, el segundo cambio con respecto al antiguo artículo 379, consiste en que en su antigua redacción las penas de prisión y de multa eran alternativas, y en su caso se podía imponer además la pena de trabajos en beneficio de la comunidad. Sin embargo, el nuevo 379 CP, si bien mantiene la imposición de la pena de prisión o la pena de multa alternativamente. Siempre que se imponga la pena pecuniaria, irá acompañada de trabajos en beneficio de la comunidad, los cuales han de ser previamente aceptados por el condenado, con lo cual se "obliga" al penado a realizarlos, so pena de imponerle la pena alternativa de prisión.

C.P. 1995	Arresto fin semana 8/12	O Multa 3/8 meses	Y Privación Permiso 1/4 años
L.O. 15/2003	Prisión 3/6 meses	O Multa 6/12 meses y en su caso TBC	Y Privación Permiso 1/4 años
L.O. 15/2007	Prisión 3/6 meses	O Multa 6/12 meses y siempre TBC	Y Privación Permiso 1/4 años
L.O. 5/2010	Prisión 3/6 meses	O multa 6/12 meses O TBC	Y Privación Permiso 1/4 años

Finalmente, tras las alteraciones introducidas por la Ley orgánica 5/2010 de 22 de junio, esta «obligación» desapareció. Puesto que concretamente en el campo de la seguridad vial, la citada reforma permitió la búsqueda de una mayor proporcionalidad en la respuesta jurídico penal a determinadas conductas de peligro abstracto, donde el legislador consideró conveniente reformar tanto el artículo 379, como el artículo 384. En este sentido equiparó la pena de prisión prevista para ambos delitos, al entender que no existía razón de fondo que justificase la diferencia en la respuesta punitiva. Y por otra parte, eliminó la vetusta disyuntiva entre la pena de prisión y la de multa y trabajos en beneficio de la comunidad, estableciéndose los tres tipos de penas como alternativas. De este modo se concede un mayor grado de arbitrio al Juez a la hora de decidir sobre la imposición de cualquiera de las tres penas previstas, permitiendo reservar la pena de prisión, como la de mayor gravedad, para los supuestos más graves y excepcionales o reincidentes, ya que quizás como derivación de la modificación y aumento de la severidad de las penas ligadas a la reforma del 2007, los presos viales estaban aumentando notablemente.

Fecha	379.1	379.2	380	383	384	385	TOTAL
01/12/2010	25	268	195	55	406	48	997
01/12/2011	36	202	183	62	258	30	771
01/12/2012	53	264	208	88	455	39	1.107

Fuente: Memoria Fiscalía Seguridad Vial, 2013.
Penados, cuyo delito principal es un delito vial

De esta manera a día de hoy, entorno al artículo 379.2 C.P., se ha configurado una tasa objetivada basada en un juicio de peligrosidad del legislador, a partir de la cual no es necesaria acreditar la influencia efectiva del conductor, siempre que este supere las tasas de alcohol de 0,60 mg/l en aire o 1,20 gr/l en sangre. No existiendo ningún país en nuestro entorno europeo con un límite penal más permisivo que el español. Así mientras que en Portugal el límite penal es idéntico al español (*0,60 mg/l*), en el resto de países de nuestro entorno europeo occidental es menor y normalmente castigado con mayor severidad:

- Francia: La tasa penal se estipula en 0,40 mg/l, siendo castigada por el *«Code de la route, L234-1»*, con penas de prisión de dos años más 4.500 euros de multa, siendo accesoria la suspensión del permiso durante tres años. Entre 0,25 y 0,39 mg/l, se considera infracción administrativa.
- Alemania: No existe una tasa objetivada en el Código Penal alemán (*StGB*), a partir de la cual se deduzca estado de embriaguez, sin embargo la doctrina mayoritaria entiende que este acontece con tasas superiores a 0,50 mg/l. A partir de 0,25 mg/l, se considera infracción administrativa.
- Portugal: Coinciden en el caso de nuestro país vecino, tanto la tasa objetivada penal que es reprimida con una pena de prisión de hasta año o multa de hasta 120 días (Art. 292 Código Penal Portugués), como la antirreglamentaria a nivel administrativo, es decir 0,60 y 0,25 mg/l respectivamente.
- Italia: El artículo 186 del *Codice della Strada*, tipifica como infracción penal la tasa de 0,25 mg/l, si bien es cierto que únicamente la reprime con penas de multa de 543 a 2.170 euros y suspensión del permiso de conducción de 3 a 6 meses. No obstante, si la tasa es superior a 0,40 mg/l, se incurre en pena

de prisión de hasta seis meses y multa que oscila entre los 800 y 3.200 euros, más suspensión de seis a doce meses del permiso. Y finalmente, una concentración superior a 0,75 mg/l, conlleva pena de prisión de hasta un año, multa variable entre 1.500 y 6.000 euros, suspensión del permiso por un periodo de uno a dos años, así como se permite la confiscación del vehículo, salvo que pertenezca a tercero de buena fe.

- Reino Unido: Al igual que en el caso italiano, según la *Road Traffic Act*, cualquier tasa que supere los 0,35 mg/l o los 0,80 gr/l constituye infracción penal. (Utilizan proporción 1/2.300, mientras que en España se utiliza 1/2.000 respecto Ley de Henry»).

	Límite administrativo	Límite penal
	NO	0,25 mg/l
	NO	0,35 mg/l
	0,25 mg/l*	0,40 mg/l
	0,25 mg/l*	0,50 mg/l ("doctrinal")
	0,25 mg/l*	0,60 mg/l
	0,25 mg/l*	0,60 mg/l

** Conforme la recomendación de la Comisión europea de 17/01/2001.*

Por lo que se puede entender el actual régimen configurado en nuestro derecho penal como ampliamente garantista, siendo las tasas penales aplicables más permisivas, que las que en un principio propuso la dirección general de tráfico, que eran de 0,5 mg/l y 1 gr/l. No obstante, subsiste el delito de conducción bajo la influencia de bebidas alcohólicas, para los casos de tasas inferiores acompañadas de otros datos probatorios. La tipicidad penal de esta figura es fácilmente explicable, si observamos distintos estudios, relativos al aumento exponencial de la probabilidad de sufrir un accidente a mayores concentraciones de alcohol:

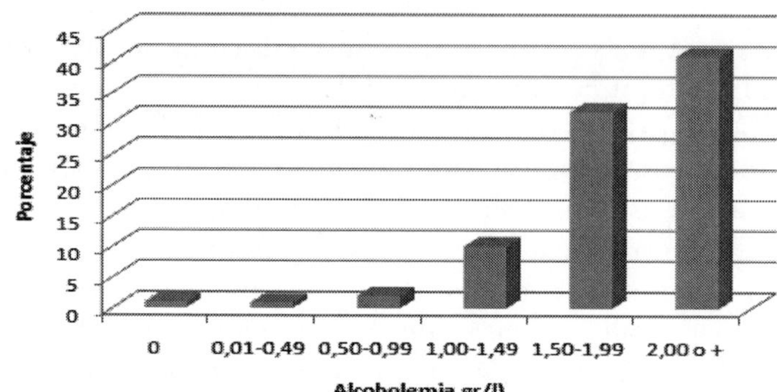

Fuente: Arregui, Luzón y Seguí-gómez: *Fundamentos de biomecánica en las lesiones por accidente de tráfico. Página 420*

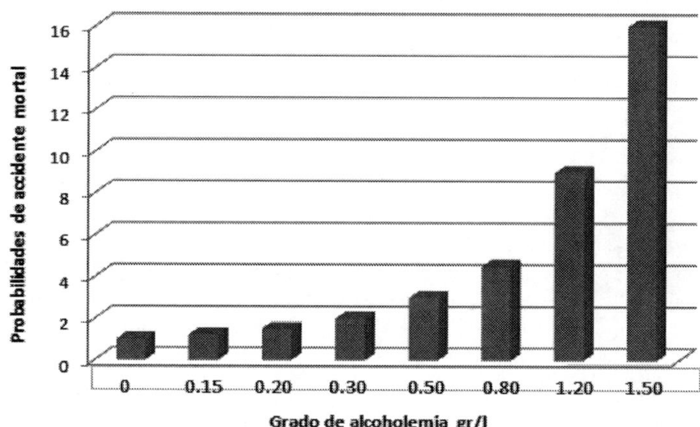

Fuente: Dirección General de Tráfico. *Revista Tráfico y Seguridad Vial, número 177, Página 17.*

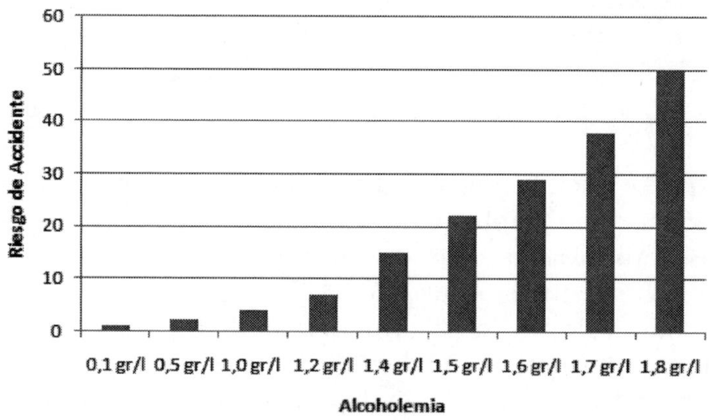

Fuente: Avanzado de intervención de accidentes en vía urbana e interurbana. Página 95. Basado en Compton et al, 2002.

Si bien, como es fácilmente apreciable los estudios epidemiológicos en los que se basan las tablas anteriormente expuestas, basadas principalmente en los niveles de alcohol en sangre obtenidos a partir de controles policiales, así como de los obtenidos en conductores implicados en accidentes muestran pequeñas variaciones, podemos extraer las siguientes conclusiones básicas aplicadas a todas ellas: En primer lugar, es innegable la afectación negativa en la persona del conductor a la hora de ejercitar la conducción del alcohol cuando éste ha sido incorporado al organismo. Y en segundo lugar, se trata de una relación exponencial, aumentando la curva de probabilidad de verse implicado en un accidente, de una manera mucho más acentuada que la cantidad ingerida sobretodo entorno a concentraciones superiores a un 1 gramo por cada litro de sangre, es decir 0,50 mg/l en aire espirado.

Márgenes de error y protocolos de actuación: La Orden ICT/155/2020 (Anexo XIII), de 7 de febrero, contiene los hablando técnicamente como errores máximos permitidos (EMP) conocidos coloquialmente como márgenes de error, ya tratados en el apartado correspondiente a los cinemómetros. En primer lugar, es preceptivo indicar que los EMP se aplican a todas las medidas / resultados de un etilómetro. Además dependiendo del resultado se aplicará un porcentaje de error máximo permitido u otro, pero siempre se aplica un margen de error pues la normativa estipula claramente que todas las medidas están sujetas en mayor o menor medida a un margen de error. La extendida causa por la cual existe confusión etiológicamente trae causa en la Instrucción DGT 14/S-134 relativa a «Denuncia, Sanción y Detracción de Puntos en infracciones de alcohol». Como se puede apreciar en el cuadro resumen que contiene dicha instrucción, se aplica el margen de error al valor 0,25 mg/L, apareciendo que se procederá a denunciar a partir de 0,29mg/L, sin embargo en el valor 0,50 mg/L (que sirve para determinar el límite entre una infracción detractora de 6 puntos + 1.000 € de la infracción de 4 puntos y 500 €) sorprendentemente no aplican el EMP:

Conductores con tasa de referencia de 0,25 mg/L en aire espirado		
Valor arrojado por etilómetro	Sanción	Puntos a detraer
Hasta 0,28 mg/L	No procede denuncia	-
Entre 0,29 y 0,50 mg/L	500 euros	4
Más de 0,50 mg/L	1000 euros	6

Al margen que de la lectura de la orden ICT se deduce fácilmente su aplicabilidad a todas sus medidas. La SJCA (Pontevedra) 98/2021, de 31 de marzo en la cual el conductor sometido a las pruebas de alcoholemia (*1ª prueba: 0,56 mg/L y 2ª prueba 0,51 mg/L)* que fue sancionado con 1.000 Euros y la detracción de 6 puntos, recurrió tal sanción ante el orden contencioso administrativo, revocando dicha sanción el órgano jurisdiccional, en base que en las sanciones por alcoholemia debe aplicarse el margen de error del 7,5% reglamentariamente para previsto para los etilómetros al porcentaje de concentración de alcohol en aire espirado correspondiente. De manera que partiendo de la tasa más baja (0,51 mg/L) aplicándole el margen de error el resultado es de 0,47 mg/L y estimando parcialmente el recurso del conductor, declara la graduación de la sanción no conforme a derecho, por lo que rebaja la sanción inicial impuesta a 500 Euros y 4 puntos.

Una segunda cuestión importante a la hora de aplicar los EMP legales y correspondientes acorde legislación, lo constituye el hecho que la disposición transitoria segunda de la Orden ICT/155/2020, reseña que «Los instrumentos de medida que se encuentren legalmente en servicio a la entrada en vigor de esta orden podrán seguir siendo utilizados mientras superen las verificaciones establecidas para los instrumentos en servicio, no pudiéndoles exigir el cumplimiento de requisitos adicionales a los determinados durante el proceso de su puesta en servicio». De esta manera, como ratifica el Informe del Centro Español de metrología a la Fiscalía de Seguridad Vial sobre cinemómetros y etilómetros evidenciales de abril de 2021 (apartado 4.2) para la aplicación de un margen de error u otro, habrá que tener en cuenta y diferenciar en función de con que legislación se puso el instrumento en servicio. Por lo tanto, como indica la Nota del Fiscal de Sala de Seguridad Vial de 27 de mayo de 2021, se aplicarán unos EMP u otros, dependiendo de la fecha de puesta en servicio del etilómetro. Dicho información la podemos obtener en el módulo «F» del certificado del etilómetro.

CERTIFICADO Nº
221422001

Organismo autorizado de verificación: 00-OV-1000
Acreditado por ENAC con acreditación Nº 384/EI625

Instrumento : ACS SAF'IR Evolution
Nº de serie : SESAH1U067004230
Nº de Calibración: 0998/015

Procedimiento Técnico: CEM-PT-0032

EXAMEN ADMINISTRATIVO

I.- DATOS COMPLEMENTARIOS				*Sí*		*No*
I.a	Conforme con el modelo aprobado		✓			
I.b	Placa de características		✓			
I.c	Fecha Módulo F		09/06/2021			
I.d	Última Verificación	Tipo:	Decl. Conformidad Mod F		Fecha:	09/06/2021
I.e	Precintos	Recepción:	Precintado		Entrega:	211313001 Localización:

EXAMEN METROLÓGICO

II.- RESULTADOS OBTENIDOS		Cumple	No cumple
II.a	Errores máximos permitidos	✓	
II.b	Desviación típica de repetibilidad	✓	

CONDICIONES AMBIENTALES:

Temperatura (ºC): **20 ± 2** Presión (hPa): **930 ± 25** Humedad (%): **60 ± 15**

www.cem.es **Página 2 de 2** C/ Alfar, 2

Consiguientemente una vez identificada la fecha de puesta en servicio del etilómetro, se procederá a la aplicación del margen de error pertinente. Si bien como fácilmente podrá apreciar el lector en la praxis resulta indiferente la aplicación de la orden del 2006 o de la orden del 2020, pues las únicas diferencias carecen de virtualidad práctica. Es decir si un conductor arroja por ejemplo 1,20 mg/L en el etilómetro, el resultado 0,96 mg/L o 1,11 mg/L va a ser ampliamente objeto de tramitación por la vía penal.

Concentraciones nominales de alcohol en aire espirado *C*	**Orden ICT 155/2020 (vigor 24/10/2020) emp**	**Orden ITC 3707/2006 (vigor 08/12/2006) emp**
≤ 0,400 mg/L	0,03 mg/L	
> 0,400 mg/L y ≤ 1 mg/L	7,5 %	
> 1 mg/L y ≤ 2 mg/L	7,5 %	20 %
> 2 mg/L y ≤ 2,455 mg/L	0,75 x *C* -1,35	20 %
> 2,455 mg/L	0,75 x *C* -1,35	

Fuente: EMP en verificación periódica de etilómetros.
Informe del Centro Español de Metrología, 2021

Una tercera cuestión de interés es qué ocurre con los EMP de los etilómetros nuevos (Certificado con verificación primitiva o de conformidad) en relación con los EMP de los etilómetros que tienen más de un año (Certificado de verificación periódica). Recordemos que constantemente la Orden ICT, en sus apéndices se remite a la Recomendación OIML R 126 en vigor (edición *2012)* la cual establece unos márgenes de error para los etilómetros nuevos y reparados/modificados (Apéndices II y III Orden ICT) y otros márgenes de error para la verificación periódica de los etilómetros (Apéndice IV) que son los únicos que recoge el Informe del Centro español de Metrología de 2021 y la Nota del Fiscal pareja.

De esta manera la Recomendación OIML R 126 por ejemplo para medidas con relevancia penal nos habla de un margen de error menor de tan solo el 5% y no del 7,5% en etilómetros nuevos. No obstante el informe del Centro Español de Metrología, en su apartado 4.3 especifica que un criterio garantista en procesos judiciales penales sería restar a la indicación del instrumento el EMP establecido para las verificaciones periódicas que incluyen por concepto las derivas y variaciones temporales del instrumento a diferencia de los EMP establecidos en otras fases del control metrológico del Estado. De esta manera por ejemplo la Instrucción 2/2021 de la Fiscalía de la Comunidad Autonóma de Andalucía, Ceuta y Melilla, indica expresamente que los EMP se basan en un equilibrio entre criterios de proporcionalidad y máxima protección para los ciudadanos. Por un lado, los márgenes de EMP deben ajustarse a la tecnología existente en los instrumentos para que sean aplicables y a la vez deben garantizar que los errores de las medidas realizadas con los mismos sean consistentes para el uso al que se destinan. A pesar que la Organización Internacional de Metrología

Legal (OIML) en su Recomendación R 126 (*edición 2012)* a la que se remiten los apéndices II y II del Anexo XIII de la Orden ICT 155/2020, de 7 de febrero, recoge dos tipos distintos de errores máximos permitidos, en el informe del Centro Español de Metrología solo se ha contemplado la utilización de los errores aplicables a los instrumentos en servicio en relación con los errores para la verificación periódica, con el propósito de aportar las máximas garantías procesales, con independencia del tiempo que lleve en funcionamiento el instrumento. La aplicación de otro de tipo de errores no garantizaría la posible deriva del instrumento y en consecuencia solo se utilizarán los EMP de verificación periódica.

A mayor abundamiento existe una cuarta cuestión a tener presente en cuanto a los márgenes de error de los etilómetros. Una vez ya constatada el «*factum*» que a nivel penal el margen de error con carácter habitual viene marcado por el 7,5%, existe un caso en particular que es cuando el etilómetro arroje un resultado de 0,65 mg/L.

0,65 mg/L X 7,5% (margen error) = 0,60125

Margen de error aplicado = 0.04875

Dado que entra en juego la figura del REDONDEO, puesto que si el margen de error se redondea arriba (0.05) el resultado final de la prueba etilométrica sería 0,60 mg/L y recordemos que el Art. 379.2 exige que se supere dicha cantidad (*en ausencia de sintomatología)* para ser delito y además hay que tener presente que los etilómetros solo ofrecen resultados con dos decimales.

En STS 788/2023, de 25 de octubre (TOL9.772.390) nuestro alto tribunal considera que la práctica del redondeo es una técnica utilizada y que se debe utilizar en estos casos en beneficio del reo, ya que el tipo penal limita su atención a los dos primeros decimales del resultado obtenido, enfatizando el Supremo el derecho del reo a no hacer valer más de dos decimales como traslación del principio *in dubio pro reo.* En igual sentido y creando jurisprudencia la STS 789/2023, de 25 de octubre (TOL9.763.953) ante un conductor sin sintomatología que arrojó 0,73 mg/L y 0,65 mg/L en sendas espiraciones igualmente aplica esta técnica la cual se utiliza en otros sistemas cuando concurre tercer decimal, siendo una práctica común en las operaciones matemáticas y financieras consistiendo en la aproximación a un número preciso, para que sean fáciles de entender y manejables.

Sorprende en estos casos que el Supremo no haya hecho referencia a la precitada Recomendación OIML 126, puesto que en su punto 5.3 haciendo referencia al intervalo de escala de los etilómetros que debe ser al menos de 0,01 mg/L (*2 decimales*) en el modo de medición, debe de ser escalable a tres decimales, indicando expresamente que un valor medido a tres decimales será redondeado hacia abajo a dos decimales, de manera que un valor medido de 0,427 mg/L, se redondea hacia abajo a 0,42 mg/L. Lo que hubiera facilitado la aplicación e interpretación de la norma. Como habrá podido desprenderse de la lectura de los párrafos previos en relación con el delito de conducción bajo la influencia de bebidas alcohólicas, no solo tenemos las tasas objetivas de alcohol más elevadas de Europa occidental, sino que además en relación a los errores máximos permitidos hemos acogido la opción más beneficiosa para el reo, así como en relación al criterio relativo al redondeo, también se ha escogido la opción más favorable al reo.

MÁRGENES DE ERROR CONCENTRACIONES ALCOHOL

CONCENTRACIÓN NOMINAL ALCOHOL AIRE ESPIRADO	MARGEN DE ERROR APLICABLE	VALOR FINAL RESULTADO DE LA PRUEBA
0,15 mg/L	0,03 mg/L	**0,12 mg/L**
0,20 mg/L	0,03 mg/L	**0,17 mg/L**
0,25 mg/L	0,03 mg/L	**0,22 mg/L**
0,28 mg/L	0,03 mg/L	**0,25 mg/L**
0,30 mg/L	0,03 mg/L	**0,27 mg/L**
0,40 mg/L	0,03 mg/L	**0,37 mg/L**
0,41 mg/L	- 7,5% mg/L	**0,38 mg/L**
0,44 mg/L	- 7,5% mg/L	**0,40 mg/L**
0,50 mg/L	- 7,5% mg/L	**0,46 mg/L**
0,60 mg/L	- 7,5% mg/L	**0,55 mg/L**
0,65 mg/L	- 7,5% mg/L	**0,60 mg/L**
0,70 mg/L	- 7,5% mg/L	**0,64 mg/L**

Finalmente y con carácter previo a la protocolarización de la intervención policial relativa al alcohol, una última cuestión debe de ser tenida en cuenta. Se trata de cuando el conductor arroje un resultado comprendido entre 0,40 y 0,60 mg/L (con márgenes de error 0,44 a 0,65 mg/L) y existan síntomas de embriaguez o haya cometido una infracción que denote una conducción peligrosa / descuidada o haya provocado un accidente. Y es que a pesar del tiempo conserva plena eficacia la instrucción FGE 3/2006 (Tal y como se afirma en la Memoria FGE 2008 y 2011, en la Nota del Fiscal de Sala de Seguridad Vial de 27/05/2021 e Instrucción 2/2021 Fiscalía de Andalucía), pues la reforma llevada a cabo obrante la Ley orgánica 15/2007, plasmó en lo básico sus criterios y planteamientos.

Así según consta en dicha instrucción, la cual se dictó con el objetivo de potenciar la eficacia del sistema punitivo en relación a los delitos contra la seguridad vial, dedica su punto 6º a la conducción bajo la influencia de bebidas alcohólicas, delito que se constituye tal y como ya advirtiera la STS de 22 de febrero de 1989 (TOL2.364.072) en un factor criminógeno de primer orden, el cual queda comprobado en el ranking de los más graves accidentes circulatorios, pese a lo cual, sigue constituyendo un hábito fuertemente arraigado en nuestra sociedad tal como evidencia el elevado número de procedimientos que se tramitan por esta causa.

No obstante, prosiguiendo con el contenido de la instrucción a pesar de su cotidiana presencia en la práctica forense, no existe una interpretación judicial uniforme (recordemos que se dictó con anterioridad a la reforma operada por la Ley Orgánica 15/2007), por ello el fiscal general del estado, ordena siguiendo el criterio fundado en reiterada doctrina jurisprudencial sobre las fases y consecuencias de la ingesta alcohólica, como por ejemplo la STS 1133/2001 (TOL4.926.041) en concordancia con otras citadas también anteriormente, que finalmente es el recogido en la reforma penal anteriormente aludida, que cuando el grado de impregnación alcohólica sea superior a 0,60 mg/l podrá estimarse que esa elevada hemoconcentración etílica evidencia por sí misma una merma de las facultades psicofísicas exigibles para la conducción segura de un vehículo a motor en cualquier conductor, habida cuenta de que constituye cuestión prácticamente unánime entre especialistas en ciencias toxicológicas que a partir de tal grado de intoxicación etílica los reflejos y capacidad de percepción se encuentran objetivamente afectados, si bien con ligeras variaciones dependientes de las características orgánicas del sujeto.

Por su parte, en los supuestos comprendidos entre 0,40 y 0,60 mg/l, los fiscales acusarán por delito contra la seguridad vial cuando existan síntomas de embriaguez en el conductor, haya cometido una infracción que denote una conducción peligrosa o descuidada o haya provocado un accidente. Por último, si la tasa es inferior a 0,40 mg/l no se ejercitará la acción penal derivándose los hechos a la vía sancionadora administrativa, salvo en aquellos casos singulares o excepcionales en que las circunstancias concurrentes evidencien la influencia del alcohol en la conducción. Ya que jurídicamente es posible aunque remota la circunstancia de la afectación de una persona por el alcohol, pese a que inclusive, no superase las tasas administrativas. Piénsese en una persona de poco peso, que nunca hubiera consumido alcohol y cuyo organismo presentara dificultades para metabolizar el alcohol.

No obstante, distintos autores muestran su disconformidad al objeto de sancionar por la vía penal tales hechos, en concomitancia con la instrucción de la Fiscalía General del Estado 2/1999 que refiere que cuando en el control de alcoholemia arroje un resultado inferior al reglamentario, no hay delito, ya que si el hecho no es lo suficientemente grave como para motivar una sanción administrativa, menos lo será para entenderlo constitutivo de infracción penal. En este hipotético caso, recomendamos en su caso la práctica de diligencias a prevención. A continuación y con base en las premisas descritas se procede a la descripción de dos flujogramas operativos simplificados en base a las características del conductor:

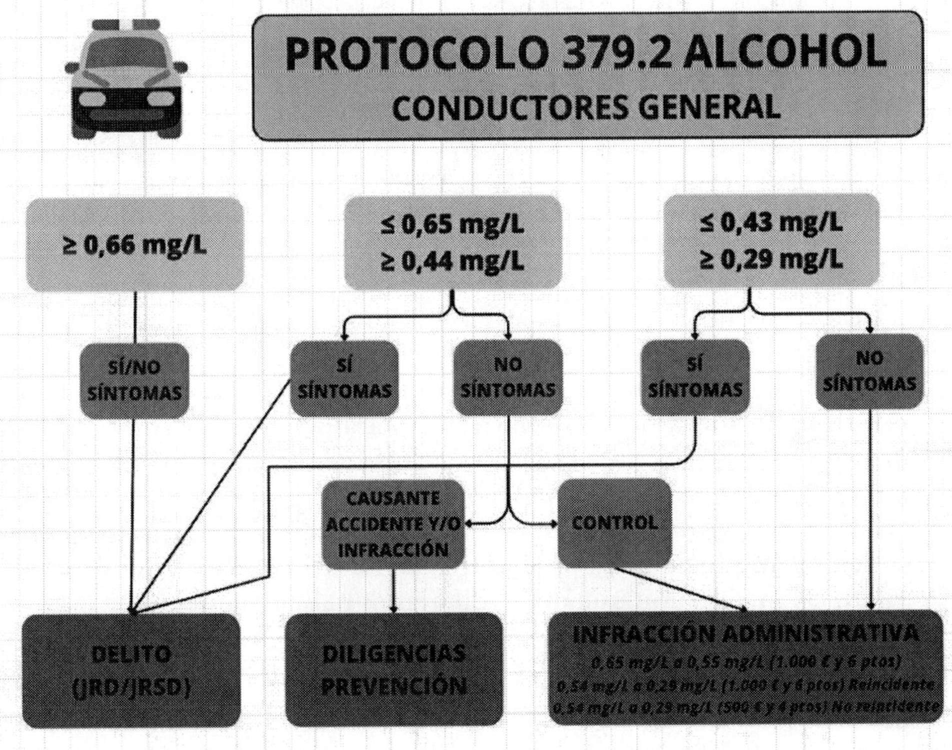

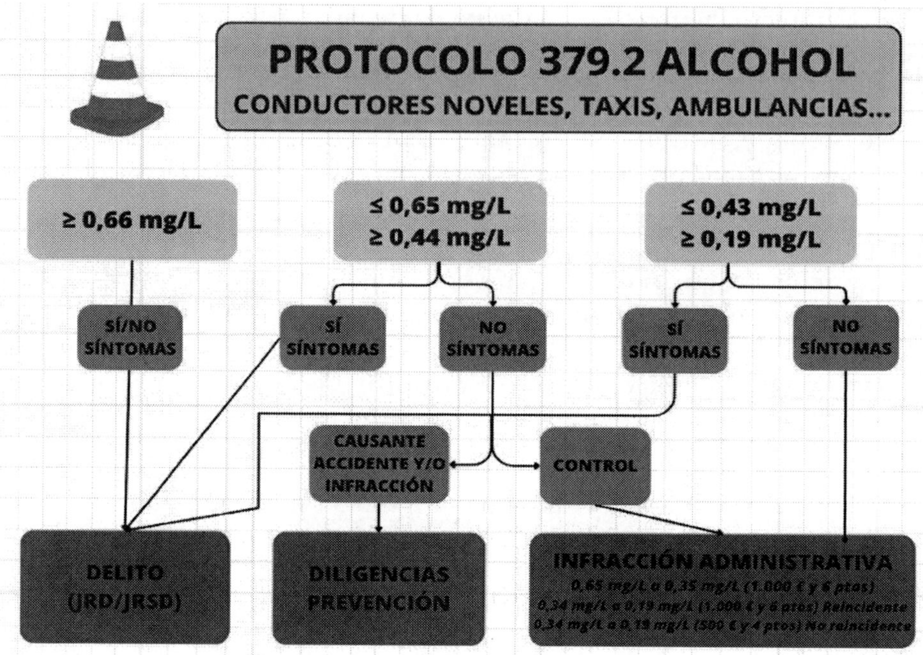

En síntesis un resultado igual o superior a 0,66 mg/L conlleva la investigación/detención del conductor. Cualquier resultado comprendido dentro del margen administrativo si va acompañado de sintomatología positiva acarrea idéntico resultado. Y para las concentraciones comprendidas entre 0,65 y 0,44 mg/L la normativa nos obliga a poner los hechos en conocimiento del Ministerio Fiscal en determinados casos, que no todos, reservándose la infracción administrativa para las tasas menos elevadas y a partir de cierta concentración, ya que recordemos que en nuestra legislación nacional únicamente están sometidos a nivel cero desde el punto de vista administrativo (0,04 mg/L con margen de error) los conductores menores de dieciocho años poseedores de autorizaciones administrativas de conducción, cuestión que desarrollaremos más adelante.

Desarrollo de la prueba etilométrica: (Arts. 20 a 28 RD 1428/2003 o Reglamento general de circulación). A continuación, se procede a la exposición de los artículos reglamentarios, que desarrollan la forma correcta de realización de las pruebas, dado el carácter de norma penal en blanco del artículo 379.2 CP.

CAPÍTULO IV. NORMAS SOBRE BEBIDAS ALCOHÓLICAS

Artículo 20. Tasas de alcohol en sangre y aire espirado.

No podrán circular por las vías objeto de la legislación sobre tráfico, circulación de vehículos a motor y seguridad vial los conductores de vehículos ni los conductores de bicicletas con una tasa de alcohol en sangre superior a 0,5 gramos por litro, o de alcohol en aire espirado superior a 0,25 miligramos por litro.

Cuando se trate de vehículos destinados al transporte de mercancías con una masa máxima autorizada superior a 3.500 kilogramos, vehículos destinados al transporte de viajeros de más de nueve plazas, o de servicio público, al transporte escolar y de menores, al de mercancías peligrosas o de servicio de urgencia o transportes especiales, los conductores no podrán hacerlo con una tasa de alcohol en sangre superior a 0,3 gramos por litro, o de alcohol en aire espirado superior a 0,15 miligramos por litro.

Los conductores de cualquier vehículo no podrán superar la tasa de alcohol en sangre de 0,3 gramos por litro ni de alcohol en aire espirado de 0,15 miligramos por litro durante los dos años siguientes a la obtención del permiso o licencia que les habilita para conducir.

A estos efectos, sólo se computará la antigüedad de la licencia de conducción cuando se trate de la conducción de vehículos para los que sea suficiente dicha licencia.

Artículo 21. Investigación de la alcoholemia. Personas obligadas.

Todos los conductores de vehículos y de bicicletas quedan obligados a someterse a las pruebas que se establezcan para la detección de las posibles intoxicaciones por alcohol. Igualmente quedan obligados los demás usuarios de la vía cuando se hallen implicados en algún accidente de circulación (artículo 12.2, párrafo primero, del Texto Articulado).

Los agentes de la autoridad encargados de la vigilancia del tráfico podrán someter a dichas pruebas:

a) A cualquier usuario de la vía o conductor de vehículo implicado directamente como posible responsable en un accidente de circulación.

b) A quienes conduzcan cualquier vehículo con síntomas evidentes, manifestaciones que denoten o hechos que permitan razonablemente presumir que lo hacen bajo la influencia de bebidas alcohólicas.
c) A los conductores que sean denunciados por la comisión de alguna de las infracciones a las normas contenidas en este Reglamento.
d) A los que, con ocasión de conducir un vehículo, sean requeridos al efecto por la autoridad o sus agentes dentro de los programas de controles preventivos de alcoholemia ordenados por dicha autoridad.

Artículo 22. Pruebas de detección alcohólica mediante el aire espirado.

1. Las pruebas para detectar la posible intoxicación por alcohol se practicarán por los agentes encargados de la vigilancia de tráfico y consistirán, normalmente, en la verificación del aire espirado mediante etilómetros que, oficialmente autorizados, determinarán de forma cuantitativa el grado de impregnación alcohólica de los interesados.

A petición del interesado o por orden de la autoridad judicial, se podrán repetir las pruebas a efectos de contraste, que podrán consistir en análisis de sangre, orina u otros análogos (artículo 12.2, párrafo segundo, «in fine», del Texto Articulado).

2. Cuando las personas obligadas sufrieran lesiones, dolencias o enfermedades cuya gravedad impida la práctica de las pruebas, el personal facultativo del centro médico al que fuesen evacuados decidirá las que se hayan de realizar.

Artículo 23. Práctica de las pruebas.

1. Si el resultado de la prueba practicada diera un grado de impregnación alcohólica superior a 0,5 gramos de alcohol por litro de sangre o a 0,25 miligramos de alcohol por litro de aire espirado, o al previsto para determinados conductores en el artículo 20 o, aun sin alcanzar estos límites, presentara la persona examinada síntomas evidentes de encontrarse bajo la influencia de bebidas alcohólicas, el agente someterá al interesado, para una mayor garantía y a efecto de contraste, a la práctica de una segunda prueba de detección alcohólica por el aire espirado, mediante un procedimiento similar al que sirvió para efectuar la primera prueba, de lo que habrá de informarle previamente.

2. De la misma forma advertirá a la persona sometida a examen del derecho que tiene a controlar, por sí o por cualquiera de sus acompañantes o testigos presentes, que entre la realización de la primera y de la segunda prueba medie un tiempo mínimo de 10 minutos.

3. Igualmente, le informará del derecho que tiene a formular cuantas alegaciones u observaciones tenga por conveniente, por sí o por medio de su acompañante o defensor, si lo tuviese, las cuales se consignarán por diligencia, y a contrastar los resultados obtenidos mediante análisis de sangre, orina u otros análogos, que el personal facultativo del centro médico al que sea trasladado estime más adecuados.

4. En el caso de que el interesado decida la realización de dichos análisis, el agente de la autoridad adoptará las medidas más adecuadas para su traslado al centro sanitario más próximo al lugar de los hechos. Si el personal facultativo del centro apreciara que las pruebas solicitadas por el interesado son las adecuadas, adoptará las medidas tendentes a cumplir lo dispuesto en el artículo 26.

El importe de dichos análisis deberá ser previamente depositado por el interesado y con él se atenderá al pago cuando el resultado de la prueba de contraste sea positivo; será a cargo de los órganos periféricos del organismo autónomo Jefatura Central de Tráfico o de las autoridades municipales o autonómicas competentes cuando sea negativo, devolviéndose el depósito en este último caso.

Artículo 24. Diligencias del agente de la autoridad.

Si el resultado de la segunda prueba practicada por el agente, o el de los análisis efectuados a instancia del interesado, fuera positivo, o cuando el que condujese un vehículo de motor presentara síntomas evidentes de hacerlo bajo la influencia de bebidas alcohólicas o apareciera presuntamente implicado en una conducta delictiva, el agente de la autoridad, además de ajustarse, en todo caso, a lo establecido en la Ley de Enjuiciamiento Criminal, deberá:

a) Describir con precisión, en el boletín de denuncia o en el atestado de las diligencias que practique, el procedimiento seguido para efectuar la prueba o pruebas de detección alcohólica, haciendo constar los datos necesarios para la identificación del instrumento o instrumentos de detección empleados, cuyas características genéricas también detallará.

b) Consignar las advertencias hechas al interesado, especialmente la del derecho que le asiste a contrastar los resultados obtenidos en las pruebas de detección alcohólica por el aire espirado mediante análisis adecuados, y acreditar en las diligencias las pruebas o análisis practicados en el centro sanitario al que fue trasladado el interesado.

c) Conducir al sometido a examen, o al que se negase a someterse a las pruebas de detección alcohólica, en los supuestos en que los hechos revistan caracteres delictivos, de conformidad con lo dispuesto en la Ley de Enjuiciamiento Criminal, al juzgado correspondiente a los efectos que procedan.

Artículo 25. Inmovilización del vehículo.

1. En el supuesto de que el resultado de las pruebas y de los análisis, en su caso, fuera positivo, el agente podrá proceder, además, a la inmediata inmovilización del vehículo, mediante su precinto u otro procedimiento efectivo que impida su circulación, a no ser que pueda hacerse cargo de su conducción otra persona debidamente habilitada, y proveerá cuanto fuese necesario en orden a la seguridad de la circulación, la de las personas transportadas en general, especialmente si se trata de niños, ancianos, enfermos o inválidos, la del propio vehículo y la de su carga.

2. También podrá inmovilizarse el vehículo en los casos de negativa a efectuar las pruebas de detección alcohólica (artículo 70, «in fine», del Texto Articulado).

3. Salvo en los casos en que la autoridad judicial hubiera ordenado su depósito o intervención, en los cuales se estará a lo dispuesto por dicha autoridad, la inmovilización del vehículo se dejará sin efecto tan pronto como desaparezca la causa que la motivó o pueda sustituir al conductor otro habilitado para ello que ofrezca garantía suficiente a los agentes de la autoridad y cuya actuación haya sido requerida por el interesado.

4. Los gastos que pudieran ocasionarse por la inmovilización, traslado y depósito del vehículo serán de cuenta del conductor o de quien legalmente deba responder por él.

Artículo 26. Obligaciones del personal sanitario.

1. El personal sanitario vendrá obligado, en todo caso, a proceder a la obtención de muestras y remitirlas al laboratorio correspondiente, y a dar

cuenta, del resultado de las pruebas que se realicen, a la autoridad judicial, a los órganos periféricos del organismo autónomo Jefatura Central de Tráfico y, cuando proceda, a las autoridades municipales competentes (artículo 12.2, párrafo tercero, del Texto Articulado).

Entre los datos que comunique el personal sanitario a las mencionadas autoridades u órganos figurarán, en su caso, el sistema empleado en la investigación de la alcoholemia, la hora exacta en que se tomó la muestra, el método utilizado para su conservación y el porcentaje de alcohol en sangre que presente el individuo examinado.

2. Las infracciones a las distintas normas de este capítulo, relativas a la conducción habiendo ingerido bebidas alcohólicas o a la obligación de someterse a las pruebas de detección alcohólica, tendrán la consideración de infracciones muy graves, conforme se prevé en el artículo 65.5.a) y b) del Texto Articulado.

CAPÍTULO V. NORMAS SOBRE ESTUPEFACIENTES, PSICOTRÓPICOS, ESTIMULANTES U OTRAS SUSTANCIAS ANÁLOGAS

Artículo 27. Estupefacientes, psicotrópicos, estimulantes u otras sustancias análogas.

1. No podrán circular por las vías objeto de la legislación sobre tráfico, circulación de vehículos a motor y seguridad vial los conductores de vehículos o bicicletas que hayan ingerido o incorporado a su organismo psicotrópicos, estimulantes u otras sustancias análogas, entre las que se incluirán, en cualquier caso, los medicamentos u otras sustancias bajo cuyo efecto se altere el estado físico o mental apropiado para circular sin peligro.

2. Las infracciones a las normas de este precepto tendrán la consideración de muy graves, conforme se prevé en el artículo 65.5.a) del Texto Articulado.

Artículo 28. Pruebas para la detección de sustancias estupefacientes, psicotrópicos, estimulantes u otras sustancias análogas.

1. Las pruebas para la detección de estupefacientes, psicotrópicos, estimulantes u otras sustancias análogas, así como las personas obligadas a su realización, se ajustarán a lo dispuesto en los párrafos siguientes:

a) Las pruebas consistirán normalmente en el reconocimiento médico de la persona obligada y en los análisis clínicos que el médico forense u otro titular experimentado, o personal facultativo del centro sanitario o instituto médico al que sea trasladada aquélla, estimen más adecuados.

   A petición del interesado o por orden de la autoridad judicial, se podrán repetir las pruebas a efectos de contraste, que podrán consistir en análisis de sangre, orina u otros análogos (artículo 12.2, párrafo segundo, «in fine», del Texto Articulado).

b) Toda persona que se encuentre en una situación análoga a cualquiera de las enumeradas en el artículo 21, respecto a la investigación de la alcoholemia, queda obligada a someterse a las pruebas señaladas en el párrafo anterior. En los casos de negativa a efectuar dichas pruebas, el agente podrá proceder a la inmediata inmovilización del vehículo en la forma prevista en el artículo 25.

c) El agente de la autoridad encargado de la vigilancia del tráfico que advierta síntomas evidentes o manifestaciones que razonablemente denoten la presencia de cualquiera de las sustancias aludidas en el organismo de las personas a que se refiere el artículo anterior se ajustará a lo establecido en la Ley de Enjuiciamiento Criminal y a cuanto ordene, en su caso, la autoridad judicial, y deberá ajustar su actuación, en cuanto sea posible, a lo dispuesto en este Reglamento para las pruebas para la detección alcohólica.

d) La autoridad competente determinará los programas para llevar a efecto los controles preventivos para la comprobación de estupefacientes, psicotrópicos, estimulantes u otras sustancias análogas en el organismo de cualquier conductor.

2. Las infracciones a este precepto relativas a la conducción bajo los efectos de estupefacientes, psicotrópicos, estimulantes u otras sustancias análogas, así como la infracción de la obligación de someterse a las pruebas para su detección, tendrán la consideración de infracciones muy graves, conforme se prevé en el artículo 65.5.a) y b) del Texto Articulado.

La infracción administrativa: Como ocurre con todos los delitos contra la seguridad vial, los mismos tienen una naturaleza dicotómica puesto que según las circunstancias una determinada conducta puede derivar en el plano penal o administrativo, conforme la existencia de determinados requisitos. Para el caso del alcohol conforme se deriva de los protocolos reseñados, al margen de la actuación específica con menores que expondremos a continuación, la primera diferencia es que la vía penal solo castiga a los conductores de vehículos a motor y ciclomotores, mientras que la sanción administrativa tiene un objeto más amplio que abarca y regula unas tasas administrativas tanto para los conductores de vehículos como de bicicletas e incluso obliga a su práctica a cualquier usuario de la vía implicado como posible responsable de un accidente de tráfico.

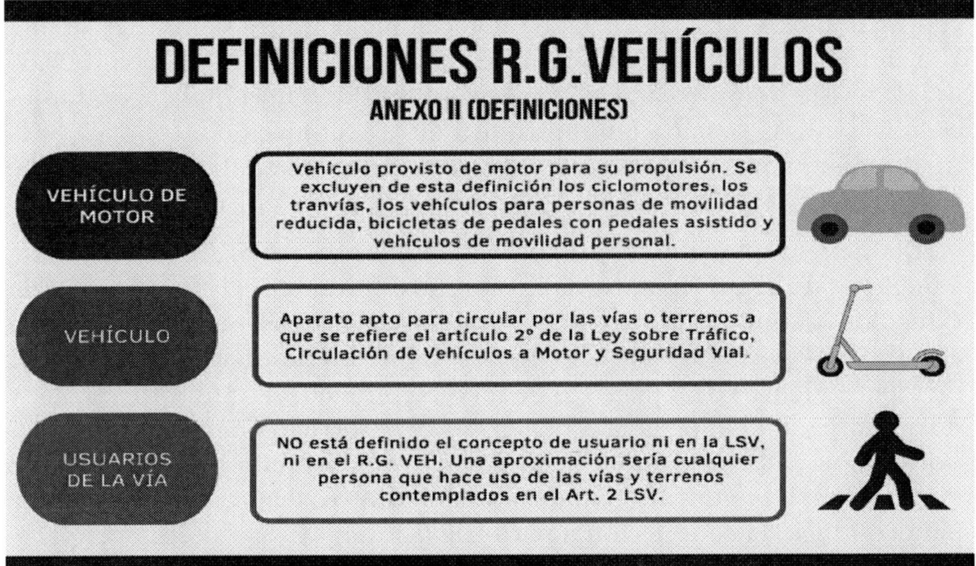

De esta manera conforme el desarrollo reglamentario previo cualquier USUARIO DE LA VÍA (Art. 21.1 RGCIR) implicado directamente como posible responsable de un accidente de tráfico (sólo en ese caso) no catalogado como vehículo a motor o como vehículo, piénsese en el caso de un peatón o en el jinete de monta un caballo, está obligado a someterse a las pruebas de detección alcohol, pero no tienen ninguna tasa asociada (Art. 20 RGCIR). Por lo tanto si un peatón ha cruzado en rojo un semáforo para peatones causando un accidente, éste tiene la obligación posterior de someterse a la práctica de la prueba la cual aunque arroje un resultado positivo no es sancionable, siendo únicamente sancionable administrativamente la negativa a la práctica de dicha prueba.

Por el contrario todos los conductores de VEHÍCULOS, tienen obligación de someterse a la práctica de detección alcohólica en los casos contemplados en el Art. 21 RGCIR y tienen asociadas unas tasas. Este será el caso de bicicletas, vehículos de movilidad personal o si el jinete del caso anterior arrastra un carro pues en ese caso conduce un vehículo de tracción animal. La negativa al sometimiento de la prueba en estos casos constituye sanción administrativa y si se superan las tasas administrativas, incluso aunque las mismas superen los 0,60 mg/L, la respuesta del ordenamiento jurídico es la sanción administrativa.

Finalmente los conductores de VEHÍCULOS A MOTOR, tales como turismos, motocicletas, camiones... la negativa en los casos que resulte preceptiva la práctica de la prueba de detección alcohólica siempre es delito. Y la sintomatología positiva o la superación (más EMP) de la tasa de 0,60 mg/L reviste siempre carácter penal. La otra diferencia que encontramos en relación a la sanción administrativa de la conducción alcohólica es la tipificación expresa de distintas tasas administrativas en función de su gravedad.

De manera que al margen de la tasa **0,00 mg/L** aplicable únicamente a menores de edad. Es sancionable administrativamente la conducción de vehículos destinados al transporte de mercancías con una masa máxima autorizada superior a 3.500 Kilogramos, vehículos destinados al transporte de viajeros de más de 9 plazas, o de servicio público, al transporte escolar y de menores, al de mercancías peligrosas o de servicio de urgencia o transportes especiales, así como los conductores de cualquier vehículo durante los dos años siguientes a la obtención del permiso o licencia que les habilita para conducir, la conducción a partir de **0,15 mg/L**. Siendo la tasa aplicable correspondiente al resto de conductores la que supere los **0,25 mg/L**. Estas infracciones como veremos en el cuadro de infracciones se configuran en el escalón punitivo administrativo más bajo, siendo sancionadas con mayor rigurosidad si se doblan, es decir si el grupo de conductores descrito en primer lugar en el párrafo anterior supera los **0,30 mg/L** y si el resto de conductores arroja un resultado superior a **0,50 mg/L** o desde la reforma llevada a cabo por la Ley 6/2014, de 7 de abril, por la que se modifica la LSV si el conductor hubiera sido sancionado en el año inmediatamente anterior por exceder las tasas de alcohol permitidas.

Pues conscientes de que el alcohol y las drogas están detrás de un porcentaje muy importante de accidentes graves y es necesario aumentar el reproche de estas conductas, las mismas se sitúan en un escalón superior separándose del criterio general sancionador. Recordemos que a pesar que con carácter general las infracciones Muy Graves llevan asociadas sanciones de 500 Euros, en el presente caso el legislador ha entendido conveniente elevar la cuantía hasta los 1.000 Euros.

Finalmente es conveniente recordar, que en muchas ocasiones cuando se actúa por la vía penal contra un conductor que ha superado las tasas objetivo penales de **0,60 mg/L**, es relativamente habitual no formular una sanción administrativa (que quedaría paralizada hasta resolución judicial). No obstante, piénsese en el caso que posteriormente en el acto de la vista oral se demuestra que entre prueba y prueba no se han respetado los 10 minutos que estipula la norma y la misma no es válida como prueba de cargo o que el conductor solicitó un análisis de contraste de sangre que arroja un resultado inferior al reseñado, o piénsese en un conductor que sin superar la tasa de 0,60 mg/L presenta sintomatología a juicio de los agentes actuantes pero posteriormente en el juicio no queda desvirtuada la presunción de inocencia del conductor y el mismo es absuelto penalmente.

Dados los plazos de la prescripción de las infracciones graves y muy graves de tráfico (Artículo 112 LSV) que son de seis meses y dados los plazos de emisión de sentencia de nuestros órganos jurisdiccionales, si bien la mayoría de procedimientos se sustentan a través de juicios rápidos. Si por ejemplo se ha judicializado un procedimiento y el mismo se resuelve transcurrido un año, los agentes instructores del atestado NO podrán incoar infracción administrativa al respecto porque la misma habrá prescrito. Por esta y otras razones la Instrucción DGT 2015/S-137 relativa a los criterios de actuación en procedimientos sancionadores tramitados en infracciones de alcohol/drogas, estipula lo siguiente:

En los casos en que los agentes de la autoridad realizadas las correspondientes pruebas, estimen que procede imputación (hoy en día investigación) por posible delito contra la seguridad vial tipificado en el Art. 379.2 CP, además de las actuaciones procesales correspondientes, deberán cumplimentar un boletín de denuncia. El boletín de denuncia deberá contener la anotación “Se instruyen diligencias penales número XXX, entregadas/remitidas al Juzgado de Instrucción número XXX” y no se entregará al interesado, sino que se remitirá a la Jefatura de Tráfico (u órgano instructor local/autonómico correspondiente) quien finalizado el proceso penal y una vez que se tenga conocimiento de la resolución judicial firme que le ponga fin, bien se procederá al archivo de actuaciones o en su caso continuará (al no haber prescrito) la tramitación del correspondiente procedimiento sancionador, en función del tipo de efectos desplegados por aquella, contra quien no hubiese sido condenado en vía penal, respetando, en todo caso la declaración de hechos probados en dicho proceso.

La instrucción DGT 2015/S-137, a los efectos de actuación ante sanciones administrativas contiene igualmente otros datos de interés a destacar. De esta manera en lo que respecta a la fecha y hora de la infracción consistente en circular por las vías objeto de la LSV con tasas de alcohol superiores a las reglamentarias establecidas, es relevante precisar el momento en que el Agente de la Autoridad tiene plena constancia de la evidencia de la infracción imputada al denunciado y por lo tanto la fecha y hora de la infracción, será aquella que se corresponde con el momento concreto en que al conductor o usuario se la haya ofrecido la copia del boletín de denuncia. No la hora cuando circulaba, ni la hora de la 1ª prueba, ni la hora de la 2ª prueba.

Las tasas 0,00 mg/L aplicables a los menores de edad: La conducción bajo los efectos del alcohol - drogas, altera significativamente el rendimiento psicomotor y la conducta del que conduce un vehículo, lo que incrementa de manera notable las posibilidades de sufrir un siniestro de tráfico (Lijarcio, Martí-Belda y Bosó, 2011). En varios países de la Unión Europea encontramos que dada la peligrosidad del alcohol, la única tasa legal de alcohol permitida es 0,00 mg/L, tal es el caso de Bulgaria, Rumanía, República Checa, Hungría y Eslovaquia. En nuestro país, conforme la recomendación de la Comisión Europea de 17/01/2001, la tasa permitida de alcohol en la conducción es de 0,25 mg/L, en consonancia con todos los países que en aquél entonces conformaban la Unión Europea, sin embargo en varios de los nuevos países incorporados posteriormente a la Unión tal y como hemos visto la tasa cero mucho más restrictiva, parece que está calando poco a poco en nuestra legislación.

De esta manera a través de la Ley 18/2021, de 20 de diciembre, por la que se modificó la LSV, en materia del permiso y licencia de conducción por puntos, se modificó el artículo 14.1 LSV, de manera que en ningún caso el conductor menor de edad podrá circular por las vías con una tasa de alcohol en sangre superior a 0 gr/L o de alcohol en aire espirado superior a 0 mg/l. No obstante, al haber examinado anteriormente los márgenes de error propios de los etilómetros, que afectan a todas las medidas, en consecuencia sólo cuando la tasa resultante de la medición sea igual o superior a 0,04 mg/L será cuando se puedan iniciar los correspondientes procedimientos sancionadores.

Tal novedad legislativa y recordando la mencionada apatía del legislador en actualizar la normativa de tráfico, evitando disonancias entre la Ley y el reglamento, provoca que en caso de detectar infracciones en tasas de alcohol cometidas por menores la infracción no se contenga en el RGCIR, sino directamente en el Art. 14 LSV, actualizándose con dos nuevas infracciones el cuadro de sanciones conforme Instrucción DGT SANC 22/06, de la siguiente manera:

- De 0,04 a 0,19/0,29 mg/L (menores)à 500 € y 0 ptos (**Novedad**)
- De 0,29 a 0,54 mg/L à 500 € y 4 puntos.
- De 0,54 a 0,65 mg/L à 1.000 € y 6 puntos.
- Reincidentes mayores de edad: 1.000 € y 4 puntos.
- Reincidentes menores de edad en denuncias que no superen 0.19 o 0.29 mg/L à 1.000 € y 0 puntos (**Novedad**)

Codificado de infracciones Alcohol:

ARTÍCULO	SANCIÓN	CONDUCTA
20.1.5E RGCIR	500 € + 4 Ptos.	Tasa general conductores >0.25 mg/L.
20.1.5G RGCIR	1000€ + 6 Ptos.	Tasa nóveles, taxis... >0.15mg/L.
20.1.5I RGCIR	1000€ + 6 Ptos.	Doble tasa general >0,50 mg/L

20.1.5K RGCIR	1000€ + 6 Ptos.	Doble nóveles, taxis... >0,30 mg/L
20.1.5M RGCIR	1000€ + 4 Ptos.	Reincidencia general >0.25 mg/L.
20.1.5Ñ RGCIR	1000€ + 4 Ptos.	Reincidencia noveles >0.15 mg/L.
21.1.5F RGCIR	1000€	Negativa pruebas vehículos.
14.1.5B LSV	500 €	Menor edad 0,04-0,19-0,29 mg/L
14.1.5C LSV	1000€	Menor edad reincidente.
14.2.5B LSV	1000€	Negativa pruebas usuarios.

Dudas acerca de la práctica de las pruebas: En razón a los artículos precedentes, se resuelven a continuación varias dudas relativas a su interpretación.

Así en primer lugar cuando el reglamento especifica que deben de ser dos las pruebas a realizar, ¿Qué etilómetro debe de utilizarse? En principio, el Tribunal Supremo en la STS 1/2002 (TOL162.315), da como válida la prueba en la que la primera muestra se realiza con un etilómetro digital y la segunda en un etilómetro evidencial, si bien la misma no se llevó a cabo en el caso concreto. Pero la doctrina (Véase instrucción 05/TV-46 de la D.G.T. e instrucciones de las fiscalías de Galicia 2007, Navarra 2008 y Murcia 2009), por el contrario especifica que ambas pruebas deberán de practicarse con etilómetros evidenciales que hayan superado los controles administrativos establecidos, sin perjuicio de que pueda realizarse una prueba previa de despistaje o comprobación previa con los etilómetros digitales, manifestando además la fiscalía de Navarra, que la segunda prueba es obligatoria y no potestativa para el sometido a las mismas, pudiendo encontrar más referencias a la presente en el capítulo dedicado a la negativa, que conforma el art. 383 C.P. En este sentido la SAP Albacete 30/12/2008 (TOL7.279.440), afirma que la falta de precisión y fiabilidad del etilómetro Dräger 7410, frente al modelo de la misma marca 7110 (*evidencial)* radica en su incapacidad para detectar y discriminar el etanol en boca de manera automática, por lo que en sus mediciones se producen interferencias del etanol volátil presente en las mucosas y cavidades del tracto superior del aparato respiratorio e incluso del aparato digestivo, con el procedente del aire alveolar. Siendo ello así, en virtud del principio *in dubio pro reo,* procede a absolver al apelante dictando sentencia absolutoria al haberse efectuado la prueba con etilómetro no evidencial. Actualmente existen únicamente cuatro modelos homologados por el Centro Español de Metrología: Dräger 7110 que ya no se fabrica y ha sido sustituido por el Dräger 9510, el Dräger 7510 y el SAFIR Evolution.

Fuente: Recursos fotográficos propios.

¿Y si hemos practicado dos pruebas, las cuales arrojan un resultado dispar? En este caso, la dirección general de tráfico, más concretamente la subdirección general de normativa y recursos, manifiesta que si la 2ª prueba da un resultado negativo, no existiría infracción. Si por el contrario es negativa la 1ª y positiva la 2ª, en virtud del principio *In dubio pro reo,* deberá resolverse teniendo en cuenta la tasa más baja. Tal criterio queda recogido igualmente en la conclusión séptima de la circular 10/2011 de la Fiscalía General del Estado que concluye que sólo se ejercitará la acción penal, como REGLA GENERAL, cuando se superen en las dos pruebas reglamentarias de alcoholemia las tasas penales computando los márgenes de error. No obstante, como toda regla general tiene una EXCEPCIÓN, para aquéllos supuestos excepcionales en que no concurran signos externos y la tasa de la primera prueba de alcoholemia inmediatamente posterior a la conducción sea notoriamente superior a 0,60 mg/l y medie un lapso de tiempo anormal hasta la práctica de la segunda prueba por circunstancias distintas a incumplimientos voluntarios policiales, como conductas obstativas del interesado, siendo esta segunda tasa inferior a 0,60 mg/l (Sanz-Fernández-Vega, 2013).

En estos casos, reseñaba el fiscal adjunto al fiscal de sala de seguridad vial parece lógico que las policías judiciales de tráfico instruyan atestado, y en el seno del procedimiento penal, se interese informe pericial forense o toxicológico sobre la curva de alcoholemia y correlación entre las dos tasas, con concreción de la fase en la que se hallaba el interesado en el momento de la conducción. Para que en función de los datos proporcionados por tales informes, se valore el ejercicio o no de la acción penal. Por tanto y como síntesis, teniendo en cuenta la ausencia de sintomatología positiva y los márgenes de error máximos estipulados en la normativa actual, a aplicar al resultado del etilómetro se observa lo siguiente:

	Resultado 1ª prueba	**Resultado 2ª prueba**	**Consecuencia**
Resultado	0.75 mg/l	0.71 mg/l	Penal
Hora	08:00 h	08:15 h	
Resultado	0.68 mg/l	0.62 mg/l	Administrativa
Hora	08:00 h	08:15 h	
Resultado	0.59 mg/l	0.66 mg/l	Administrativa
Hora	08:00 h	08:15 h	
Resultado	0.55 mg/l	0.51 mg/l	Administrativa
Hora	08:00 h	08:15 h	
Resultado	0.75 mg/l	0.55 mg/l	Penal
Hora	08:00 h	09:15 h	

Mencionar igualmente que si bien la generalización de los etilómetros evidenciales portátiles o con toma de alimentación al vehículo policial prácticamente han hecho desaparecer esta casuística, en relación al traslado a dependencias policiales del conductor para su sometimiento a la prueba de etilometría cuando únicamente se disponga de etilómetros conectados a una red de alimentación fija, la SAP Almería 29/01/2001, indica que si bien es el particular el que está obligado a someterse a las pruebas de alcoholemia, es la administración la que debe cuidar de hacerlo en términos tales que no se imponga al conductor cargas que no se encuentre obligado a soportar, como es el trasladar al conductor a dependencias policiales para someterse allí a la prueba aludida, de manera que se le deberá de someter a las pruebas en el lugar donde se produjo uno de los cuatro supuestos que habilitan a la práctica de las pruebas, recogidos en el artículo veintiuno del reglamento general de circulación, pues NO nos hallamos en el supuesto contemplado en el artículo veinte de la Ley orgánica 1/1992, de 21 de febrero (*Actual Ley orgánica 4/2015, de 30 de marzo*), sobre protección de la seguridad ciudadana, que autoriza el traslado obligatorio a dependencias policiales, puesto que en este caso no hay ninguna identificación a realizar y es la administración quien está obligada a poner los medios en circunstancias acordes con la libertad de la persona. En el mismo sentido citaremos la SAP Córdoba 12/05/2000 (ECLI:ES:APCO:2000:764).

Por el contario otras sentencias establecen la obligatoriedad del conductor a ser sometido a la prueba y por ende al deber de soportar en su caso el traslado, como la SAP Baleares 05/05/2008 (TOL7.273.330) que aluden al deber general de soportar o tolerar, habida cuenta de los medios existentes en las circunstancias de tiempo, lugar y dotación, el traslado a dependencias policiales para materializar la práctica de las pruebas periciales a través de un etilómetro de precisión, que redundará en la protección de la seguridad vial, bien jurídico, que el juzgador en este caso atribuye la condición de bien jurídico colectivo de considerable valor. En igual sentido se expresa la SAP Madrid 15/12/2006 (TOL6.076.817), que cita que no existe ninguna norma que imponga la necesidad de que el test de alcoholemia se realice en el lugar donde se para el vehículo, si bien en el presente caso el traslado efectuado al conductor, se efectuó en la condición de detenido. En comunión con dichas sentencias la STS 620/2023, de 17 de julio (TOL9.662.459) castigó por un delito de negativa al acusado que se negó a acompañar a los agentes a dependencias policiales para la prueba de alcoholemia, adoptando una actitud hostil y de resistencia una vez ya en dependencias policiales, negándose al sometimiento de las pruebas de alcohol.

No obstante y atendiendo a la más moderna jurisprudencia recogida en la STC de 11/03/2024 (TOL9.956.675) en resolución del recurso de amparo 8.405/2022, en la cual agentes del Cuerpo Nacional de Policía en un control de seguridad en la vía pública apreciaron síntomas evidentes de intoxicación etílica sobre la conductora y solicitaron a la Policía Municipal de Tráfico de Madrid un etilómetro de precisión, el cual al no ser posible su traslado hasta el lugar de los hechos, requirieron a la conductora a fin de que los acompañara a las dependencias de la citada Policía Municipal. El Tribunal Constitucional sentencia que ninguna de las normas que regulan la práctica de la prueba de alcoholemia prevé el traslado del conductor a dependencias policiales, por lo que del análisis de la normativa no puede deducirse que exista una previsión legal clara, que responda a los requisitos de seguridad y certeza, que justifique el traslado de una persona de un punto en que se la intercepta en un control de seguridad hacia una comisaría de policía para realizar la prueba de alcoholemia en aquellos supuestos en que la persona no acepte voluntariamente, de forma indubitada y clara ese desplazamiento para realizar la prueba. Por lo tanto como la prueba se realizó sin mediar detención policial y sin existir cobertura legal para el desplazamiento a dependencias policiales de la recurrente de amparo y sin que la misma consintiera libremente el desplazamiento dicha prueba se obtuvo limitando el derecho a la libertad personal (Art. 17.1 CE) y con vulneración de derechos fundamentales sustantivos por lo que dicha prueba resulta no válida. Por todo lo referido, con carácter general se trasladará por parte de los miembros de las policías judiciales de tráfico el etilómetro al lugar de los hechos, lo que facilitará el desarrollo de las pruebas, así como una adecuada sanción de ilícitos administrativos.

¿ Y si nos encontramos ante un conductor que carece del correspondiente permiso o licencia? ¿Qué tasa de alcohol le aplicaremos 0,15 mg/l, que es la específica para determinados conductores que describe uno a uno el reglamento, o 0,25 mg/l que engloba al resto de conductores y entre los cuales en principio se encontrarían las personas sin permiso o licencia, según el tenor literal del artículo?. La instrucción 99/S-36 de la dirección general de tráfico, solventa dicha cuestión, al manifestar que le será de aplicación la tasa de 0,15 mg/l en base a que si se admitiera que la regulación legal se dirige exclusivamente a quien obtiene un permiso o licencia de conducción, descartando a quien conduzca sin haberlo obtenido, llegaríamos al absurdo de que la norma coloca en peor situación a quién la cumple y acata, exigiéndole unos valores más rigurosos de alcohol, que al que no lo hace, pues a éste le sería de aplicación la tasa general, más favorable, salvo en determinados casos.

Duda que también suele plantearse en la praxis diaria, es si entre los 10 minutos preceptivos entre prueba y prueba, o incluso antes de la realización de la misma ¿Puede el conductor estar bebiendo agua, hacer enjuagues bucales con la misma, fumar o hacer ejercicio físico?. Tal interrogante tiene su lógica, pues el reglamento general de circulación, que regula el procedimiento de las pruebas a efectuar, NO los prohíbe y por ende se puede pensar que lo que no está vedado, está permitido. No obstante si examinamos concienzudamente por ejemplo el manual de instrucciones de uso del etilómetro evidencial Dräger 7110 Mk-III, cuyo uso es el más estandarizado entre las fuerzas y cuerpos de seguridad encargados de la vigilancia del tráfico, (Para este modelo en concreto) el manual indica que el fumar puede influir en el resultado de la medición y se deben esperar cinco minutos antes de la realización de la prueba, en caso que el conductor haya estado fumando.

Por el contrario dicho manual, no prohíbe la ingesta de comida o de agua, ya que incluso cita textualmente que el lavado de boca con agua o bebidas no alcohólicas no reemplaza por ejemplo el periodo de espera anterior de cinco minutos. Por su parte, en relación, al ejercicio físico una vez expuesto el metabolismo del alcohol en el cuerpo humano, el cual es eliminado en su inmensa mayoría por degradación enzimática, ni está prohibido, ni es susceptible de alterar el resultado de las mediciones entre prueba y prueba. En relación a locutorios y enjuagues bucales, existiendo en el mercado antisépticos bucales que contienen hasta un 28,4% del alcohol la SAP Valencia 198/2016, de 1 de abril (TOL5.761.824) rechaza la tesis exculpatoria de la toma de un colutorio para desvirtuar la tasa de alcoholemia y signos externos que presentaba la conductora de un vehículo. La SAP Sevilla 329/2014, de 28 de julio (TOL4.536.411) condena al acusado que entre la primera y la segunda prueba ingirió un conocido locutorio bucal, teniendo eso sí que esperar 40 minutos entre prueba y prueba a la desaparición del efecto "alcohol en boca" que detectan los etilómetros. En igual sentido encontramos varias sentencias de fuste con carácter adicional que en homogéneos términos niegan la eficacia de los locutorios bucales para desvirtuar las pruebas de alcoholemia, tales como SAP Madrid 632/2015, de 10 de julio (TOL5.406.522), SAP Madrid 100/2015, de 9 de febrero (TOL4.770.731) o SAP Granada 649/2013,de 26 de noviembre (TOL4.135.692).

Igualmente y en relación a la ingesta de medicamentos, que contienen muy pequeñas dosis de alcohol, tal es el caso del complejo vitamínico *"Ton Was"* que en su forma de ampollas bebibles, contiene en su composición etanol como excipiente, en cantidad de 1,28 gramos por envase unidosis o el jarabe contra el resfriado *"Medinait"*, que contiene una composición del 18% de alcohol. Tal circunstancia ha sido alegada por distintos conductores para tratar de eludir la condena penal por el artículo 379.2 CP.

Concretamente con estos dos medicamentos existen dos sentencias de interés, siendo la SAP Teruel 25/04/2007 (TOL1.144.297) y la SAP Madrid 18/01/2008 (TOL1.296.023) en las cuales a título de ejemplo en una de ellas la médico-forense del juzgado aclaró que para poder modificar dicha medicina el nivel de alcohol en sangre (refiriéndose al complejo vitamínico), a través de su ingesta, sería preciso consumir varias cajas de ampollas en un solo acto. Y es que tomando como referencia las siguientes fórmulas matemáticas, un varón de 70 Kilogramos de peso que tomara una única ampolla del citado complejo vitamínico, arrojaría una tasa muy alejada de las punibles. (0.02 g/l = 0.01 mg/l)

Gramos de etanol ingeridos = Graduación x Volumen (ml) x 0.8/100

$$X = \frac{\text{Graduación x Volumen de bebida (ml) x 0.8/100}}{\text{Peso individuo (kg) x Vd (varón 0.7 / mujer 0.6)}}$$

X = 1,28 gramos de alcohol / (70 Kg x 0.7) = 0.02 g/l

Asimismo también se reseña en la sentencia del jarabe, que aunque el alcohol fuera debido al medicamento, esto carece de incidencia práctica, pues se castiga la ingestión de alcohol por cualquier vía, y si se está bajo tratamiento de este tipo de sustancias, se debe limitar la conducción a expensas de incurrir en el tipo penal bajo la figura del dolo eventual.

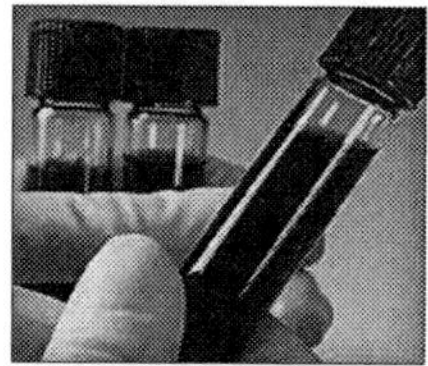

En lo relativo a la extracción sanguínea de contraste, será de aplicación la orden JUS/1291/2010, de 13 de mayo, que podemos resumir en el cumplimiento de las siguientes premisas:

- Instrumental: Jeringa desechable.
- Desinfección de Piel: Nunca se utilizará alcohol o desinfectantes con fracciones volátiles.
- Cantidad de sangre a extraer: Sangre venosa periférica en dos tubos de 5ml. Al menos uno con fluoruro sódico como conservante y oxalato potásico como anticoagulante, procurando llenar los tubos al máximo para evitar, en la medida de lo posible, la cámara de aire.
- Recipiente para la muestra, embalaje y mantenimiento: Los frascos destinados a contener sangre no deben tener restos de agua para evitar la hemólisis y en ellos se colocará una etiqueta con expresión del contenido, nombre del individuo y en su caso juzgado, número de procedimiento y fecha. Se deberán introducir los tubos en un embalaje secundario a prueba de derrames y este a su vez en un embalaje exterior donde no se exhibirán datos que permitan la identificación de personas o de la investigación o contenido del embalaje, figurando únicamente datos indicativos del material que contiene (*Biológico, infeccioso, inflamable*, etc). El envío se realizará en condiciones de refrigeración, por lo que si se usa hielo deberá colocarse entre el embalaje secundario y el exterior, siendo necesario fijar puntales internos para mantener el o los embalajes secundarios en su posición para el supuesto en que se derrita el refrigerante. Si se emplea hielo, el embalaje exterior deberá ser hermético. Si es hielo seco, el embalaje exterior deberá permitir la salida del dióxido de carbono que se libere.
- Cadena de Custodia: Extraída la toma, queda bajo custodia del jefe del servicio médico correspondiente para su remisión con la mayor brevedad posible, al Instituto de medicina legal donde se rellenará el formulario de remisión de paquetes, con la indicación que deberán remitir los resultados al Juzgado de guardia competente.

Actualmente y dado que en cierta medida se observa como una tónica común en la legislación de tráfico que hilvana la misma, una lentitud acentuada del legislador de tráfico en su actualización (Carrasco García, 2024). En las pruebas de contraste hallamos un ejemplo de este problema y de una contradicción o conflicto de normas, de manera que mientras el vigente artículo 23.4 del RGCIR estipula:

> "En el caso de que el interesado decida la realización de dichos análisis (contraste), el agente de la autoridad adoptará las medidas más adecuadas para su traslado al centro sanitario más próximo al lugar de los hechos. Si el personal facultativo del centro apreciara que las pruebas solicitadas por el interesado son las adecuadas, adoptará las medidas tendentes a cumplir lo dispuesto en el artículo 26. El importe de dichos análisis deberá ser previamente depositado por el interesado y con él se atenderá al pago cuando el resultado de la prueba de contraste sea positivo; será a cargo de los órganos periféricos del organismo autónomo Jefatura Central de Tráfico o de las autoridades municipales o autonómicas competentes cuando sea negativo, devolviéndose el depósito en este último caso".

Por el contrario, el vigente y posterior artículo 14.5 de la LSV, estipula:

> "A efectos de contraste, a petición del interesado, se podrán repetir las pruebas para la detección de alcohol o de drogas, que consistirán preferentemente en análisis de sangre, salvo causas excepcionales debidamente justificadas. Cuando la prueba de contraste arroje un resultado positivo será abonada por el interesado".

Es decir, mientras que el RGCIR exige el depósito económico previo de la prueba, la nueva LSV indica todo lo contrario, es decir, que se abonará posteriormente una vez analizada la muestra. Este conflicto de normas, debe resolverse en aplicación del principio de jerarquía normativa, conforme el cual la Ley prevalece sobre el reglamento y por lo tanto quien desea ejercitar su derecho a contraste NO debe efectuar ningún depósito previo.

De esta manera se evitan situaciones de indefensión y anulación de actuaciones como la reflejada en la SAP Madrid 777/2012, de 6 de junio (TOL2.655.648) en la cual un conductor que arrojó 0,88 y 0,72 mg/L de alcohol en aire espirado solicitó ejercer su derecho de contraste a quien se le exigió que previamente depositara 300 Euros, de los que no disponía en aquel momento por lo que hubo de renunciar a la comprobación pretendida. En base a ello el órgano colegiado indica que la norma (RGCIR) entraña un obstáculo relevante a la efectividad del derecho a la contraprueba, comprometiendo el derecho fundamental de toda persona a la defensa de sus derechos e intereses legítimos, de manera que la falta de cobertura legal y afectación al derecho fundamental de la defensa, colocan al investigado en una posición de indefensión lo que vicia el resultado del etilómetro y anuló la prueba etilométrica efectuada.

Esta situación de conflictos entre normas resuelto por el principio de jerarquía normativa, no es anómala en nuestro derecho viario. De hecho cuando se publicó la Ley 18/2009, de 23 de noviembre, que modificó el procedimiento sancionador en la LSV, dicho texto normativo contenía una disposición final 6ª que indicaba que en 6 meses se dictaría un nuevo reglamento sancionador, para adecuarlo al nuevo procedimiento instaurado en la LSV en 2009. Actualmente estamos en 2024 y aún late vigente el reglamento sancionador aprobado en 1994...

Prosiguiendo con las extracciones sanguíneas, reseñar además que los resultados analíticos se suelen expresar en miligramos por cada 100 mililitros, cifra que tendremos que transformar a gramos por litro. A título de ejemplo un resultado de 140 miligramos de alcohol por 100 mililitros de sangre, equivale a 1400 miligramos por 1000 mililitros de sangre, que es lo mismo que 1,4 gramos de alcohol por litro de sangre. Respecto a donde acudiremos a realizar un análisis de sangre, por regla general cada fuerza y cuerpo de seguridad con competencia en materia de tráfico conoce o tiene previsto un lugar predeterminado cercano, sino es así, marcharemos al centro médico público más próximo, ya que sólo el juez puede disponer que un médico privado realice la prueba.

Otra situación a tener presente, es que a pesar que el artículo vigésimo sexto del RGCIR estipula que será el personal sanitario quien vendrá obligado, en todo caso, a proceder a la obtención de muestras y a remitirlas al laboratorio correspondiente...

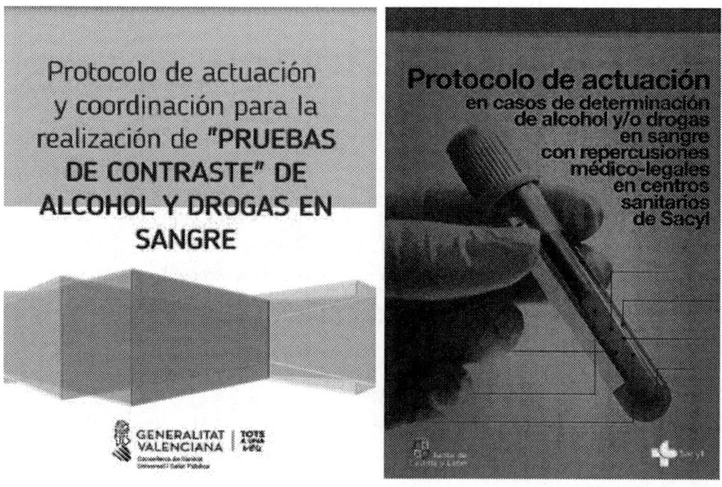

Algunos protocolos autonómicos (*recordemos que la Sanidad es competencia autonómica, conforme Art. 148.1.21 CE)* como el de la Comunidad Valenciana estipula que el traslado al laboratorio será efectuado por las fuerzas y cuerpos de seguridad. Igualmente otro aspecto relevante donde se plasma la competencia autonómica sanitaria, es el precio de la prueba de contraste o de determinación alcohólica en sangre, ya que el mismo es distinto de acuerdo a cada Comunidad Autónoma, de esta manera se observa una gran disparidad:

Una última cuestión que suscita dudas, es cuando la prueba de contraste la solicita un menor de edad y es que recordemos que el RGCON permite la obtención de la licencia de conducción de vehículos de movilidad reducida desde los 14 años; del permiso AM desde los 15 años y la de la licencia para vehículos agrícolas y el permiso AM desde los 16 años de edad. Al respecto conforme el Informe de la unidad técnica de la policía judicial de la Guardia Civil, de fecha 6 de marzo de 2019. La legislación vigente permite a los menores de edad, en virtud de que su capacidad de obrar sea suficiente, participar en aquéllas cuestiones que son de su interés, en ejercicio y defensa de sus derechos. Del mismo modo, el RGCIR distingue entre conductores y no conductores, siendo los menores potenciales conductores de los vehículos que por su edad, están habilitados a conducir.

E igualmente a nivel avanzado debemos de conocer un aspecto técnico particular de las pruebas de contraste, que deriva de la Ley de Henry. Al final de la inspiración, los pulmones y debido a la gran superficie de contacto entre la sangre y el aire, se produce de acuerdo a la Ley de Henry un equilibrio en la distribución de alcohol entre ambas fases (Selva et al. 2001). De esta manera existe una relación constante entre la presencia de alcohol en aire con la presencia de alcohol en aire, adoptando nuestro país una tasa de conversión 2000:1, por la cual un miligramo en aire de alcohol espirado (0.01 mg/L) equivale a 0,02 gr/L de alcohol en sangre. Lo que extrapolado a nuestras tasas legales equivale a los límites administrativos habituales que son 0,25 mg/L de alcohol en aire y 0,50 gr/L de gramos en sangre. Esta conversión de la fórmula adoptada por España es de muy fácil aplicación pero, según numerosa literatura científica la proporción correcta de la Ley de Henry oscila entre 2100:1 y 2300:1 (Selva et al. 2001).

De hecho, por ejemplo Reino Unido ha adoptado la conversión 2300:1 en su legislación de manera que las tasas de alcoholemia según la Road Traffic Act son 0,80 gr/L de alcohol en sangre que equivalen a 0,35 mg/L en aire (Reino Unido tiene una tasas penales más restrictivas que España). En España con la conversión 2000:1 de la Ley de Henry, si la tasa fuera de 0,80 gr/L en sangre, la tasa de alcohol sería 0,40 mg/L y no 0,35 mg/L. Este desconocimiento técnico ha provocado absoluciones como la del Juzgado de lo Penal nº 2 de Valladolid (17/05/2013) donde una conductora arrojó 0,71 mg/L a las 03:32 horas y 0,65 mg/L a las 04:15 horas, quien solicitó la prueba de contraste efectuada a las 05:15 horas la misma arrojó un resultado de 1,43 mg/L. Como 1,43 mg/L es más del doble de 0,65 mg/L y la conductora se encontraba en la fase descendente del metabolismo del alcohol pues no había bebido en su traslado al centro médico, el juzgado entendió que el resultado era erróneo por algún motivo y anuló la prueba y el resultado, absolviendo a la conductora. Pero si aplicamos la Ley de Henry correctamente, lo normal es que la medida en sangre, sea ligeramente superior al doble de la última espiración en aire, sin fallo ninguno.

¿Qué ocurre cuando se produce un accidente de circulación, y los conductores en los cuales se aprecia una primera sintomatología positiva, no se encuentran en condiciones de efectuar la prueba en aire espirado, puesto que son remitidos a un hospital, por sufrir lesiones de consideración? En estos casos, es necesario informar directamente a su señoría, para que decrete una extracción obligatoria o para que se analice la sangre extraída al paciente con fines terapéuticos y sus resultados se puedan incluir en el atestado sin tener la consideración de prueba nula, ponderando para ello, los distintos intereses en juego, que son dos principalmente.

Así por una parte existe la correcta investigación de los hechos delictivos, que se corresponden con el interés público de la justicia de perseguir el delito. Constituyéndose así como prueba preconstituida ante el riesgo de pérdida de la misma, con el objeto de un correcto esclarecimiento de los hechos y la determinación de un hecho relevante para el proceso penal. Y por otra parte, ciertos derechos fundamentales, tales como la integridad corporal (*Art. 15 CE*) y la intimidad (*Art. 18 CE*). Debemos de tener en cuenta que las extracciones sanguíneas, tienen la consideración jurídica de intromisiones corporales leves y el artículo decimoquinto de la Constitución protege la inviolabilidad de la persona no sólo en aquellos casos en los que exista un riesgo o daño para la salud, sino también como sería el caso de un análisis sanguíneo de toda intervención en el cuerpo que carezca del consentimiento del titular, es la llamada incolumidad corporal.

Por su parte el derecho a la intimidad implica la existencia de un ámbito propio y reservado del sujeto, frente a la acción y el conocimiento de los demás. Dicho precepto confiere a la persona el poder jurídico de imponer a terceros el deber de abstenerse de toda intromisión en la esfera íntima y la prohibición de hacer uso de lo así conocido. Las intromisiones corporales (análisis de sangre, rayos X, resonancias magnéticas, etc) no violan en sí mismas la intimidad del individuo, pero sí por su finalidad, en base a las posibles averiguaciones derivadas de las mismas que sí se tratan de información referente a la vida privada y que el sujeto puede no querer desvelar. Por todo ello, como policía judicial de tráfico procederemos a informar al personal médico / sanitario, mediante acta que en caso que sobre la persona del conductor recaiga con fines terapéuticos, una extracción sanguínea se conserve la misma, a expensas que ulteriormente el juez decrete su análisis. NO se puede ordenar al personal médico, ni a la práctica coactiva de la prueba sanguínea (Se vulnera la integridad corporal), ni a desvelar el resultado de las pruebas terapéuticas (Se vulnera la intimidad personal). E igualmente contactaremos con el juez de guardia, a quien informaremos del conflicto de intereses (Correcta investigación de los hechos Vs Derechos fundamentales), quien legalmente determinará si procede efectuar la intervención corporal o en caso de existir una extracción con fines terapéuticas, incorporar con las legalidades preceptivas los resultados a la causa penal. Para ello y con base a doctrina previa constitucional, las intervenciones corporales que atendiendo al grado de sacrificio que impongan al sujeto, pueden calificarse en leves o graves. Están sujetas a una serie de requisitos que proporcionan una justificación objetiva y razonable, a la injerencia en el derecho a la intimidad y que el juez de guardia valorará, tales como:

- La existencia de un fin constitucionalmente legítimo (El interés público, propio de la investigación de un delito).
- La existencia de una previsión legal específica de la medida limitativa del derecho (Habilitación por Ley, no es suficiente un reglamento).
- Estricta observancia del principio de proporcionalidad, concretado a su vez en:

  - (Juicio de idoneidad) Idoneidad de la medida, para alcanzar el fin constitucionalmente legítimo perseguido.
  - (Juicio de necesidad) Que la misma resulte necesaria o imprescindible para ello. Es decir, que no existan otras medidas menos gravosas.
  - (Juicio de proporcionalidad) Que se deriven de su aplicación más beneficios o ventajas para el interés general, que perjuicios sobre otros bienes o intereses en conflicto.

- Acordada mediante una resolución judicial motivada.

Por lo tanto deberá ser la autoridad judicial como regla general quien tras ser informada de los hechos, circunstancias, sintomatología, posibilidad de realizar otras pruebas no lesivas de derechos fundamentales, etc. quien mediante resolución judicial motivada autorice la práctica de un análisis sanguíneo o incorpore los resultados de una prueba terapéutica con las garantías debidas al procedimiento. Véanse al caso las STC 25/2005 (TOL776.003) y 206/2007 (TOL1.155.257). Al respecto y en relación con el presente epígrafe y el anterior relativo a las extracciones sanguíneas, es muy notable la STS 53/2014 de 21 de enero (TOL4.082.880), en la cual el conductor de un vehículo accidentado, una vez evacuado al Hospital se le efectuó una extracción sanguínea con fines terapéuticos, sobre la cual posteriormente mediante auto judicial se autorizó su custodia y conservación al objeto de determinar la tasa de alcoholemia, (Que arrojó por partida doble el mismo resultado de 2,47 gr/l.) Ya que, el conductor alegó incumplimiento de los requisitos formales contenidos en la orden JUS/1291/2010 y que la misma no se ajustaba a derecho, ya que en la misma:

- No constaba si la sangre era arterial o venosa (Recordemos que tiene que ser venosa periférica).
- No constaba la identidad de las personas intervinientes en el proceso y custodia.
- No constaban los tipos de conservantes utilizados, ni el tipo de embalaje, ni la cantidad de sangre extraída.

Igualmente alegó que el auto del juzgado vulneró su intimidad al obtenerse sin su consentimiento.

Manifestando al respecto nuestro órgano supremo jurisdiccional, en primer lugar que no existió tal vulneración de la intimidad personal al ser una medida autorizada por la autoridad judicial basada en una medida idónea, apta, adecuada, necesaria y proporcionada, que se encuentra autorizada por una Ley. Así como en relación a la nulidad de las analíticas por no haberse seguido el protocolo y garantizado la cadena de custodia, el alto tribunal recuerda que la misma no es un fin en sí mismo, sino que tiene un valor instrumental, lo único que garantiza es la indemnidad de las evidencias desde que son recogidas hasta que son analizadas, lo que en caso de quiebra puede afectar a la credibilidad del análisis, pero no a su validez. A ello hay que añadir que la mera omisión de determinados datos no se deriva automáticamente en la rotura de la cadena de custodia o autenticidad de la misma, más aún teniendo en cuenta que el resultado de los dos análisis efectuados es idéntico. En igual sentido la Memoria de FGE 2014, en relación a la cadena de custodia de las muestras de sangre extraídas con fines terapéuticos o como prueba de contraste, remarca que la cadena de custodia tiene un carácter meramente instrumental, existiendo una presunción de regularidad que sólo cesa ante la sospecha razonable de manipulación en alguna de sus modalidades, de suerte que las meras infracciones reglamentarias o irregularidades formales no afectan *per se* a la autenticidad de la fuente de prueba (STS 6/2012, 11 de junio, TOL2.581.372).

Obviamente la autoridad judicial solo autorizará la extracción o análisis sanguíneo en casos debidamente ponderados donde exista un interés público en investigar un delito... que debe existir. De esta manera a título de ejemplo el Juzgado de 1ª instancia e instrucción Nº7 de Llíria (Valencia) en Auto de 30 de octubre de 2018, tras reseñar que los derechos a la intimidad y a la integridad física son derechos fundamentales de toda persona reconocidos no solo en la Constitución, sino también en diversos tratados internacionales. Indica que los mismos no pueden ser concebidos de manera tan absoluta que puedan constituirse en un medio para la ocultación de hechos delictivos y dicha inviolabilidad debe ceder ante valores que en una sociedad democrática hacen necesaria la injerencia en el ámbito privado, como puede ser la investigación de infracciones penales bajo la tutela y garantía de la autoridad judicial, tal y como ha estipulado la STC 207/1996, de 16 de diciembre (TOL83.136).

No obstante, deniega la solicitud de análisis de muestra sanguínea solicitada por una Policía Local en relación a un ciclista implicado en un accidente de circulación sin otros implicados que presumiblemente circulaba bajo los efectos del alcohol y que se vio implicado en un accidente de circulación. En base a que la medida interesada no es imprescindible, ni necesaria, ni útil para la correcta calificación de los hechos no existiendo indicio alguno de comisión de infracción penal por parte del lesionado, usuario de una vía en bicicleta, que no es considerado como conductor de vehículo a motor, para poder ser ubicada su conducta en los delitos contra la seguridad vial y en consecuencia sancionable penalmente.

Recordemos, en relación a los conductores de bicicletas, que tal y como estipulan los artículos precedentes del reglamento general de circulación, están obligados a someterse a las pruebas de detección, si se da uno de los cuatro supuestos del artículo 21 RGCIR, pero únicamente están afectos a sanción administrativa, ya que en base al principio de tipicidad y legalidad, el CP únicamente castiga a los conductores de vehículos a motor. Respecto al resto de usuarios tales como peatones, sólo están obligados, si se ven implicados en un accidente de circulación. La vía penal está prohibida en ambos casos, siendo únicamente aplicables en su caso sanciones administrativas por negarse, o únicamente en el caso del ciclista, también por superar las tasas administrativas.

¿Qué tasa de alcoholemia es la aplicable al titular de una antigua licencia de ciclomotores o de un nuevo permiso AM? Y es que recordemos que el artículo vigésimo del reglamento general de circulación, estipula que sólo se computará la antigüedad de la licencia de conducción cuando se trate de la conducción de vehículos para los que sea suficiente dicha licencia. Al respecto, la dirección general de tráfico resuelve la duda mediante la instrucción 10/S-116, en la cual al igual que en el resto de aspectos refuta la autorización AM, como un permiso. Por lo tanto y a título de representación, el titular de una licencia de vehículos agrícolas con una antigüedad de por ejemplo tres años, que posteriormente obtuviera el permiso B, durante los dos primeros años de conducción del permiso B, le sería aplicable la tasa de 0.15 mg/l. No obstante, el poseedor de una antigua licencia de ciclomotores o del nuevo permiso AM, una vez pasados dos años, si conduce un turismo u obtiene el permiso B, le sería aplicable la tasa de 0.25 mg/l.

Licencia de ciclomotores, de 1964

¿Es posible la figura del cooperador necesario en este precepto? La figura del cooperador necesario se halla contemplada en la parte general de nuestro Código Penal y conforme doctrina de la STS 1379/2021, de 15 de abril (TOL8.405.886) queda avalada su utilización en otro delito contra la seguridad vial, como es el contemplado en el Art. 384 CP. Pero… ¿es aplicable al artículo 379.2 CP? Piénsese en el titular de un vehículo que cede su conducción a otro a sabiendas de su evidente estado y sintomatología influenciada por el alcohol, drogas u otras sustancias prohibidas.

Al caso, es notablemente interesante la SAP Alicante 253/2012, de 7 de mayo (TOL3.407.883), en la cual el hermano de un conductor que había dado positivo en las pertinentes pruebas de etilometría, acude al lugar de los hechos para hacerse cargo del vehículo que conducía su hermano y debidamente advertido de que debía conducirlo él y no su familiar que había dado positivo, recorridos unos metros no obstante devuelve los mandos del vehículo a su hermano ebrio. En este caso en concreto, el hermano es imputado y condenado en primera instancia como cooperador necesario, si bien la Audiencia Provincial en apelación, lo absuelve, (no, porque no se pueda dar la figura en este delito) sino porque no se efectúa una segunda imputación a su hermano ebrio y el cooperador necesario, no puede aparecer una vez consumado el delito, sino que esta figura jurídica, requiere de una actuación en la fase de preparación del delito.

Por lo tanto si se hubiera efectuado una segunda imputación, por un segundo delito de conducción bajo los efectos del alcohol, en esta segunda imputación el hermano sí que puede ser considerado cooperador necesario, porque se encuentra presente y colabora en la fase de preparación del delito.

En idéntico sentido la SAP Palencia 491/2019, de 2 de octubre (TOL7.613.260) confirma la condena como cooperador necesario a quien dejó las llaves de su coche permitiéndole su conducción a un tercero que había consumido alcohol (tasas 0,84mg y 0,87 mg/L) y le había visto consumir cocaína, pues cooperó en un delito doloso mediante la entrega de las llaves del vehículo de su propiedad al otro acusado que se encontraba bajo la influencia de drogas y alcohol. Sin embargo la SAP Sevilla 729/2022, de 12 de abril (TOL9.201.616) absuelve al titular de un vehículo que había sido condenado en primera instancia como cooperador necesario, quien se lo dejó a su amigo en evidente estado de intoxicación etílica tras salir ambos de una discoteca. El órgano colegiado entiende en el presente caso que el artículo 379.2 es un delito de propia mano, cuyo sujeto activo sólo puede ser el conductor del vehículo, siendo contrario al principio de legalidad la extensión que hace la sentencia impugnada al propietario del vehículo para condenarle como cooperador necesario, estimando que solo puede ser responsable de este hecho el conductor del vehículo.

Por lo que parece que el Tribunal Supremo deberá en un futuro pronunciarse al respecto del presente, si bien parece plausible su investigación policial.

Otra cuestión relacionada con el presente delito, en la que no tenemos que esperar pronunciamientos de nuestro alto tribunal, es la actuación a seguir ante una tentativa del Art. 379.2, es decir ¿Es posible la comisión del delito de alcoholemia en grado de tentativa? Recordemos que el artículo decimosexto de nuestro Código Penal refiere que existe tentativa cuando el sujeto da principio a la ejecución del delito directamente por hechos exteriores, practicando todos o parte de los actos que objetivamente deberían producir el resultado y sin embargo este no se produce por causas independientes de la voluntad del autor.

La STS 48/2020, de 11 de febrero (TOL7.763.086) relativa a la figura de la tentativa en los delitos de peligro resuelve la presente. En la misma un ciudadano a través de una aplicación informática, activa y alquila desde su terminal móvil una motocicleta perteneciente a una empresa de alquiler, se ajusta el correspondiente casco reglamentario y cuando va a iniciar la circulación es sorprendido por una dotación de Policía Local que observa claros síntomas de embriaguez y tras ser requerido se somete de forma voluntaria a las pruebas de alcoholemia arrojando un resultado positivo de 0,74 y 0,76 mg/L. Dicho conductor fue condenado en grado de tentativa a pesar que no inició la conducción del vehículo a motor, atendiendo a su intención y a los actos desarrollados que superan el umbral de los actos preparatorios impunes. Sin embargo el Tribunal Supremo indica que el Art. 379.2 CP anticipa la tutela penal (castiga la generación de un peligro abstracto) lo que implica una expansión del orden punitivo que pretende adelantarse a la generación de un riesgo. Si además se castigara penalmente la intención de generar un riesgo, sobre el riesgo, la tutela penal se desnaturalizaría pues llevaría a hipótesis irracionales por exceso. Por lo cual y teniendo en cuenta que el derecho penal solo le compete la protección de los ataques más graves, en consecuencia el caso analizado es atípico, sin que quepa una punición del riesgo del riesgo y por lo tanto no es punible tal acción.

En términos homogéneos -ausencia de conducción- hallamos de interés la STS 794/2017, de 11 de diciembre (TOL6.461.960). En la cual la policía sorprende a un conductor dormido en el interior de un vehículo en un carril de circulación frente a un semáforo con el motor encendido y las luces puestas, el cual presenta una fuerte halitosis alcohólica y demás sintomatología positiva. Nuestro alto tribunal incide en que conducir arreglo el diccionario de la Real Academia de la Lengua Española significa llevar, transportar de una parte a otra. La acción de conducir un vehículo de motor incorpora de esa forma unas mínimas coordenadas espacio-temporales, un desplazamiento, el traslado de un punto geográfico a otro. Sin movimiento no hay conducción. Actos de aparcamiento o desaparcamiento sí que se consideran conducción, pero en el caso presente no se ha observado la conducción y el artículo 379.2 exige un movimiento locativo, un trayecto del automóvil bajo la acción del sujeto activo, en una vía pública y por tanto en condiciones tales de causar en abstracto algún daño

¿Es necesaria la presencia del abogado del conductor para la práctica de las pruebas? Según la STS 590/2000, de 8 de abril (TOL4.923.667) la asistencia de letrado no es exigible en el acto procesal de la prueba de alcoholemia. Igualmente la STC 252/1994 (TOL82.657), en relación con la validez de la prueba de alcoholemia, refiere que como regla general, la asistencia letrada no es condición de validez desde la óptica constitucional.

¿Y qué ocurre, cuando un conductor arroja una tasa de alcohol positiva, teniendo en su permiso de conducción la condición restrictiva 05.08 (Exclusión total alcohol)? Pues que aparte de la pertinente respuesta administrativa o penal, en base a su resultado objetivo y sintomatología, procederá extender boletín de denuncia por infracción grave, al artículo tercero, apartado uno, del RGCON. Así por ejemplo se puede dar la circunstancia que se denuncie a un conductor mayor de edad con esta condición restrictiva que únicamente diese 0.05 mg/l de alcohol. Pero recordemos, que la sanción sería por infracción al reglamento general de conductores, en este caso.

01.01	Uso de Gafas
01.02	Uso de Lentillas
01.03	Uso de Cristal protector
01.04	Uso Lente Opaca.
01.05	Recubrimiento del Ojo
01.06	Gafas o Lentillas indistintamente
02.01	Prótesis auditiva 1 oído
02.09	Prótesis auditiva 2 oídos
03.01	Prótesis miembros superiores
03.02	Prótesis miembros inferiores
05.01	Limitación a conducción diurna.
05.02	Limitación radio Kilómetros.
05.03	Conducción sin pasajeros
05.04	Limitación Velocidad
05.05	Conducción presencia titular carné
05.06	Circulación sin Remolque
05.07	Prohibido circular por Autopistas
05.08	**Exclusión Total Alcohol**

Códigos Armonizados del 1 al 5 relativos a los conductores.

(«Del 10 al 51 son relativos al vehículo y 70 a 96 a cuestiones administrativas»)

¿Cuáles son los posibles resultados que podemos hallar en los tickets del etilómetro?

1- Valor nominal expresado en miligramos por litro

2- Interrupción de la prueba por soplido no continuo

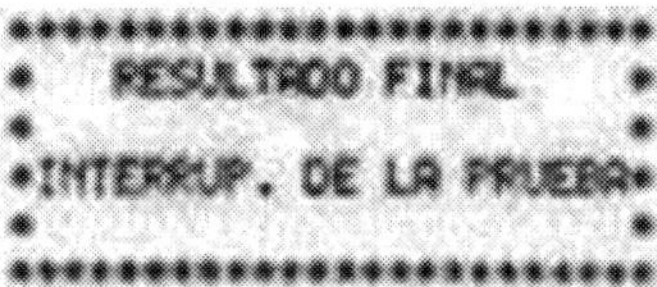

3- Alcohol ambiente, interfiere la correcta medición. Fallo de cero

4- El sujeto acaba de ingerir bebidas alcohólicas

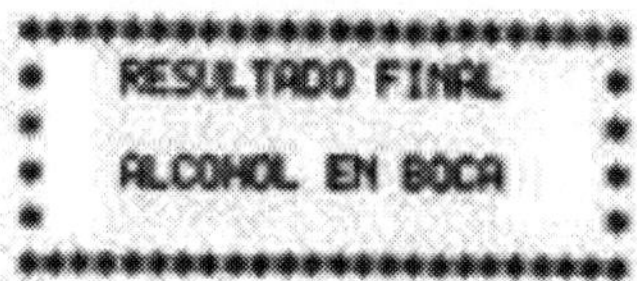

5- Cuando entre las dos medidas existe demasiada diferencia (0.07 mg/l)

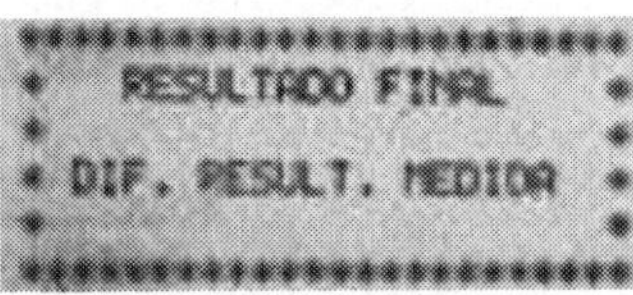

6- Cuando se ha apretado al botón de inicio y no se ha soplado

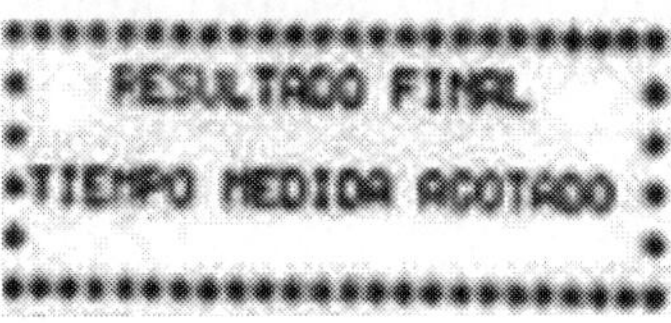

¿Qué ocurre si el conductor no supera las tasas objetivas de 0,60 mg/L, pero se halla bajo la influencia de las bebidas alcohólicas? La nueva formulación típica que se dio a la redacción del artículo 379.2 CP no implica la despenalización de las conducciones con tasas inferiores a 0,60 mg/L.

Esta cuestión ha sido ampliamente tratada y explicada por la jurisprudencia del Tribunal Supremo. De esta manera en la STS 706/2012, de 24 de septiembre (TOL2.651.939) ante un conductor que arrojó un resultado de 0,38 mg/L cita que a pesar de la introducción de las tasas objetivas, esto no excluye que con tasas inferiores no se pueda condenar. Más específicamente la STS 292/2020, de 10 de junio (TOL7.969.660) confirma que aunque el resultado de la prueba etilómetrica no supere las tasas objetivas (0,66 y 0,62 mg/L en el presente caso, de manera que tomando como referencia la tasa más beneficiosa para el conductor y el margen de error, no se supera) cabe la condena por conducción influenciada. Al igual que es incuestionable que cuando se superen dichos parámetros se determine la condena del acusado, la absolución no es obligada cuando existen otros elementos de juicio que avalan de modo inequívoco que el conductor ponía en riesgo la integridad de las personas como consecuencia de su estado de embriaguez.

¿Qué debe contener un correcto atestado policial, tramitado por el artículo 379.2 CP?

- Es fundamental la constancia del documento acreditativo expedido por el centro español de metrología, que acredite que el etilómetro referenciado en el documento, con el cual se han llevado a cabo las pruebas establecidas reglamentariamente cumple con los requisitos establecidos por la legislación vigente. De esta manera su ausencia o incorrección, pueden devenir en la absolución del acusado. Véanse al caso tanto la SAP Tarragona 19/2006, de 30 de enero (TOL864.669) donde se absolvió al conductor que dio positivo en las pruebas de detección de alcohol en aire espirado, al no adjuntarse certificado o la SAP Vizcaya 468/2004, de 22 de junio de 2004 (TOL540.101) que se pronunció en el mismo sentido, al adjuntarse un certificado cuyo periodo de validez estaba caducado.

CERTIFICADO Nº
222441005

CEM CENTRO ESPAÑOL DE METROLOGÍA

CERTIFICADO DE VERIFICACIÓN PERIÓDICA

ISO 14001

- Se recomienda mantener en todos los atestados la diligencia de signos externos, incluso cuando se trate de pruebas cuyo resultado arroje una tasa superior a 0,60 mg/L en aire espirado, así como una conveniente descripción de los hechos sucedidos, que comprenda las circunstancias de la conducción, puesto que la pena a imponer es modulable según las circunstancias, dentro de unos parámetros Individualización de la pena (Circular FGE 10/2011). Y la aportación del acta de signos externos puede permitir en casos de irregularidades durante la práctica de la prueba o por la aplicación de los márgenes de error la viabilidad de la comisión de un delito del artículo 379.2 inciso primero.
- Es de capital importancia informar al conductor (y quede acreditado en el atestado) de la posibilidad que le asiste de la práctica de la prueba de contraste de determinación de alcohol en sangre tal y como expresamente señala la STC 222/1991, de 25 de noviembre (TOL81.904). Como a efectuar cuantas alegaciones u observaciones tenga por conveniente, por sí o por medio de su acompañante o defensor, las cuales se consignarán por diligencia. Y el derecho a controlar por sí o por cualquiera de sus acompañantes o testigos presentes que entre la realización de la primera y de la segunda prueba medie un tiempo mínimo de diez minutos. Es decir, para su validez como prueba pericial preconstituida, necesita que se practique conforme las previsiones legales y que se incorpore al atestado, para su so-

metimiento posterior a los principios de inmediación, oralidad y contradicción.

- Conviene no perder la atención sobre el conductor que se va a someter a las pruebas, entre el periodo de la conducción y la realización de la prueba, o evidenciar su sintomatología en un primer momento, para evitar actos picarescos tales como que la ingestión del alcohol se produzca deliberadamente después de la conducción pero antes de la prueba.
- Asimismo procederemos en los casos de etilometrías positivas, (aunque es extensible al resto de delitos examinados en la presente obra) en virtud del artículo 770 de la Ley de Enjuiciamiento Criminal, a la intervención del permiso o licencia de conducción del investigado, el permiso de circulación del vehículo siempre que no pertenezca a un tercero de buena fe conforme los criterios que desarrollaremos en relación al artículo 385 BIS e inmovilización del vehículo, siendo puestos estos tres elementos a disposición judicial plasmándose en la correspondiente diligencia. En caso que el conductor no portara dichos documentos por olvido o por cualquier otra circunstancia tales como que el conductor acreditara su permiso a través de la aplicación «*miDGT*» conforme la Instrucción 20 IO-21 / S-150, la citación que efectúe la policía judicial de tráfico para que comparezca en el Juzgado de Guardia, informará de su porte para que el Juzgado pueda cumplir la obligación prescrita en el Art. 762.11ª LECRIM.

Drogas tóxicas, estupefacientes y sustancias psicotrópicas: Al igual que con la conducción etílica, el delito de conducción bajo la influencia de drogas tóxicas o estupefacientes revistió carácter penal desde 1950, incluyéndose los psicotrópicos también en 1989, si bien su aplicación tradicionalmente ha sido anecdótica y puntual. Y es que en atención al procedimiento para la realización de pruebas para la detección de sustancias estupefacientes, psicotrópicos, estimulantes y análogas como se puso de relieve en la memoria del fiscal de sala de seguridad vial 2009, España era uno de los pocos países dentro de la Unión Europea en que no había salvo aisladas intervenciones, pruebas sobre consumo e influencia de drogas, debiéndose en parte a la ausencia de una regulación específica que posibilitase su realización eficaz en determinados supuestos, configurándose las antiguas previsiones normativas a todas luces insuficientes.

La dirección general de tráfico únicamente en su instrucción 07/S-94 y su correspondiente aclaración a la realidad legislativa de 2008, se referían a la existencia de test salivales que detectaban la presencia de drogas en el organismo del conductor, pero sobre los cuales no recaía obligación legal alguna a su sometimiento dependiendo únicamente de la voluntad del conductor. El cual si se negaba a realizar dichas pruebas, debía ser informado por los agentes de la obligación de someterse a la única prueba legalmente establecida anteriormente que era el reconocimiento médico, previsto en el artículo 28.1.a) del reglamento general de circulación informándole que la negativa a someterse a esta prueba sí que pudiera ser constitutiva de delito, según lo previsto en el artículo 383 del Código Penal.

En estos casos proseguían las instrucciones, si el conductor persistiera en su negativa a someterse a la prueba de reconocimiento médico a pesar de las advertencias de los agentes para que se sometiera a la misma, si los agentes intervinientes no aprecian ningún síntoma externo de la presencia de drogas, se procedería a elaborar atestado por delito de desobediencia del artículo 383 del Código Penal. Al contrario, si apreciaran síntomas externos de presencia de drogas, se le informaría de sus derechos y se procedería a formular atestado por posibles delitos contra los artículos 379.2 y 383 del Código Penal, dejando constancia de tales signos en el acta correspondiente procediendo, además a la inmovilización del vehículo.

El artículo 28 RGCIR. (Reconocimiento médico) está plagado de inconvenientes prácticos. Pues o se contaba con un médico *in situ*, o su adopción conllevaba dar por finalizado el control trasladando al conductor al centro médico más próximo, con las dudas legales sobre la condición del trasladado ¿traslado voluntario o como detenido? dudas sobre la competencia para realizar el traslado cuando era fuera del término municipal y por último las reiteradas excusas y negativas de centros médicos a atender a agentes y practicar reconocimientos, cuando los médicos sabían que posteriormente habrían de acudir a juicio (Rodríguez León, 2013).

A continuación la DGT confeccionó la instrucción 08/S-102, que a diferencia de la anterior que regulaba el procedimiento general para la realización de las pruebas de detección de estupefacientes, psicotrópicos, estimulantes y sustancias análogas, sólo era válida para los controles preventivos realizados en el marco del proyecto DRUID, del cual sus resultados, arrojaron cifras cercanas al 12% de positivos entre los 3.407 conductores examinados (cannabis y cocaína principalmente).

Cifras que superaban las cifras porcentuales de positivos en etilometrías. Así a título de ejemplo, en la campaña piloto de tráfico realizada en octubre de 2007 por la Guardia Civil, si bien en los controles de tráfico solían dar positivo por alcohol en torno a un 3% del total de las pruebas practicadas. De las 411 pruebas que se realizaron en Badajoz y Zaragoza, durante un fin de semana, en concreto 32 conductores dieron positivo en consumo de cannabis, cocaína, anfetaminas o pastillas, cifra que representaba casi el 8% de los conductores sometidos. Es decir más del doble y casi el triple con respecto al alcohol, siendo habitual dar positivo en ambas sustancias

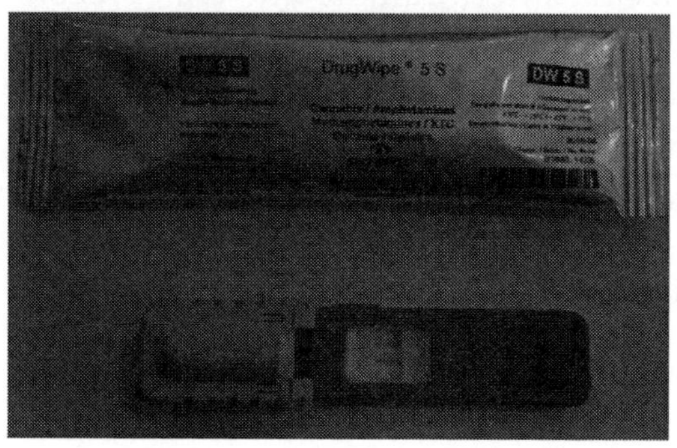

Test Drogas *Drug Wipe 5 S*

Tales descorazonadores porcentajes, unidos al hecho no de la falta de instrumentos de prueba sino de la falta de cobertura legal para llevar a buen puerto su praxis, ya fueron recogidos en la memoria del fiscal de sala de seguridad vial 2009, que propugnaba una reforma legal relativa a la práctica de éstas pruebas y que se alcanzó con la entrada en vigor de la Ley orgánica 5/2010, que no sólo reformó el Código Penal, sino que en su disposición adicional primera modificó el apartado 1.7ª del artículo 796 de la LECRIM, en base a la cual por primera vez se configuran como obligatorios los test salivales:

> "La práctica de las pruebas de alcoholemia se ajustará a lo establecido en la legislación de seguridad vial.
>
> Las pruebas para detectar la presencia de drogas tóxicas, estupefacientes y sustancias psicotrópicas en los conductores de vehículos a motor y ciclomotores serán realizadas por agentes de la policía judicial de tráfico con formación específica y sujeción, asimismo, a lo previsto en las normas de seguridad vial. Cuando el test indiciario salival, al que obligatoriamente deberá someterse el conductor, arroje un resultado positivo o el conductor presente signos de haber consumido las sustancias referidas, estará obligado a facilitar saliva en cantidad suficiente, que será analizada en laboratorios homologados, garantizándose la cadena de custodia.

> Todo conductor podrá solicitar prueba de contraste consistente en análisis de sangre, orina u otras análogas. Cuando se practicaren estas pruebas, se requerirá al personal sanitario que lo realice para que remita el resultado al Juzgado de guardia por el medio más rápido y, en todo caso, antes del día y hora de la citación a que se refieren las reglas anteriores."

Fruto de esta evolución normativa, devino la siguiente Instrucción DGT 12/TV-73, sobre realización de pruebas para la detección de estupefacientes, psicotrópicos, estimulantes u otras sustancias análogas. Que vino a redefinir el procedimiento con objeto de no sólo hacer los controles más eficientes, sino también adaptar el procedimiento de actuación a la reforma del artículo 796, apartado 7 de la LECRIM. De esta manera y en consonancia con la reforma legal practicada, la primera declaración que viene a efectuar es la obligación de sometimiento a las pruebas, a cualquier conductor que se encuentre en una situación análoga a las de la detección del alcohol. Constituyendo su negativa, delito del Art. 383 del Código Penal.

A continuación, define los distintos tipos de controles de drogas, que se pueden sintetizar de la siguiente manera:

- Controles anidados: Son la regla general. Consisten en realizar primero la prueba de detección de alcohol en aire espirado (PDA) y a continuación, tras una observación de los signos del conductor, una prueba de detección de drogas (PDD) bien cuando el resultado del alcohol sea negativo, pero los agentes observen signos externos de consumo de drogas, bien cuando aún siendo positivo, los agentes la estimasen necesaria, aunque con carácter general cita que en este último caso no estaría indicado.
- Controles anidados inversos: Primero la PDD, seguidas en su caso de la PDA, cuando el resultado de la primera prueba fuese negativa, pero los agentes observases signos externos de posible ingesta de bebidas alcohólicas o aún siendo positiva los agentes la estimasen oportuna. Esta forma de control se realizará en el marco de campañas específicas de ámbito local, dirigidas preferentemente a abordar el problema de consumo de sustancias en un entorno geográfico determinado.
- Controles sucesivos: PDA y PDD siempre y de forma sucesiva al margen de cuál haya sido el resultado positivo o negativo del primero. Se realizarán en el marco de programaciones anuales, para conocer la evolución de la prevalencia del consumo.

El procedimiento de la PDD o prueba de detección de drogas tóxicas, que estipula la instrucción es el resultante:

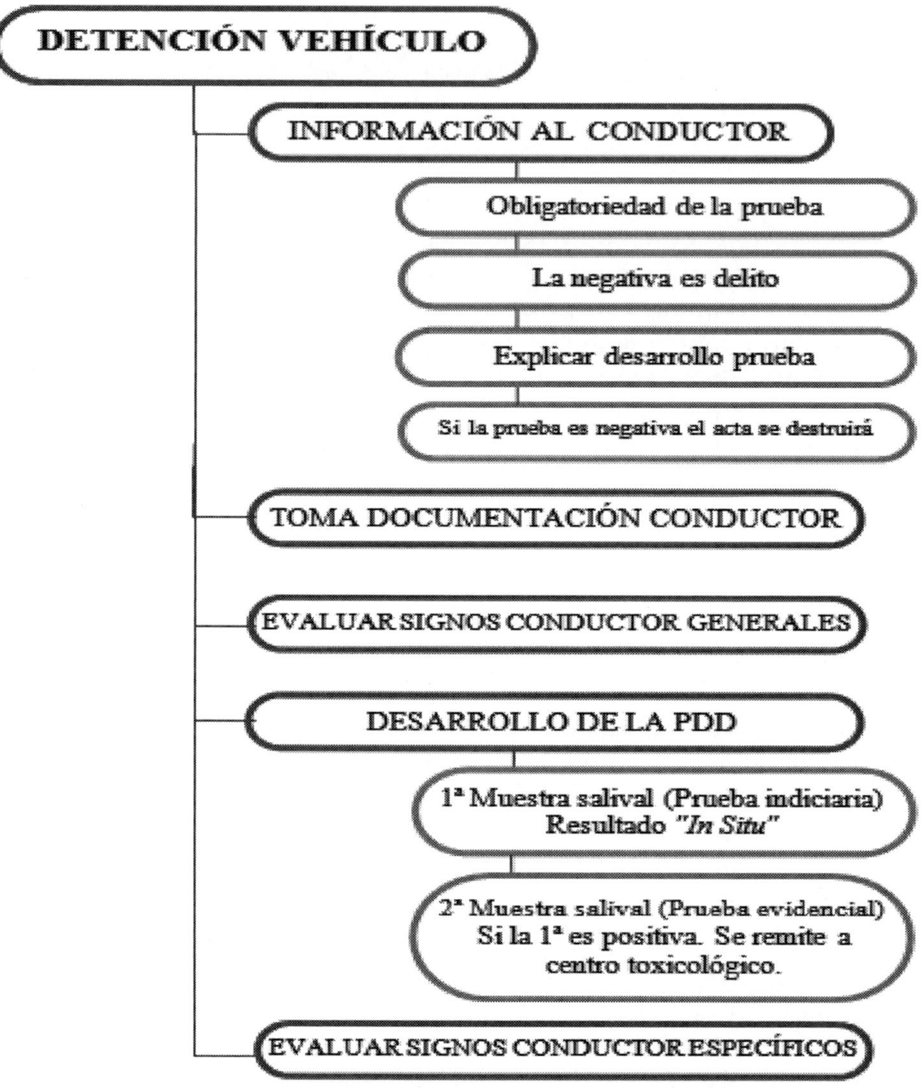

Si el conductor sometido a una prueba de drogas (PDD), hiciera uso de su derecho a realizar una prueba de contraste, ésta se hará en sangre al igual que en el caso de la prueba de alcohol y "no en orina" (La ciencia nos ha demostrado que no es aconsejable analizar con fines judiciales la orina para conocer el grado de alcohol, ni como alternativa a la sangre, pues el resultado de la alcoholuria depende de la acumulación en la vejiga del alcohol entre micciones y no arroja la concentración real, Pérez-Marín, 2007). La diferencia radica en que la muestra de sangre por contraste en las pruebas de drogas será remitida, en todo caso al centro toxicológico o laboratorio de referencia al que se envíe el fluido oral para su análisis y no será analizada por el centro sanitario donde se proceda a la extracción. La gestión de la muestra se realizará conforme a los protocolos médico-legales de cadena de custodia que establece la ya comentada Orden JUS/1291/2010 de 13 de mayo.

Asimismo la instrucción de 2012, estableció por primera vez un acta modelo, (*página siguiente*) para rellenar los signos clínicos generales y específicos, del conductor, en unión de unos útiles criterios consensuados con fiscalía, para proceder por la vía penal.

CRITERIOS VÍA PENAL CONSENSUADOS CON FISCALÍA (2012)	
Signos generales +	Signo específico 7
Signos generales +	Signo específico 8 (*al menos uno de ellos)*
Signos generales +	Signo específico 10 (*al menos uno de ellos)*
Signos generales +	Signo específico 6 + 9
Signos generales +	Signo específico 6 + el 7, el 8 o el 10
Signos generales +	Signo específico 9 + el 7, el 8 o el 10

MEMBRETE

Número Registro: ____/__

Acta de signos clínicos observados en: D / Dª
con DNI número

A. Observaciones generales a realizar mientras se solicita documentación, se inspecciona el vehículo, etcétera:

1. Actitud y comportamiento:
   - ☐ Nervioso
   - ☐ Inadecuadamente contento, eufórico
   - ☐ Provocativo, agresivo
   - ☐ Lloroso
   - ☐ Adormilado
   - ☐ Se rasca la cara continuamente
   - ☐ No comprende instrucciones

   Otras alteraciones, señalar:

2. Aspecto corporal general:
   - ☐ Temblor
   - ☐ Sudoración inapropiada (por ejemplo sudor con tiritona o en ambiente frío)
   - ☐ Inquietud
   - ☐ Respiración superficial

   Otras alteraciones, señalar:

3. Aspecto de la cara:
   - ☐ Parpadeo constante
   - ☐ Nariz roja
   - ☐ Esnifa constantemente
   - ☐ Traga saliva
   - ☐ Olor a porro, a marihuana

   Otras alteraciones, señalar:

4. Habla/lenguaje:
   - ☐ Locuacidad, hilaridad, no para de hablar
   - ☐ Habla dificultosa, lenta, mal articulada (arrastra las palabras)
   - ☐ Voz de tono bajo y rasposo

   Otras alteraciones, señalar:

5. Coordinación:
   - ☐ Tambaleante, sin equilibrio
   - ☐ Movimientos descoordinados
   - ☐ Temblor generalizado
   - ☐ Temblores de piernas

   Otras alteraciones, señalar:

B. Signos específicos:

6. Aspecto de la conjuntiva:
   - ☐ Conjuntiva enrojecida o con edema

7. Movimientos oculares de seguimiento: ¿Existe brusquedad y/o espasmo en el movimiento?
   - ☐ Sí, en uno o ambos ojos

8. Valoración del Nistagmo horizontal:
   - 8.1. ¿Aparición de nistagmo amplio, evidente y continuo?
     - ☐ Sí, en uno o ambos ojos
   - 8.2. ¿Aparición de nistagmo a menos de 45 grados?
     - ☐ Sí, en uno o ambos ojos

9. Diámetro pupilar (en vehículo normalmente iluminado):
   - ☐ Contracción en ambos ojos (≤ 2 mm)
   - ☐ Dilatación en ambos ojos (≥ 6.5 mm)

10. Reacción pupilar a la luz / acomodación:
    - ☐ Enlentecida o apenas perceptible
    - ☐ Dificultad para la acomodación pupilar.

Lugar y fecha:

Firmado:

Tabla diámetros pupilares

Tabla diámetros pupilares
2 mm
3 mm
4 mm
5 mm
6 mm
7 mm

-----CONSTE Y CERTIFICO-----------------------------------

No obstante, tal y como reconoce la misma fiscalía en 2012, la entonces situación de crisis económica, se traducía en la falta de dispositivos salivares para efectuar los controles conforme el artículo 796.7 LECRIM.

Si bien poco a poco iba generalizando su uso, como refleja el número de expedientes administrativos tramitados por la DGT en estos primeros años de andadura:

Año 2010	**203**
Año 2011	**740**
Año 2012	**2.155**
Año 2013	**2.579**
Año 2014	**9.454**

Una vez efectuada la reforma legal pertinente a través de la reforma de la Ley de Enjuiciamiento Criminal, los agentes de la policía judicial de tráfico con formación específica deberán sujetarse al protocolo establecido. De esta manera, en la SAP Vizcaya de 15 de octubre de 2012 (TOL3.708.205) se absuelve de un delito de conducción bajo la influencia de drogas tóxicas, al conductor que en la prueba orientativa de detección efectuada con el Dräger drug test 5000, arrojó un resultado positivo en THC (*Tetrahidrocannabinol)* principal psicoactivo de las plantas del género cannabis. Pues se vulneró la redacción actual del vigente artículo 796.1.7ª, que cita que cuando el test indiciario salival arroje un resultado positivo, el conductor, estará obligado a facilitar saliva en cantidad suficiente, para ser analizada posteriormente en laboratorios homologados. Por tanto, al no haberle requerido los agentes la saliva y no poder contrastarse la prueba en laboratorios homologados, en virtud del principio *in dubio pro reo,* se acuerda la libre absolución del conductor.

La anualidad 2014 representó un gran salto cualitativo en la presente materia gracias a la promulgación de la Ley 6/2014, de 7 de abril, por la que se modificó la Ley de Seguridad Vial. Si bien es cierto que las primeras versiones de la LSV ya hacían referencia a la prohibición de consumo de drogas en la conducción, ha habido que esperar a que los controles para la detección de la presencia de etas sustancias se generalizaran para poder abordar este problema, que es uno de los más graves para la seguridad vial.

De esta manera se explicita en la LSV por primera vez los dispositivos de detección de drogas en saliva y a la par se establece una política de tolerancia cero (a nivel administrativo) creando nuevas infracciones que castigan la mera presencia de drogas en el organismo del conductor, quien queda obligado a someterse en los casos reglados a dichas pruebas de detección que consistirán en una prueba salival y en un posterior análisis de una muestra salival en cantidad suficiente. Además como sanción muy grave, a diferencia del alcohol donde las sanciones pueden ser de 500 o 1.000 €, con detracción de 4 o 6 puntos, la presencia de drogas siempre será sancionada con 1.000 € y la detracción de 6 puntos. Manteniéndose inalterado el régimen administrativo sancionador instaurado a raíz de la Ley 6/2014, a fecha presente siendo el siguiente:

ARTÍCULO	SANCIÓN	CONDUCTA
14.1.5A LSV	1000€ + 6 Ptos.	Circular con presencia de drogas.
14.2.5A LSV	1000€ + 6 Ptos.	Negativa prueba conductores
14.2.5C LSV	1000€	Negativa prueba usuarios

En este punto y dados los avances normativos, la DGT publica una nueva e importante instrucción 2015/S-137 denominada criterios de actuación en procedimientos sancionadores tramitados como consecuencia de infracciones en materia de alcohol/drogas.

En primer lugar nos indica que cuando hubiere al menos un presunto ilícito penal en materia de alcohol/drogas el orden penal es preferente. Por ejemplo, si un conductor arroja una tasa de alcohol de 0,93 mg/L y además arroja un resultado positivo a presencia de cocaína en su organismo, debe remitirse todo a la autoridad judicial a través del oportuno atestado. De manera que se estará a la espera de los resultados del proceso penal, pero en todo caso, si se produce condena por conducción bajo la influencia de drogas o bebidas alcohólicas o sólo por una de ambas sustancias, no procederá incoar o continuar procedimiento administrativo alguno relacionado con los mismos hechos. Por el contrario si nos encontramos ante un conductor que sin sintomatología positiva arroja un una tasa de alcohol de 0,35 mg/L y además arroja un resultado positivo a presencia de cocaína en su organismo, se le tramitarán DOS expedientes administrativos sancionadores (denuncias) uno por presencia de drogas en su organismo y otro por conducción con tasas de alcohol superiores a las reglamentariamente establecidas.

Igualmente dada una vetusta práctica por la cual los agentes únicamente extendían boletín de denuncia cuando la muestra salival era confirmada por el laboratorio. La DGT estipula que debe hacerse en el acto y entregar boletín de denuncia al interesado. En caso que el laboratorio no confirmara el positivo, se le devolvería el dinero si hubiera pagado y anularía el procedimiento, pero el ciudadano tiene derechos como interesado desde la toma de la muestra. Adicionalmente la presente instrucción contiene distintos anexos y modelos de actas, tales como el de información de los derechos de la persona sometida a las pruebas de detección de presencia de drogas tóxicas, estupefacientes y sustancias psicotrópicas en el organismo, modelo de hoja de toma de evidencias/muestras, etc.

EXPEDIENTE Nº / DILIGENCIAS Nº

ANEXO I

INFORMACIÓN DE LOS DERECHOS DE LA PERSONA SOMETIDA A PRUEBAS DE DETECCIÓN DE PRESENCIA DE DROGAS TOXICAS, ESTUPEFACIENTES Y SUSTANCIAS PSICOTRÓPICAS EN EL ORGANISMO

1º Las pruebas se iniciaran con la realización de un **test indiciario salival, al que, obligatoriamente, deberán someterse**, los conductores de vehículos a motor o ciclomotores, los de cualquier otro tipo de vehiculo y, en su caso, cualquier usuario de la vía implicado en un accidente de tráfico o identificado como autor de una infracción a lo dispuesto en la LTSV *(según lo dispuesto, respectivamente, en los arts. 796.1.7ª LECrim. y 12.2 LTSV)*

2º Tanto cuando el resultado de la primera prueba de detección fuera POSITIVA, como cuando, no siéndolo, la persona sometida a la misma, presente signos de haber consumido alguna de las sustancias anteriormente referidas, **se le requerirá para que facilite una nueva muestra salival en cantidad suficiente, que será debidamente analizada en un posterior análisis toxicológico por el laboratorio de referencia, en los términos y condiciones legalmente establecidos. En función del resultado de dicho análisis, procederá continuar o no la tramitación del expediente sancionador.** Si existieran razones justificadas que impidan realizar estas pruebas, se podrá ordenar el reconocimiento médico del sujeto o la realización de los análisis clínicos que los facultativos del centro sanitario al que sea trasladado estimen más adecuados.

3º **No podrán circular por las vías objeto de la legislación sobre Tráfico, Circulación de Vehículos a Motor y Seguridad Vial, los conductores de cualquier vehiculo con presencia de drogas en el organismo**, salvo que las mismas se estén utilizando bajo prescripción facultativa y con una finalidad terapéutica, siempre que aquellos estén en condiciones de utilizar el vehículo conforme a la obligación de diligencia y precaución y no distracción establecidas en el articulo 9 de la citada Ley *(art. 12.1 LSV)*. En cualquier caso, la conducción bajo la influencia de drogas tóxicas, estupefacientes o sustancias psicotrópicas constituye delito del artículo 379.2 del Código Penal.

4º **No someterse a las pruebas de detección, en los supuestos de conducción de vehiculo a motor o ciclomotor, puede ser considerado delito contra la seguridad vial** castigado con las penas de prisión de seis meses a un año y privación del derecho a conducir vehículos a motor y ciclomotores por tiempo superior a uno y hasta cuatro años *(art. 383 del Código Penal)*. El resto de los obligados a someterse a dichas pruebas, que no se encuentren en el supuesto anterior, en caso de negarse a su realización, podrían ser considerados autores de una infracción muy grave tipificada en el Artículo 65.5.d) de la LSV.

5º **El procedimiento seguido para efectuar las pruebas de detección de drogas tóxicas, estupefacientes o sustancias psicotrópicas**, ha consistido en un primer test indiciario en saliva utilizando un colector de la misma para la recogida del fluído, que posteriormente ha sido analizado con el dispositivo cuyos datos identificativos y resultados figuran a continuación:

Datos de la persona que realiza las pruebas (Nombre y apellidos):	**DNI, NIE o PAS num.:**

Y al respecto, MANIFIESTA: QUE DESEA REALIZAR LA PRUEBA INDICIARIA (SI / NO) ☐

DATOS BASICOS SOBRE LA PRUEBA INDICIARIA PARA DETECTAR LA PRESENCIA DE DROGAS

FECHA	HORA	LUGAR	DATOS DEL ANALIZADOR INDICIARIO DE DROGAS		
			MARCA	MODELO	NUMERO DE SERIE DEL LECTOR

Fuente: Instrucción DGT 2015/S-137

Posteriormente el Real Decreto Legislativo 6/2015, de 30 de octubre, por el que se aprueba el texto refundido de la Ley sobre Tráfico, Circulación de Vehículos a Motor y Seguridad Vial, recoge en el artículo 14 (anteriormente 12) la prohibición de conducir con presencia de drogas en el organismo del conductor, quedando excluidas las sustancias que se utilicen bajo prescripción facultativa y con una finalidad terapéutica. Fruto de esta nueva regulación legal y de la introducción generalizada de los dispositivos de detección salival de drogas, emergieron dudas en cuanto a la constitucionalidad de las pruebas salivales, De esta manera el Juzgado de lo Contencioso-Administrativo número 1 de Vitoria-Gasteiz elevó en 2016 cuestión de inconstitucionalidad al Tribunal Constitucional.

Quien resolvió mediante Auto 174/2017, de 19 de diciembre (TOL6.472.552) avalando la legalidad de la nueva legislación que regulaba la infracción administrativa relativa a la sanción de presencia de drogas en el organismo de los conductores. De esta manera el Constitucional entiende que la nueva normativa contenida en la Ley de Seguridad Vial no puede considerarse arbitraria y carente de toda justificación, ya que la prohibición está fundamentada en la experiencia según la cual el consumo de drogas, aunque sea mínimo, puede afectar a las capacidades psicofísicas de los conductores y por este motivo conlleva un peligro para la seguridad del tráfico.

De igual manera la Ley de Seguridad Vial tampoco vulneraba el principio de taxatividad pues la misma enuncia con claridad, precisión y de forma inteligible la conducta prohibida, pues aunque no haya tasas los ciudadanos pueden conocer el ámbito de lo prohibido por lo que las exigencias de certeza y seguridad jurídica, han sido respetadas por la norma que tipifica estas nuevas infracciones de tráfico.

Gracias a las nuevas herramientas legislativas y a la generalización del uso de los drogotest, podemos observar como por ejemplo ya en la anualidad 2018 se alcanzaron por la Agrupación de Tráfico de la Guardia Civil la cifra de 139.703 pruebas, que si bien es una cifra lejana a los 5.509.022 pruebas de alcohol que efectuó en la misma anualidad ya empieza a ser una cifra importante.

Pruebas realizadas por la ATGC sobre drogas 2017 - 2020

DROGAS	Accidente	% pos	Infracción	% pos	Preventivas	% pos	Total	% pos
2017	6.339	20,76%	4.888	54,21%	78.585	34,61%	89.812	34,70%
2018	15.442	17,69%	11.241	47,85%	113.020	36,97%	139.703	35,71%
2019	10.334	20,10%	11.398	48.91%	73.349	36,35%	95.081	36,09%
2020	6.373	21,26%	9.697	47,29%	32.124	34,16%	48.194	35,09%

Fuente: Observatorio Nacional de Seguridad Vial, 2021.

Hasta aquí como fácilmente habrá podido apreciar el lector se observan en los últimos años multitud de reformas para favorecer la represión de las drogas en la conducción, pero sin embargo todas ellas se han centrado en el plano administrativo. Por sorprendente que pueda parecer la respuesta de nuestro Código Penal al problema de las drogas y la conducción, es la misma que otorgaba el legislador nacional en 1.950. Y sin embargo como específicamente se describe en el Oficio del Fiscal de Sala Coordinador de Seguridad Vial a las policías judiciales de tráfico con instrucciones para la elaboración de atestados por delitos de conducción bajo la influencia de drogas tóxicas, estupefacientes y psicotrópicos de 17 de julio de 2019, los datos son elocuentes y revelan que actualmente existe un gran problema de seguridad vial generado por el binomio del consumo de drogas y conducción. De esta manera si consultamos las distintas memorias anuales efectuadas por el Instituto Nacional de Toxicología y Ciencias Forenses, relativa a fallecidos en accidentes de tráfico, podemos apreciar claramente como hemos pasado de un 9,1% de conductores fallecidos en accidente de tráfico con presencia de droga en su organismo, a un 44,1% en el año 2019 (Carrasco García, 2022)

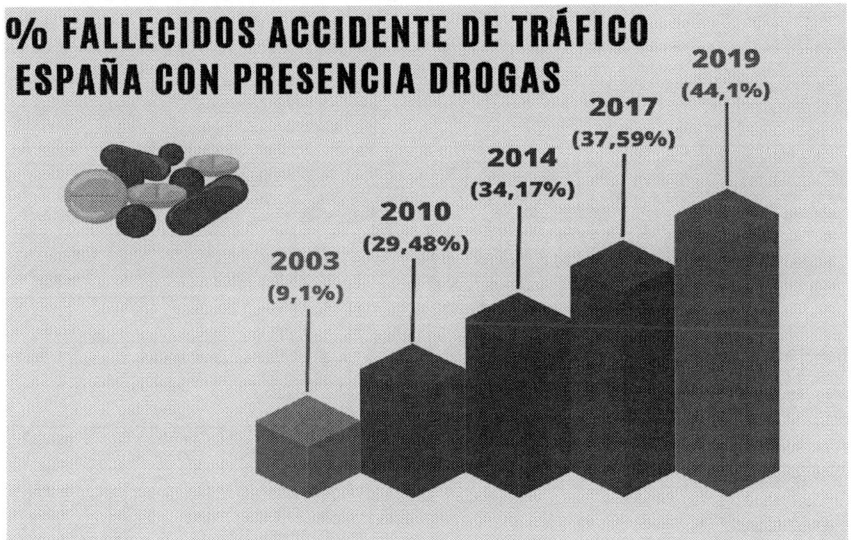

Sin embargo en 2018, cifra en la que se hicieron más de 100.000 pruebas por la agrupación de tráfico de la Guardia Civil, únicamente se remitieron a la vía penal 502 casos. Indicando el fiscal que de tales datos estadísticos no cabe más que concluir que existe una amplia y creciente persecución sancionadora administrativa sobre el binomio drogas/conducción y una muy limitada o casi inexistente persecución penal desajustada con el creciente consumo de sustancias tóxicas en la circulación viaria.

Por lo tanto el fiscal ve imprescindible establecer unas pautas generales de actuación que en la medida de lo posible y sin perjuicio de la necesaria flexibilidad que impone la valoración de cada caso y la huida de automatismos, se estandaricen los criterios de derivación a la vía penal de los conductores con droga en su organismo. En resumen para la apreciación de la comisión de un delito del Art. 379.2 CP (drogas) no basta con acreditar la presencia de tóxicos en el organismo, ni siquiera una elevada tasa o nivel. Lo esencial es el acta de signos externos que extienden los agentes. Si bien se ha venido utilizando el acta contenida en el anexo I de la Instrucción DGT12/TV-73, la fiscalía ha avanzado y fruto de la experiencia adquirida estandariza una nueva acta en 2018 para uso común por todas las policías de tráfico.

	ACTA DE SIGNOS EXTERNOS PARA LA DETERMINACIÓN DE LA INFLUENCIA DE DROGAS EN LA CONDUCCIÓN	NÚMERO DE DILIGENCIAS PENALES NÚMERO DE EXPEDIENTE ADMINISTRATIVO	Folio nº:

Acta de signos externos observados en: D/Dª ____________________
con DNI/NIE/PAS/DOI nº ______________, a las ________ horas del día ______________; en el
Km./Nº __________ de la carretera/calle ____________________,
término municipal de ____________________ (______________) y
partido judicial de ____________________.

PRUEBAS REALIZADAS				
ALCOHOLEMIA	SÍ ☐ NO ☐	1ª mg/L a las horas	2ª mg/L a las horas	
INDICIARIA DE DROGAS	SÍ ☐ NO ☐	☐ POSITIVO	☐ NEGATIVO	SUSTANCIA/S DETECTADAS

MOTIVO DIFERENCIADOR QUE JUSTIFICA LA PRACTICA DE ESTAS PRUEBAS			
Las presentes pruebas se realizan debido a (art. 21 Reglamento General Circulación):			
ACCIDENTE ☐	INFRACCIÓN ☐	SÍNTOMAS ☐	CONTROL PREVENTIVO ☐

INFORMACIÓN PREVIA SOBRE INGESTA DE MEDICACIÓN		
¿Se encuentra tomando algún tipo de sustancia o medicación?	☐ SI ☐ NO	
Nombre completo del fármaco y cantidad en ml/cucharadas o mg/comprimidos		
Dosis habitual:	☐ MAÑANA ☐ TARDE ☐ NOCHE	
¿A qué hora tomó la última dosis?		
¿Motivo para dicho consumo? (información voluntaria)		
¿Ha consumido alguna cantidad de alcohol con dichos fármacos?	☐ SI ☐ NO	¿Cantidad y tipo de bebida?
¿Hace cuando tiempo?		

SIGNOS EXTERNOS:

A.- ACTITUD Y COMPORTAMIENTO:		
Actitud ante las preguntas y las pruebas que se le solicitan	Dominio del idioma:	☐ Domina el castellano o lengua cooficial pero no comprende lo que se le indica o ☐ Le cuesta mucho trabajo que entienda lo que se le plantea ☐ No domina el castellano o lengua cooficial
	☐ Colabora voluntariamente	
	☐ Muestra un trato correcto y respetuoso	
	☐ Se muestra reticente, poco dispuesto y evitativo (dice estar dispuesto a colaborar pero recurre a excusas constantes para evitar la valoración)	
	☐ Agresivo verbalmente (increpa a los agentes, insulta, detallar sus palabras): ______	
	☐ Agresivo físicamente (dicha agresión física puede dirigirse contra sí mismo, los agentes o los acompañantes del conductor)	
	☐ Mantiene una actitud estuporosa (no reacciona ante las preguntas y las solicitudes que se le realizan)	
	☐ Se muestra adormilado	
	☐ Se muestra contento o eufórico	
	Otras observaciones: (detallar)	

Adicionalmente el fiscal establece que es también necesaria una labor de unificación dada la heterogeneidad que se observa en las diferentes policías de tráfico en cuanto a los criterios de derivación a la vía penal o pautas de actuación para levantar atestado por el delito de conducción bajo la influencia de drogas. Por ello, establece que procederá la remisión a la vía penal instruyéndose atestado por el delito del artículo 379.2 CP, en su modalidad de conducción bajo la influencia de drogas cuando acontezca al menos uno de los tres supuestos siguientes:

No obstante tales pautas no parecen haber cuajado en la realidad de nuestros tribunales, la Memoria FGE 2023 constata que los positivos en controles de droga se derivan en su práctica totalidad al ámbito sancionador administrativo siendo muy residual su acceso a la jurisdicción y sanción penal, sin duda por las exigencias típicas del Art. 379.2 CP que requiere la acreditación fehaciente de la influencia en la conducción más allá de la presencia de la droga en el organismo del conductor. Y es que a pesar del cada vez mayor número de positivos en drogas a conductores, los atestados instruidos por delito son realmente escasos (Lanzarote, 2021). De esta manera por ejemplo la STS 610/2023, de 13 de julio (TOL9.652.215) absuelve del delito de conducción bajo la influencia de drogas tóxicas del artículo 379.2 CP al acusado que provocó la colisión con el vehículo que transitaba correctamente por su carril, causando el fallecimiento de su conductora, a quien se le identificó en su organismo MDMA y Benzoilecgonina (metabolito de la cocaína) puesto que la simple detección de sustancias tóxicas constituye un indicador de un previo consumo, pero no prueba suficiente de que se sigan produciendo los efectos que les son propios.

La conducción bajo la influencia de drogas, en países de nuestro entorno: Si bien el objetivo del presente libro es prestar al lector una serie de fundamentos básicos y avanzados en cuanto a la operativa y praxis diaria derivada de una correcta instrucción de los atestados policiales en los delitos contra la seguridad vial y no efectuar un estudio de derecho comparado de legislaciones.

Únicamente en este epígrafe como es el de las drogas y la conducción nos detendremos brevemente, ya que España actualmente se configura como uno de los pocos reductos legislativos en los que la represión penal se basa en el modelo sintomatológico, modelo el cual ha sido relegado a un ámbito subsidiario en un gran número de legislaciones europeas desde hace ya más de una década, que o bien han instaurado un modelo de política criminal basado en la tolerancia cero (como el existente a día de hoy a nivel administrativo, pero extrapolado al régimen penal) o bien han instaurado tasas objetivas de concentración de drogas en el organismo de los conductores, a partir de las cuales se presume en base a estudios científicos una afectación en el conductor, a imagen y semejanza de lo que ocurre con el alcohol.

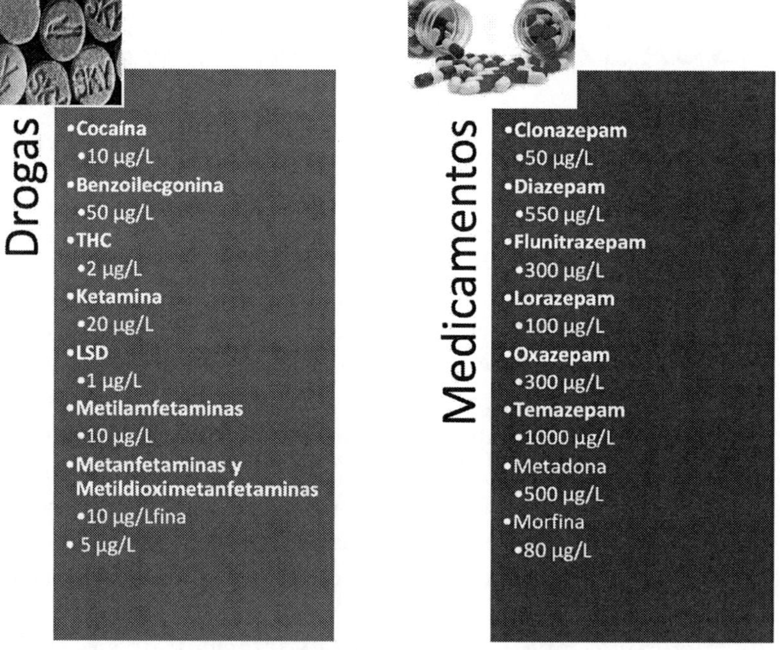

Límites objetivos de droga en sangre en Reino Unido

Fuente: Elaboración propia, en base Statutory Instruments 2868/14

Países líderes en Seguridad Vial como Noruega, Reino Unido e Irlanda han implementado desde hace más de una década tasas objetivas para las drogas, de manera que al igual que sucede con el alcohol, cuando se supera una determinada concentración objetiva en el organismo automáticamente se presume la influencia en el conductor en base a una pléyade de estudios científicos. Estos modelos se están extendiendo rápidamente, ya que además la progresiva legalización de determinadas drogas como el cannabis han provocado un aumento de consumidores y del porcentaje de fallecidos con presencia de esta sustancia en accidentes de tráfico. De esta manera Canadá en 2018 a la par que legalizó su consumo, modificó su Código Penal estableciendo una tasa objetiva para el cannabis. Cuestión que simplemente apuntamos, pero pensamos que a medio plazo se extrapolará a España.

El Cannabis y la cocaína: Al igual que en el alcohol estudiábamos su metabolismo y tu toxicocinética, es fundamental para cualquier miembro de una fuerza y cuerpo de seguridad con competencias en materia de tráfico conocer las principales características de las drogas más consumidas en nuestro país.

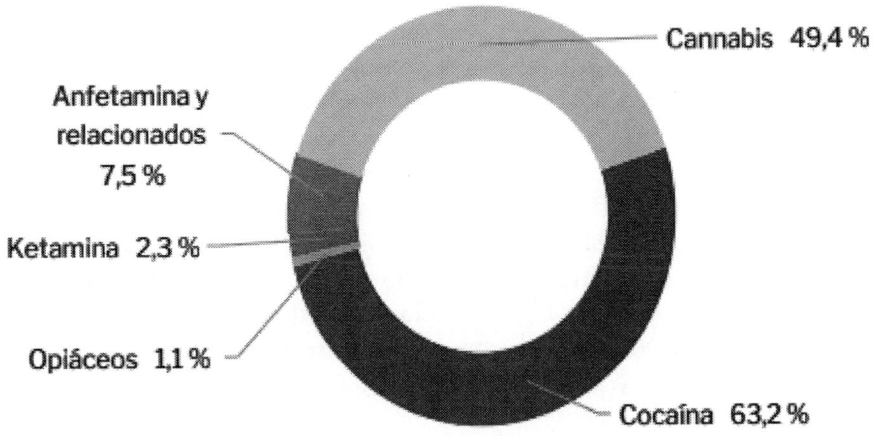

Drogas más detectadas en autopsias de conductores fallecidos en accidente de tráfico en España. Fuente INTCF (2022)

El Cannabis: Es una planta herbácea de origen asiático (aunque su adaptabilidad, rudeza y la propia acción del hombre la han extendido por casi todo el globo) dioica (especia en la que hay individuos machos e individuos hembra), con tallos de varias hojas de forma palmar y bordes dentados hacia las puntas, así como flores, que difieren en tu taxonomía según el sexo de la planta. Los tallos son erectos y su altura oscila entre los 20 centímetros y los 6 metros, aunque la mayoría alcanzan una altura de 1 a 3 metros (Oficina de las Naciones Unidas contra la droga y el delito, 2010) difiriendo su tamaño, crecimiento y propiedades, según el cultivo y las subespecies siendo las más representativas la Sativa, la Indica y la Ruderalis.

PRINCIPALES SUB-VARIEDADES DEL CANNABIS		
SATIVA	INDICA	RUDERALIS

El cannabis es conocido desde la antigüedad, ya el emperador de China *Shen Nung* describe sus propiedades en un compendio sobre hierbas medicinales escrito en el 2.737 antes de Cristo (Li, 1974). En la II Convención Internacional del Opio celebrada en Ginebra en 1925 fue incluido como un narcótico, restringiéndose su uso y consumo únicamente para fines médicos y científicos. En 1964 Raphael Mechoulam profesor de química médica de la Universidad Hebrea de Jerusalén aísla y determina la molécula Δ9 -THC, como el principal constituyente psicoactivo del cannabis. La fiscalización ya iniciada del cannabis se complemente con la inclusión del cannabis en las listas de la Convención Única de 1961 (Nueva York) sobre estupefacientes, sin embargo actualmente según el World Drug Report, elaborado por las Naciones Unidas es la droga ilícita más consumida a nivel mundial con más de 200 millones de consumidores habituales.

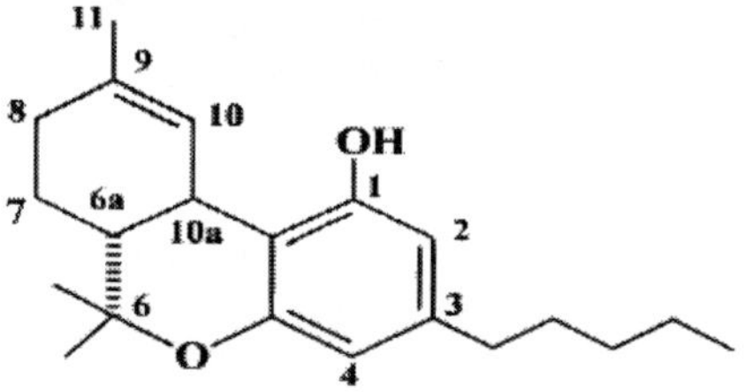

Δ^9-tetrahydrocannabinol (Δ^9-THC)

Fuente: Mechoulam y Hanus 2002

El número total de componentes naturales identificados en la planta del cannabis es de 489 (ElSohly y Slade, 2005). De ellos el más importante por sus efectos psicoactivos es el Δ9 -THC ($C_{21}H_{30}O_2$), sin embargo destacan otros componentes tales como:

- Cannabinol (CBN) También psicoactivo, pero con aproximadamente una décima parte de la potencia del Δ9 -THC y con la siguiente formulación química: $C_{21}H_{26}O_2$
- Cannabidiol (CBD) No psicoactivo, con usos medicinales. Y con la siguiente formulación química: $C_{21}H_{30}O_2$

En la cultura popular y con base histórica se atribuyen al cannabis efectos medicinales. Empero debemos tener presente que el cannabis en conjunto es psicoactivo. De hecho históricamente se ha usado como anestésico y analgésico, pero solo algunos compuestos aislados pueden ser usados con fines médicos, pues a día de hoy en su conjunto y fruto de la manipulación humana que ha propugnado la búsqueda de plantas de cannabis con la mayor concentración de Δ9 -THC no solo es psicoactivo sino que cada vez presenta una mayor concentración de su principal compuesto psicoactivo. De esta manera si se examina la concentración de Δ9 -THC en el cannabis confiscado en los Estados Unidos en el periodo de 1993 a 2008, se observa como la concentración media ha ascendido de un 2-3% hasta concentraciones del 11-12% (Mehmedic et al. 2010). El cannabis como la mayoría de las drogas (al igual que el alcohol) presenta cuatro fases metabólicas. En una primera fase denominada absorción se consume principalmente en forma de cigarrillos inhalados, que provocan concentraciones máximas en sangre a los poco minutos, extendiendo sus efectos hasta un máximo de 3 a 6 horas dependiendo de la dosis, tolerancia y sujeto.

En una segunda fase el Δ9 -THC se distribuye por el torrente sanguíneo de una manera muy rápida y dada su lipofilia penetra rápidamente en los tejidos grasos y altamente vascularizados. A continuación en la siguiente fase de metabolización, al igual que con el alcohol esta se lleva a cabo principalmente en el hígado, para finalmente ser eliminado del organismo de una manera bastante rápida, si bien sus metabolitos (11-OH-THC y !!-COOH-THC) indicadores de consumo, pero no de influencia, pueden ser detectados en el organismo varios días más tarde.

En cuanto a los efectos del cannabis este produce delirios, desorden bipolar y esquizofrenia. Alteraciones de la percepción, depresión, cambios cognitivos y comportamentales. Alteración de la percepción y de la distancia, generalmente en forma de percepciones distorsionadas y sensación que el tiempo fluye más despacio. Hiperestesia, locuacidad, deterioro de la coordinación motora y dificultad para la concentración. Igualmente en relación a los procesos cognitivos afecta a la resolución de conflictos, pues acentúa las deficiencias en la planificación y toma de decisiones, particularmente con respecto a la velocidad de respuesta y precisión.

De particular importancia para la evaluación de signos externos conviene ser conocedores que el cannabis es un vasodilatador, lo que provoca que en la esclerótica se rompan los capilares de los ojos lo que produce el distintivo enrojecimiento de ojos entre los consumidores. Igualmente inhibe la secreción de saliva y por dicha cuestión suele ser más dificultosa y/o costosa en el tiempo la recolección salival de las muestras.

La Cocaína: Es un potente estimulante del sistema nervioso central y uno de los catorce alcaloides que se hallan en la hoja de coca, que principalmente se cultiva en Bolivia, Colombia y Perú. La planta puede alcanzar los 6 metros si bien no se le suele dejar que alcance esta altura porque dificultaría la recolección, pues la hoja de la coca es la única parte de la que se pude extraer el clorhidrato de cocaína, hallándose en una proporción ínfima siendo necesarios varias decenas de kilogramos de hoja para obtener cocaína. Al igual que el cannabis dado su origen vegetal existen evidencias de uso muy antiguas relativas a su uso masticatorio por indígenas en Sudamérica. El Convenio Internacional del Opio de 1912 la prohibió, sin embargo y con más de 20 millones de consumidores diarios actualmente, los cuales se reparten principalmente en Estados Unidos y Europa Occidental configuran a España como el principal mercado de consumidores europeos en porcentaje de población consumidora.

Con la siguiente formulación química C17 H21 NO4, popularmente se la da el nombre de cocaína a las sales de la cocaína constituidas por clorhidrato de cocaína que es el producto más puro en el proceso de refinación de la hoja de coca, en forma de cristales escamosos blancos y amargos. Al igual que el alcohol y el cannabis su metabolismo presenta cuatro fases.

Una primera fase constituida por la absorción que principalmente se efectúa por vía inhalada. La cocaína atraviesa las membranas celulares de una forma rápida y eficaz, siendo capaz de llegar al cerebro en tan solo 30 segundos. Produce euforia a partir de los 3-5 minutos de su consumo puesto que la cocaína en su segunda fase, se distribuye rápidamente por todo el organismo (Phillips et al, 2009).

La cocaína se comporta como una amina simpaticomimética capaz de imitar las acciones de las catecolaminas (adrenalina, noradrenalina y dopamina), aumentando la disponibilidad del neurotransmisor en la hendidura sináptica. Además la cocaína inhibe los procesos de recaptación de la noradrenalina y dopamina, lo que facilita la acumulación de estas hormonas. Este aumento de la dopamina es el responsable de la euforia que produce la cocaína y parece ser el principal implicado en el mecanismo de adicción (González Llona et al., 2015).

Durante su metabolización produce el metabolito de la benzoilecgonina principalmente. Y se elimina por vía renal, en concordancia con su absorción de una manera igual de rápida, permaneciendo en el organismo durante más tiempo los metabolitos propios del consumo, que no de la influencia.

Entre los principales efectos de la cocaína a tener en cuenta para la adecuada confección del acta de signos externos hallamos que la cocaína produce un aumento de la presión arterial y taquicardias, aumenta la temperatura corporal por la pérdida del control dopaminérgico del hipotálamo encargado de la regulación de la temperatura corporal, produce en los ojos midriasis una cuestión fácilmente apreciable a simple vista y en cuanto al comportamiento son signos habituales la euforia, la deshinbición, sentimientos de competencia y autoestima aumentados y disforia. En el ejercicio de la conducción estos efectos se traducen en una conducción irregular o temeraria y en una disminución del control psico-motor.

Los test salivales: La saliva o hablando el propiedad, el fluido oral (ya que los equipos de screening no sólo analizan la saliva de las glándulas salivales, sino también los fluidos procedentes de las glándulas gingivales y las secreciones orofaríngeas) presenta **múltiples ventajas, en relación a otros fluidos corporales a la hora de analizar el consumo de drogas**

En primer lugar es un método no invasivo, su obtención es sencilla y puede ser observada sin atentar contra la intimidad, evitándose la adulteración o sustitución de los fluidos «piénsese en la orina». Además la mayoría de las drogas de abuso llegan con facilidad al fluido oral y su análisis presenta menos interferencias por sustancias endógenas que otras matrices (García-Repetto, 2012). Pero su principal ventaja es que la ventana de detección comprende desde los pocos minutos de la ingesta, hasta uno o dos días, de manera que el fluido oral se puede utilizar únicamente como indicador de un consumo reciente, que es donde la influencia despliega sus efectos.

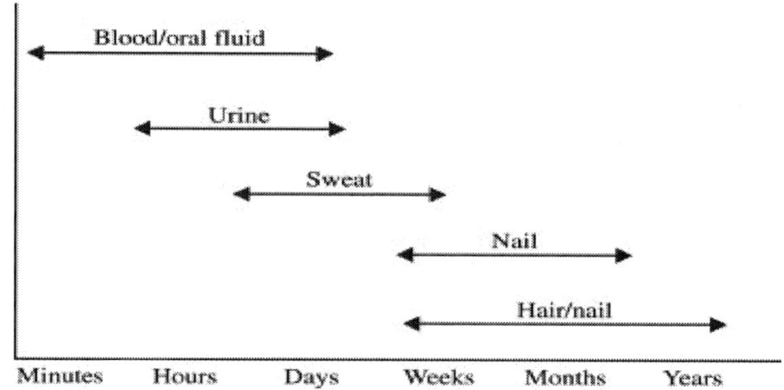

Fuente: Dasgupta, 2019.

Por el contrario sus inconvenientes se ciñen a que las cantidades de muestreo suelen ser limitadas y las bajas concentraciones requieren métodos muy sensibles, hasta el punto de hablar en nanogramos (milmillónesima parte de un gramo o 10-9). Uno de los equipos de screening, en la actualidad más difundidos es el Dräger DrugTest 5000, que utiliza ciertos puntos de corte (Al igual que la totalidad de los modelos existentes en el mercado), a partir de los cuales, el resultado consta como positivo. Ya que si no se alcanza una determinada concentración mínima de nanogramos por mililitro, el resultado consta como negativo, evitando así que consumos muy anteriores al momento de la medición, den «*falsos*» positivos.

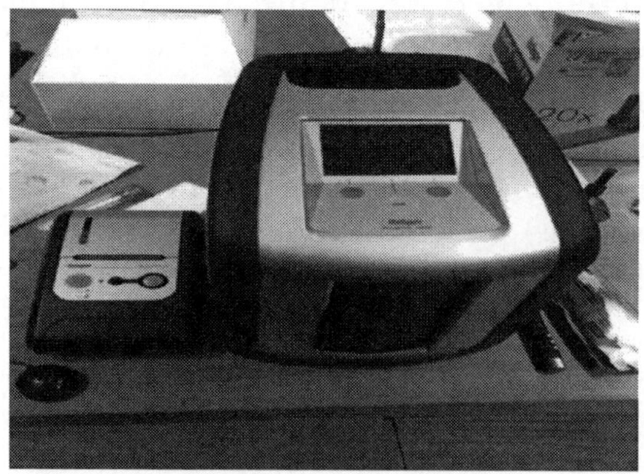

Una característica importante de nuestra legislación, es que a diferencia de los etilómetros y cinemómetros, los test salivales NO están sujetos al control de normas metrológicas. Únicamente la LECRIM en su precepto 796.1.7 indica que la saliva será analizada en un laboratorio homologado, criterio jurídico indeterminado que a día de hoy suele soslayarse al amparo del sello de acreditación de la ENAC que certifica la homologación (Norma ISO 17025) del laboratorio correspondiente.

Dos de las cuestiones a mejorar de cara al futuro, sería en primer lugar la estandarización de los niveles de corte (*Cut-Offs*) de los distintos test salivales que existen en el mercado. Un *Cut*-Off o punto de corte, es la concentración de una sustancia a partir de la cual una prueba diagnóstica se considera positiva. De esta manera en relación a la cocaína por ejemplo dependiendo del detector salival que utilice una policía el resultado puede ser distinto.

- Drug Wipe 5S: 10 ng/ml
- Dräger test 5000: 20 ng/ml
- DDS2: 30 ng/ml

De manera que un conductor que tenga una concentración de cocaína de 17ng/ml, puede si se usa un determinado test arrojar un resultado positivo, pero si se usa otro, con un nivel de corte superior puede dar negativo.

En segundo lugar el uso de distintos dispositivos de detección de drogas, cada cual con capacidad para discernir el consumo de una determinada droga u otra, puede provocar idéntica paradoja, pues por ejemplo el Dräger Test 5000 es capaz de detectar las benzodiacepinas, sin embargo el Drug Wipe 5S, no detecta ese tipo de sustancias y un conductor puede arrojar positivo en un control y negativo en otro dependiendo de qué aparato detector utilice la fuerza actuante, cuestión que no acontece con el alcohol.

¿Qué debe entenderse por droga? Por droga tóxica podemos entender en un sentido amplio cualquier sustancia que pueda afectar al sistema nervioso central, con una capacidad suficiente para influenciar en la conducción de una manera segura y generadora de peligro por ende para el resto de usuarios.

O por el contrario en un sentido estricto, de manera análoga al que se efectúa en relación al artículo 368 CP relativo al tráfico de drogas, entender solo como drogas tóxicas aquéllas sujetas a fiscalización a través del

Convenio Único de las Naciones Unidas de 1961 sobre estupefacientes y el Convenio de Viene de 1971 sobre sustancias psicotrópicas.

Nuestros órganos jurisdiccionales si bien no de manera absolutamente convergente, suelen centrarse en la prescripción y catalogación previa de la sustancia en uno de los tratados anteriormente referenciados. La Circular FGE 10/2011 no se pronunció al respecto, no obstante en las conclusiones de las jornadas de especialistas de seguridad vial celebradas en marzo de 2023 en Madrid se aclara que desde el prisma del principio de la legalidad penal y en aras del principio de seguridad jurídica que se deberá estar al concepto restringido de los listados internacionales, al igual que sucede en los delitos contra la salud pública del artículo 368 CP pues ambos preceptos emplean fórmulas idénticas y es acorde con una interpretación sistemática del Código Penal. Sin embargo matiza que nada obsta a que pueda formularse acusación en aquellos supuestos en que se desconozca por la negativa del investigado a la realización de las pruebas reglamentarias establecidas para su detección el tóxico consumido pero haya signos externos claros del influjo de tales sustancias.

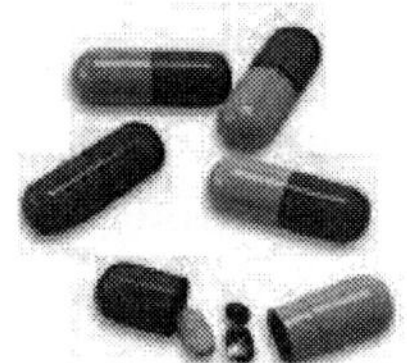

Los medicamentos y el artículo 379.2 C.P.

Según la Organización Mundial de la Salud, droga es cualquier sustancia natural o sintética cuyo consumo continuado provoca en las personas dependencia psico-física y tolerancia. Como referencia, a efectos interpretativos, pueden consultarse las convenciones de las Naciones Unidas y los Convenios internacionales siguientes:

– Convenio único sobre estupefacientes de Nueva York (1961).
  Ej: Cocaína, Opiáceos, Cannabis.
– Convenio sustancias psicotrópicas Viena (1971)

  - Lista I: Alucinógenos. *Ej: Mescalina.*
  - Lista II: Estimulantes. *Ej: Anfetaminas.*

- Lista III: Deprimentes. *Ej: Pentobarbital.*
- Lista IV: Hipnóticos, calmantes o tranquilizantes. *Ej: Pipradol*

A través del presente epígrafe se plantea la cuestión de si se encuentran incluidos dentro del concepto de drogas tóxicas, estupefacientes o sustancias psicotrópicas, algunos medicamentos tales como ansiolíticos, antidepresivos, antipsicóticos, barbitúricos, miorelajantes, sedantes, etc. En base a la gran afectación que provocan dichos medicamentos en el sistema nervioso central, produciendo efectos muy similares a las drogas más conocidas, tales como falta de coordinación, somnolencia, falta de concentración, enlentecimiento de las respuestas, vértigos, confusión, temblor, visión borrosa y demás similares tal y como muestran sus prospectos. La respuesta debe ser afirmativa pues en más de un medicamento su principio activo se encuentra recogido en los convenios anteriormente expuestos, ambos ratificados por España.

No obstante todos los fármacos no deterioran la capacidad de conducir, téngase en cuenta que en España hay comercializados unos 4.000 principios activos, los cuales se venden bajo distintas formas entorno a unas 10.000 presentaciones y de ellos sólo se indica en el prospecto de aproximadamente 300, que su ingesta afecta a la conducción. Con el fin de mejorar la información al paciente la Directiva Europea 2001/83/EEC, aprobó la clasificación de los medicamentos en relación a los efectos que producen sobre la capacidad para conducir. De esta manera en España se clasifican los fármacos en distintos niveles, según la afectación para la conducción derivada de su uso:

- *Categoría I: Inicialmente seguro o que infrecuentemente produce efectos sobre la capacidad para conducir con seguridad.*
- *Categoría II: Puede producir efectos moderados o ligeros sobre la capacidad de conducción.*
- *Categoría III: Marcados efectos o potencialmente peligrosos para la conducción de vehículos.*

Conducción: ver prospecto

Por lo tanto observamos como efectivamente hay medicamentos que afectan a la conducción y además varios de ellos además están específicamente contemplados dentro de los convenios internacionales. De todos ellos destacan las benzodiacepinas que son fármacos (psicotrópicos que actúan sobre el sistema nervioso central) que disminuyen la excitación neuronal y que tienen un efecto ansiolítico, hipnótico, relajante muscular y antiepiléptico, que se utilizan como tratamiento de diversas afecciones tales como ansiedad, depresión, insomnio...

Estos medicamentos tipificados legalmente como drogas (depresoras) provocan fácilmente adicción y son muy potentes. Se puede leer en la prensa generalista como después de la pandemia derivada de la COVID19 su uso se extendió muchísimo en España y especialmente entre mujeres de edad media en adelante. De hecho, de acuerdo con el Observatorio Español de las drogas y las adicciones y su informe de 2023, las drogas con mayor prevalencia de consumo en la población española de 15 a 64 años son el alcohol, el tabaco y los hipno-sedantes, seguidos del cannabis y la cocaína. Dentro de las benzodiacepinas las mismas se pueden clasificar en relación a su vida media en el organismo, cuestión de gran interés porque mientras que algunas son de acción muy corta, otras perduran sus efectos varios días en el organismo. De esta manera encontramos:

– Acción larga (40-200 horas): Diazepam, Flurazepam...
– Acción intermedia (20-40 horas): Clonazepam...
– Acción corta (5-20 horas) Lorazepam, Temazepam...
– Acción muy corta (1-1,5 horas) Triazolam, Midazolam..

Entre sus efectos en la conducción destacan principalmente la somnolencia, la disminución de la atención y capacidad de la reacción, visión borrosa, debilidad, cansancio y mareos. La presencia de medicamentos en el organismo de los conductores como las benzodiacepinas, dada su expendeduría y carácter legal bajo prescripción médica (A diferencia del carácter ilícito del cannabis y la cocaína) provocan que en la praxis policial cuando nos encontramos ante un conductor con presencia de benzodiacepinas en su organismo nos podamos encontrar ante un ilícito penal, una infracción administrativa o una conducta atípica y legal, según las circunstancias:

Siendo altamente recomendable en caso de instrucción de atestados por la vía penal ante uno de estos hechos, la descarga del prospecto correspondiente a través de cualquier vademécum online y su incorporación a las diligencias, con especial atención a su categorización.

380 Código Penal.

Conducción Temeraria

El que condujere un vehículo a motor o un ciclomotor con temeridad manifiesta y pusiere en concreto peligro la vida o la integridad de las personas será castigado con las penas de prisión de seis meses a dos años y privación del derecho a conducir vehículos a motor y ciclomotores por tiempo superior a uno y hasta seis años. A los efectos del presente precepto se reputará manifiestamente temeraria la conducción en la que concurrieren las circunstancias previstas en el apartado primero y en el inciso segundo del apartado segundo del artículo anterior.

Evolución legislativa: Los primeros Códigos Penales derivados de los movimientos codificativos decimonónicos en nuestro país, únicamente castigaban como faltas penales a aquellos que dadas las circunstancias de la época corrieren con carruajes o caballerías con peligro de las personas, haciéndolo de noche o en paraje concurrido y a quienes corrieren con dichos carruajes o caballerías por las calles, paseos y sitios públicos, con peligro de los transeúntes o con infracción de las ordenanzas y bandos de buen gobierno. Reprimiéndose únicamente por la vía de la imprudencia grave, aquellos casos que concluían en muerte o lesiones para las personas. No será hasta la Ley penal especial del Automóvil de 1950, donde dado el aumento del uso de los vehículos a motor, en consecuencia, del número de accidentes y en concordancia con el derecho comparado emergió la necesidad de castigar el uso imprudente de los vehículos a motor aún sin la existencia de un resultado lesivo. De esta manera el precepto segundo de la susodicha norma elevó a la categoría de delito por primera vez, la conducción de un modo peligroso. De igual modo, la posterior Ley sobre uso y circulación de vehículos a motor de 1962 que derogó la mentada normativa especial erizada de dificultades, mantuvo en su artículo segundo la represión penal a “Aquél que condujere vehículo de motor con temeridad manifiesta y pusiere en concreto e inminente peligro, la seguridad de la circulación y la vida de las personas, su integridad o sus bienes, so pena de multa de 5.000 a 50.000 pesetas y privación del permiso de conducir de 2 meses a 1 año”.

Prosiguiendo con el transcurso del tiempo, en 1967 se incorporaron al Código Penal los delitos relativos al tráfico, penando el artículo 340 bis punto A, sección 2ª, a “quien condujere un vehículo de motor con temeridad manifiesta y pusiere en concreto peligro la vida de la personas, su integridad o sus bienes, con multa de 5.000 a 50.000 pesetas”, pero aumentando el tiempo de privación del permiso de un tiempo mínimo de 3 meses, hasta un máximo de 5 años. La promulgación del Código Penal de 1973, no varió ni el tenor literal del precepto, ni sus cuantías. Si por el contrario, la Ley Orgánica 8/1983 elevó el importe de las cuantías de 30.000 a 300.000 pesetas. Manteniéndose invariable hasta la promulgación de la Ley Orgánica 3/1989 que expulsó del Código las conductas de conducción temeraria si sólo se había puesto en peligro un bien patrimonial.

Recordemos que hasta este preciso momento, se exigía que a raíz de una conducción temeraria se pusiera en peligro concreto bien la vida de las personas, bien su integridad o bien sus bienes, valga la redundancia. Pues, a partir de 1989, la norma penal únicamente pasa a tipificar como delito la conducta temeraria si de ella dimana y existe peligro para la vida de las personas o su integridad.

Fuente: Repertorio propio

Con la aprobación del vigente Código Penal de 1995, los entonces delitos contra la seguridad del tráfico extienden su presencia en el mismo y en lugar de regularse en un único precepto, apareció un pequeño corpúsculo de artículos, cada uno de ellos con una conducta propia y autónoma que pasaron a configurar un capítulo completo. Fruto de ello la conducción temeraria pasó a contemplarse en el artículo 381 del mismo, bajo el presente articulado:

"El que condujere un vehículo a motor o un ciclomotor con temeridad manifiesta y pusiera en concreto peligro la vida o la integridad de las personas, será castigado con las penas de prisión de 6 meses a dos años y privación del derecho a conducir vehículos a motor y ciclomotores por tiempo superior a 1 y hasta 6 años.". Como el lector habrá podido comprobar, en 1.995:

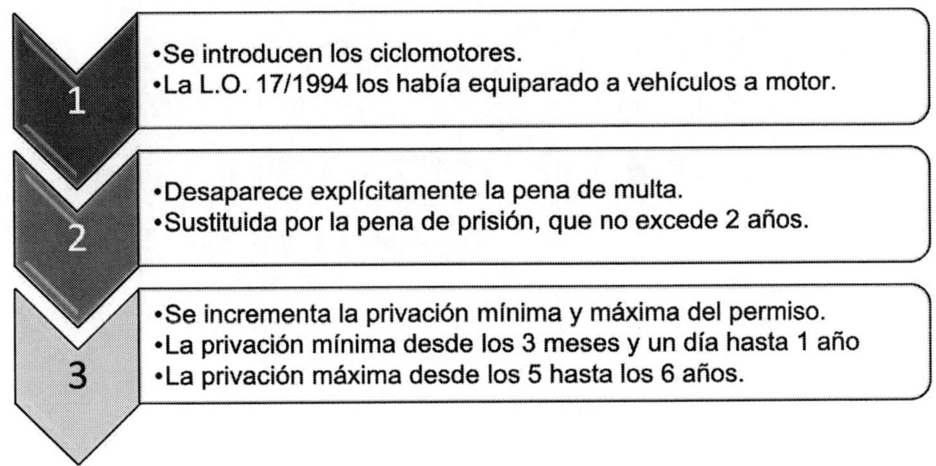

La Ley Orgánica 15/2003, de 25 de noviembre introdujo numerosas reformas en el texto punitivo e incluyó en relación a la conducción temeraria, entonces comprendida en el artículo 381, un segundo párrafo que citaba que "En todo caso, se considerará que existe temeridad manifiesta y concreto peligro para la vida o la integridad de las personas en los casos de conducción bajo los efectos de bebidas alcohólicas con altas tasas de alcohol en sangre y con un exceso desproporcionado de velocidad respecto de los límites establecidos". *Párrafo bisoño que perduró parvos años hasta que la L.O. 15/2007 modificó el mentado párrafo ante las críticas unánimes en la doctrina por implicar una presunción de peligro en términos confusos, configurándose la redacción actual del Art. 380.2 como sigue:*

> «A los efectos del presente precepto se reputará manifiestamente temeraria la conducción en la que concurrieren las circunstancias previstas en el apartado primero y en el inciso segundo del apartado segundo del artículo anterior».

De esta manera, la norma que no se estructura sobre un supuesto cerrado de casos, es decir, no quiere decir que solo haya o exista temeridad manifiesta cuando concurran excesos de velocidad punibles y altas tasas objetivadas de alcohol. Sino que la intención del legislador es aclarar que la conducción en la que convergen el Art. 379.1 CP + Art. 379.2 CP inciso 2 es ya por su peligrosidad intrínseca, una conducción con temeridad manifiesta, la cual además para la subsunción en el Art. 380.1 CP necesitará el segundo requisito t*ípico (la creación de un peligro concreto).*

Fuente: Repertorio propio

La conducción temeraria. El Tipo básico 380.1: De una somera lectura del precepto, a primera vista se pueden extraer los tres requisitos básicos para tipificar una determinada conducta al volante como temeraria:

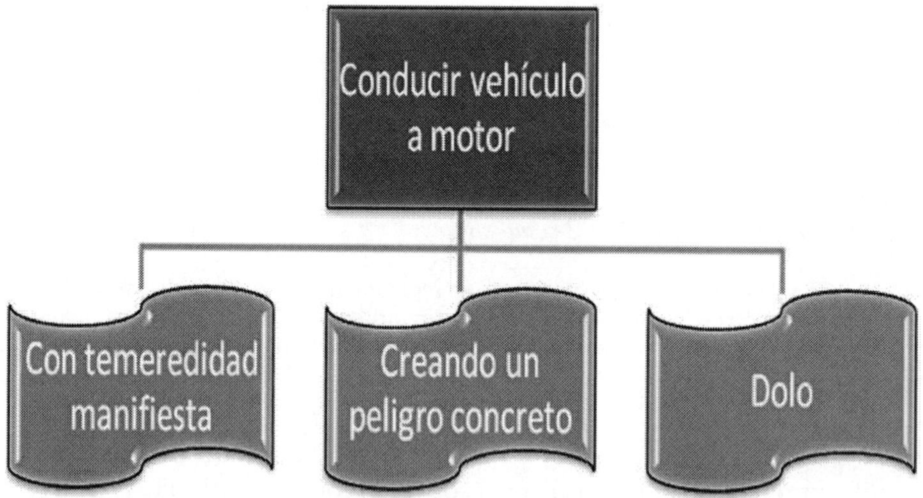

La temeridad manifiesta: Conforme la STS 1209/2009, de 4 de diciembre (TOL1.762.087) temeridad significa imprudencia en grado extremo, pero también osadía, atrevimiento, audacia, irreflexión, términos compatibles con el llamado dolo eventual. Es lo contrario a la prudencia o sensatez. Supone la inobservancia total y absoluta de las normas más elementales de seguridad en el tráfico de vehículos de forma patente, clara y apreciable por cualquier ciudadano medio de forma que no puede confundirse con un simple error o una imprudencia puntual, con una cierta continuidad en el espacio o perseverancia ligada a la comisión de varias infracciones. La STS 22/2018, de 17 de enero (TOL6.484.983) la describe como la conducción con una notoria y anormal desatención a las normas reguladoras del tráfico, en claro desprecio de las mismas, de forma valorable con claridad por un ciudadano medio.

El peligro concreto: Se ha de crear un riesgo efectivo y constatable para la vida o la integridad física de personas identificadas o concretas, distintas al conductor temerario. Significa entrar dentro del radio de acción de la conducta peligrosa. Con ello se adelanta la barrera de la protección penal al momento anterior a aquél en que se produce la lesión de los intereses, con la finalidad de castigar conductas que atendiendo a las reglas de la experiencia, son generadoras de un peligro intolerable para la seguridad vial, vida e integridad física de las personas. El resultado de peligro no requiere la efectiva producción de lesiones sino la existencia de un riesgo efectivo para la integridad. Sino existe peligro concreto, la conducta es penalmente impune:

- → SAP PO 369/2009, de 24 de marzo (TOL1.535.406): Absuelve al conductor que circulaba a gran velocidad por una carretera, previa ingesta de bebidas alcohólicas que mermaban sus facultades psicofísicas. El cual adelantó en un cambio de rasante con línea continua a un turismo y él sólo acabo perdiendo finalmente el control del vehículo que conducía saliéndose de la vía. Ya que pese a que existe una notoria desatención a las normas de tráfico no consta en el atestado que en ningún momento pusiese en concreto peligro efectivo o constatable la vida de otras personas excluida la del propio conductor accidentado.
- → SAP GI 96/2008, de 4 de febrero (TOL1.297.303): Igualmente absuelve del delito de conducción temeraria al acusado que circulaba a gran velocidad por las calles de una población, invadiendo el carril contrario al del sentido de su marcha, circulando en dirección contraria, por el interior de calles peatonales y haciendo caso omiso a señales de Stop y Ceda el paso. Puesto que pese a que la conducción

> descrita, comporta sin duda un riesgo abstracto o potencial, para otros vehículos y personas implicados en la circulación viaria e infringe de manera grave, clara y ostensible las más elementales reglas y cautelas, es necesario que ese riesgo hipotético se materialice además en un peligro concreto y real para personas determinadas, sin que por supuesto, sea preciso que llegue a producirse una lesión en su integridad física. En este, caso no consta que se produjera peligro concreto alguno.

La existencia del dolo: Al igual que el resto de delitos contra la seguridad vial, es un delito doloso como refieren las STS 1461/2000, de 27 de septiembre (TOL4.924.916); STS 1039/2001 de 29 de mayo (TOL4.925.415); STS 5967/2012 de 24 de septiembre (TOL2.651.939) y STS 1862/2014 de 5 de mayo (TOL4.312.619) entre otras. El dolo requiere el conocimiento de que con la anómala conducción se genera un concreto peligro para la vida o salud de las personas y la indiferencia respecto de ese riesgo que se sabe que se está ocasionando. Se exige dolo, pero dolo de peligro, es decir, no respecto de los posibles resultados no exigidos por el tipo, sino respecto de la conducción imprudente sí exigida por el tipo. El dolo del autor debe abarcar los dos elementos del tipo: el modo de conducir y el resultado de peligro conforme STS 1039/2001, de 29 de mayo (TOL4.925.415) y STS 1461/2000, de 27 de septiembre (TOL4.924.916). El dolo por tanto, no se refiere al posible resultado lesivo, sino a la acción peligrosa en sí. La STSJ Castilla la Mancha 8/2023 (TOL9.495.452), absolvió del delito de conducción temeraria en concurso ideal nueve delitos de homicidio en grado tentativa, al conductor a quien le aplicó la eximente completa de alteración psíquica.

Por lo tanto, y una vez conocedores de la dinámica y requisitos del tipo básico de la conducción temeraria, y apoyados en una sólida base jurisprudencial y doctrinal, podemos calificar a modo de ejemplo, que conductas son merecedoras de reproche penal y cuáles no:

SÍ, constituyen delito de conducción temeraria
SAP Barcelona 7-10-2008 (TOL1.442.402): Circular en dirección contraria a la permitida durante dos kilómetros para intentar esquivar un control policial, cruzándose con otros turismos que tuvieron que esquivarlo para evitar la colisión, en una carretera con escasa velocidad.
SAP Vizcaya 30-6-2909 (TOL6.691.705): Realizar dos giros bruscos en una rotonda derrapando el vehículo por él conducido, adelantando a cinco vehículos en una zona de escasa visibilidad, frecuentada por niños y con varios pasos de peatones, no respetando una señal de stop y una brusca maniobra de cambio de dirección que puso en peligro a los demás usuarios de la vía a los que obligó a modificar de forma brusca la velocidad y obligó a dos peatones a retroceder para no ser atropellados.
SAP Madrid 3-7-2009 (TOL1.626.757): Circular a velocidad superior a la adecuada a las circunstancias de la vía, en dirección contraria y poniendo en concreto peligro la vida o la integridad de dos niños y la de un conductor que tuvo que hacer una maniobra evasiva para evitar choque frontal.
SAP Madrid 24-7-2009 (TOL1.626.262): Efectuar un giro prohibido antes de llegar a una rotonda para evitar un control de alcoholemia, obligando a dar un frenazo al vehículo que se aproximaba para evitar la colisión.
SAP Tenerife 29-7-2009 (TOL1.648.658): Circular en dirección prohibida, con exceso de velocidad, teniendo que tirarse un agente de policía que le dio el alto al suelo para no ser arrollado y circulando por la acera en dos ocasiones
SAP Badajoz 26-11-2009 (TOL6.911.132): Hay conducción temeraria cuando el conductor del vehículo huye de la policía a alta velocidad con tráfico intenso, saltándose semáforos en rojo y obligando a los otros conductores a realizar maniobras evasivas.
SAP Vizcaya 4-2-2010 (TOL1.859.941): Circular en paralelo a ciclistas, dando volantazos y frenazos, hablando por teléfono móvil y provocando la caída de un ciclista.
SAP Soria 26-2-2010 (TOL1.861.998): Efectuar con un camión articulado de 18 metros de longitud, la maniobra de cambio de sentido en una carretera nacional de 9 metros de anchura, con densa niebla, con peligro concreto para el resto de usuario de la vía.
SAP Sevilla 26-3-2010 (TOL1.863.002): Saltarse un semáforo en rojo y subirse a la acera circulando por la misma en el transcurso de una persecución, poniendo en concreto peligro personas aunque no estén identificadas.
STS 706/2012, de 24-09 (TOL3.959.809): Conducción tras ingesta de alcohol, a velocidad excesiva, perdiendo el control, terminando por atropellar a una concurrencia de personas.
STS 363/2014, de 05/05 (TOL4.312.619): Circular en sentido contrario unos 200 metros al huir de la policía obligando a otros vehículos a orillarse.
ATS 1278/2018, de 11/10 (TOL6.917.378): Circular en sentido contrario a elevada velocidad después de saltarse un semáforo en rojo, durante el curso de una persecución policial, poniendo en riesgo a los ocupantes que finalmente resultaron lesionados.

NO, constituyen delito de conducción temeraria
SAP Jaén 14/7/2009 (TOL1.762.921): Conducir a velocidad ligeramente superior a la permitida, efectuar un trompo para evitar un control policial y circular unos metros en dirección contraria, sin poner en concreto peligro a nadie, arrojando 0.39 mg/l.
SAP Madrid 11-11-2009 (TOL1.770.943): Conducir de forma torpe e irregular.
SAP Coruña 02/04/2013 (TOL4.155.755): Realizar adelantamientos indebidos a gran velocidad en tramos con línea continua sin poner en peligro concreto la vida de nadie.
SAP Barcelona 20/06/22 (TOL9.246.163): Colisión por alcance de camión de mercancías peligrosas a varios vehículos en retención a causa de una desatención de segundos. No es conducción temeraria ya que se requiere cierta proyección temporal y no una mera transgresión puntual de las normas viarias.

En todo caso debe tenerse presente conforme STS 2532/2024, de 9 de mayo (TOL10.030.721) que en caso de encontrarnos ante una conducción temeraria recogida en el Art. 380 CP y un delito de conducción influenciada por alcohol y/o drogas del Art. 379.2 CP, nos encontramos ante un concurso aparente de normas penales a resolver por el principio de consunción a favor del delito previsto en el artículo 380 CP.

Dualidad administrativa: La conducción temeraria, comparte con la mayoría de las conductas recogidas en el resto de los artículos que integran el capítulo destinado a la represión penal de los delitos contra la seguridad vial, su doble naturaleza penal y administrativa.

De hecho, tal y como aprecia la STS 2309/2002 de 1 de abril (TOL4.920.782), comparten presupuestos puesto que la temeridad que integra la infracción administrativa es en principio la misma que la que integra el delito. La diferencia entre una y otra estriba únicamente en que en el delito, la temeridad es notoria o evidente para el ciudadano medio y además se crea un peligro efectivo, constatable para la vida o la integridad física de personas identificadas o concretas distintas del conductor temerario.

Conducción Negligente

Es prescindir de la diligencia y precaución debidas. Falta de cuidado. Generar perjuicios o molestias innecesarias al resto de usuarios.

Artículo 3 RGCIR 200 € y 0 puntos

Conducción Temeraria ADMINISTRATIVA

Conducción que desprecia las más elementales normas de prudencia, gravemente irregular y contraria al ordenamiento jurídico del tráfico. Notoria, evidente, patente y clara. Exige cierta continuidad en el espacio y tiempo. No genera peligro concreto.

Artículo 3 RGCIR 500 € y 6 puntos.

Conducción Temeraria PENAL

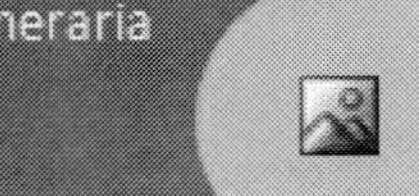

•Conducción temeraria administrativa, que genere además un peligro CONCRETO en la vidad o integridad de una persona que no sea el conductor. Siempre que el conductor se represente un concreto peligro para la vida o salud y sea indiferente respecto de ese riesgo que sabe que se está ocasionando

ART. 380 C.PENAL

SUPUESTO PRÁCTICO 1, El auto-encubrimiento impune:

El auto-encubrimiento impune, es una figura que supone la impunidad de los actos posteriores del autor de un delito cometido previamente tendentes a encubrir u ocultar su identidad y la del delito. ¿Puede alegar, por tanto dicha figura, el delincuente que huye a gran velocidad de la policía? haciendo caso omiso a los límites de velocidad, señales de prioridad y poniendo en peligro concreto al resto de viandantes. La jurisprudencia es tajante, conforme la STS 27-09-2000 (TOL4.924.916) NO puede alegarse el auto-encubrimiento impune en los casos en que la fuga lesione otros bienes jurídicos (vida e integridad de terceras personas) distintos al principio de autoridad o sometimiento a las órdenes de los agentes policiales. Igualmente la STS 670/2007 de 17 de julio (TOL1.138.386), castiga al conductor perseguido por la policía, por un delito previo contra la salud pública que salió huyendo con su coche de la policía y circulando en sentido contrario por una autovía. Ya que el auto-encubrimiento sólo alcanza a la desobediencia, pero no puede, dada su naturaleza extender sus efectos al delito de conducción temeraria. En igual sentido, la SAP MU 1044/2014, de 13 de mayo (TOL4.367.116) condena al conductor que hace caso omiso a las señales de detención de la policía, acelera, se introduce en dirección prohibida, adelanta sin visibilidad, saltándose un stop, colocando en situación de peligro concreto al resto de usuarios quien alegó auto-encubrimiento impune en su huída de la policía.

SUPUESTO PRÁCTICO 2, La identificación del sujeto pasivo:

Dada la naturaleza inherente en sí a las conducciones temerarias en las que un elemento común denominador a todas ellas suelen ser las altas velocidades. ¿Qué ocurre, si durante el transcurso de la conducción temeraria, la policía no es capaz de identificar completamente a la o a las personas que han entrado dentro del radio de acción de la maniobra peligrosa efectuada por el vehículo temerario? Tal y como reseña paradigmáticamente la SAP Barcelona 125/2009, de 16 de febrero (TOL1.487.856) es irrelevante que los agentes policiales no concreten la marca o el modelo de los vehículos que se pongan en concreto peligro, ya que ante la dinámica de los acontecimientos (persecución) es más que lógico que no pudieran reparar en tal dato, en concordancia con lo expresado por las STS 2251/2001, de 29 de noviembre (TOL4.796.084) y STS 1495/1998, de 5 de marzo (TOL5.114.153). En igual sentido, y dado que no es requisito del tipo que recordemos se configura como un delito público, no es necesario para la aplicación del precepto que el sujeto pasivo se halle identificado conforme SAP Guipúzcoa 27/2/2000, Barcelona 09/06/2006 (TOL1.023.735) conforme la cual no se exige que estén identificadas las personas a quienes se ha puesto en peligro su vida o integridad física o Madrid 08/09/2008 (TOL6.991.771). La SAP Girona 1310/2023, de 12 de junio (TOL9.719.429) igualmente especifica que no es exigible la identificación del concreto conductor que se vio afectado por la conducción temeraria ya que sería tanto como obligar a los agentes a abandonar su intervención policial dirigida a conjurar el delito dejando continuar impunemente al infractor.

SUPUESTO PRÁCTICO 3, ¿Quién puede ser considerado sujeto pasivo?:

En base a la lógica que el sujeto activo del delito de conducción temeraria circule a los mandos de un volante, lógicamente el grueso de sujetos pasivos potenciales lo constituyen el resto de conductores y usuarios de la vía, tales como peatones. No obstante, no existe óbice legal y más dadas las características propias de la conducción temeraria para que personas que no son peatones puedan constituirse como sujetos pasivos. Piénsese por ejemplo en un conductor temerario que pierde el dominio de su vehículo y acaba colisionando contra un establecimiento comercial o contra una vivienda. Más controvertida resulta la posibilidad en determinados casos de considerar a los ocupantes del propio vehículo temerario como sujetos pasivos. La SAP Barcelona 5111/2002, de 15 de mayo (ECLI:ES:APB:2002:5111) concluye que no existe delito por parte del conductor en relación a la figura del copiloto que circula en una motocicleta ya que este subió voluntariamente siendo mayor de edad. Ahora bien los ocupantes del vehículo que desarrolla la conducción temeraria no deben de haber consentido la peligrosa forma de conducir, en cuyo caso podrán considerarse como sujetos pasivos aptos, siempre y cuando no sean incapaces o menores de edad. Véase al respecto la STS 1464/2005, de 17 de noviembre (TOL809.304). Esta tesis ha sido respaldada por sentencias posteriores como la SAP Madrid 62/2011, de 15 de febrero (TOL2.117.213) informando de la existencia del delito al estimar irrelevante incluso la asunción voluntaria del riesgo por la persona mayor de edad que iba montada en el capo de un turismo conducido por el autor.

SUPUESTO PRÁCTICO 4: El acoso automovilístico.

Qué ocurre con aquellos conductores que se colocan «pegados» sin mantener la legal distancia de seguridad, a aquél que circula por delante del mismo, presionando para modificar la conducta de éste, normalmente para adelantarlo o que una vez adelantado el vehículo en cuestión y tras efectuar distintos gestos hostiles e insultantes, efectúa frenadas bruscas y maniobras de similar índole realizando en torno a la víctima en este caso, maniobras que pueden crear una situación de peligro.

La Memoria de Fiscalía General del Estado, de 2010, entiende que una gran parte de estos reprobables comportamientos son subsumibles en los tipos del ilícito administrativo y únicamente cuando se genere un peligro concreto podría caber, en función de la gravedad de los hechos y circunstancias abierta la vía penal. Como así entendió la SAP Cáceres 1094/2022, de 25 de noviembre (TOL9.362.040) por la cual se condena al conductor de un vehículo de alta gama quien tras un inicial rifi-rafe con una motocicleta que le recriminó con gestos ontentosos que le hubieran cortado el paso, con la intención de hacérselo pasar mal al piloto de la misma se entregó en una persecución a la motocicleta aumentando la velocidad, que conllevó un aumento también de la velocidad de esta para zafarse, a pesar de transitar por una vía urbana en cuya trayectoria sobrepasaron hasta 9 pasos de peatones, reduciendo finalmente la velocidad la motocicleta como paso previo a adentrarse en una rotonda, que provocó que el acusado en su conducta de acoso o asedio al volante de un vehículo de gran cilindrada embistiera violentamente a la motocicleta, por lo que fue condenado por conducción temeraria en concurso con lesiones por imprudencia grave.

Fuente: Repertorio propio

381 Código Penal.

Conducción Temeraria manifiesto desprecio

Será castigado con las penas de prisión de dos a cinco años, multa de doce a veinticuatro meses y privación del derecho a conducir vehículos a motor y ciclomotores durante un período de seis a diez años el que, con manifiesto desprecio por la vida de los demás, realizarse la conducta descrita en el artículo anterior.

Cuando no se hubiere puesto en concreto peligro la vida o la integridad de las personas, las penas serán de prisión de uno a dos años, multa de seis a doce meses y privación del derecho a conducir vehículos a motor y ciclomotores por el tiempo previsto en el párrafo anterior.

Evolución legislativa: La Ley orgánica 3/1989, de 21 de junio de actualización del Código Penal, introdujo por primera vez en nuestro ordenamiento mediante el artículo 340 bis d, la conducta referente a la punición de los llamados conductores homicidas. Distinguiendo para ello dos supuestos, el del párrafo primero caracterizado por la exigencia de un concreto peligro para la vida integridad de las personas como consecuencia de una conducción temeraria y con consciente desprecio por la vida de los demás y el del párrafo segundo en el que no se exige la concreta puesta en peligro.

Conforme la exposición de motivos de dicha Ley "experiencias recientes han puesto de manifiesto la necesidad político criminal de aumentar las sanciones penales para los supuestos de conducción temeraria, alguno de los cuales, entre los que han causado especial alarma social el de los llamados conductores homicidas, alcanza una posición intermedia entre el delito de riesgo y la tentativa de homicidio, valoración que explica su particular tipificación y la pena que se establece. Con ello, por otro lado, se refuerza la función preventiva y la capacidad correctora de comportamientos gravemente antisociales que se producen con ocasión de la circulación de vehículos a motor".

Noticias de Prensa *09/01/1988*

EL MIMETISMO. CAUSA DE MULTIPLICACIÓN DE LAS CONDUCCIONES SUICIDAS

El perfil de los conductores que han provocado accidentes por circular en sentido contraria en las carreteras madrileñas ha variado desde los primeros casos aparecidos hasta los últimos automovilistas detenidos.

Los jóvenes que efectúan este tipo de acciones ejercían conductas de riesgo, "como el juego de la ruleta rusa", por ansias de ganar notoriedad en su grupo y de demostrar valentía

Es decir, este nuevo tipo penal se introdujo para combatir el auge en aquella época de las prácticas de apuestas por precio o simplemente por los efectos del alcohol, consistentes en circular en sentido contrario por vías de gran capacidad como autopistas / autovías como un tipo intermedio entre el delito de riesgo y la tentativa de homicidio.

Noticias de prensa *08/01/1989*

DENUNCIAN A UN CONDUCTOR SUICIDA EN LA AUTOPISTA SEVILLA - CÁDIZ

La Jefatura Provincial de Tráfico de Cádiz ha ordenado a la Guardia Civil, intensificar la vigilancia de la Autopista Sevilla - Cádiz tras la denuncia de un taxista que se cruzó con un presunto conductor suicida que circulaba en sentido contrario al de su carril y a gran velocidad

https://elpais.com/diario/1988/01/08/espana/568594819_850215.html

Noticias de prensa *14/08/1989*

CONDUCTOR SUICIDA EN LA CARRETERA DE TOLEDO

El presunto conductor *suicida* circuló en dirección contraria a unos 100 Km/h, en el tramo comprendido entre Torrejón de la Calzada y Parla. Según testigos, varios vehículos que circulaban en la dirección correcta tuvieron que esquivar al automóvil para evitar una colisión frontal.

https://elpais.com/diario/1989/08/14/madrid/619097057_850215.html

Bajo la redacción del nuevo Código Penal de 1995, la mentada conducta pasó a contenerse en el Art. 384 del Código y era castigada con la pena de prisión de uno a cuatro años, multa de seis a doce meses y privación del derecho a conducir vehículos a motor y ciclomotores por tiempo superior a seis y hasta diez años si se ponía en concreto peligro la vida o integridad de las personas y con la pena de prisión de uno a dos años e igualdad del resto de sanciones, para cuando no hubiera puesto en peligro efectiva. La Ley orgánica 15/2003, mantuvo inalterado el precepto, no así la Ley orgánica 15/2007 que se tradujo en un incremento del rigor de la respuesta penal en la práctica totalidad de delitos contra la seguridad vial, incluyendo el hasta entonces Art. 384. CP, que pasó a ocupar el actual artículo 381, para el que la pena de prisión mínima aumentó de 1 a 2 años y la máxima de 4 a 5 años, así como duplico las penas de multa. La bicefalia conductual del apartado primero conceptuada como de peligro concreto y la del apartado segundo, de peligro abstracto se mantuvieron. Únicamente se adicionó un tercer párrafo en concordancia con el aumento de la rigurosidad y severidad de las penas atinentes al capítulo:

3.- El vehículo a motor o ciclomotor utilizado en los hechos previstos en el presente precepto se considerará instrumento del delito a los efectos del artículo 127 de este Código.

Párrafo de corto recorrido, ya que apenas tres años después de su introducción en 2007, la reforma efectuada por la L.O. 5/2010, lo desplazó desde el Art. 381.3 al actual Art. 385 Bis. Fruto de las críticas explicadas con mayor lujo de detalles en el capítulo atinente al susodicho precepto que se pueden resumir en que dada su antigua ubicación y aunque no era excluyente, daba pie a pensar que únicamente cabía el comiso en los casos de conducción temeraria y no era de aplicación al resto de delitos contra la seguridad vial, lo cual era un sinsentido ya que entonces los delitos contra la seguridad vial, salvo las conducciones temerarias, serías los únicos delitos dolosos de peligro del Código Penal donde no podría aplicarse el comiso.

El manifiesto desprecio por la vida de los demás: Se erige como el núcleo esencial del tipo contenido en el artículo 381 CP, que lo distingue del tipo básico de la conducción temeraria comprendido en el artículo 380 CP. Pero ¿qué debemos entender por manifiesto desprecio por la vida de los demás? que servirá para delimitar sendas figuras penales.

En un principio la Circular de la Fiscalía General del Estado 2/1990 (recordemos que este tipo se creó «*ex novo*» en 1989) dictaminó que la diferencia estribaba en una mayor peligrosidad objetiva de la conducción suicida, en relación a un tipo, con un contenido de injusto menor como sería la conducción temeraria. Por lo tanto, al ser más grave la conducción, aumentaba la antijuricidad de la conducta y por ende su pena.

De esta manera se entendía que las conducciones temerarias con peligro concreto para las personas, en las que hubiera una cierta peligrosidad serían consideradas como temerarias del Art. 380 CP. Mientras que si la conducción temeraria creaba un peligro extremo, gigantesco o suicida, es decir objetivamente cuantificable como mayor serían consideradas como suicidas del Art. 381 CP.

No obstante, la STS 01/04/2002 (TOL4.920.782) situó la diferenciación entre los artículos 380 y 381, en el ámbito subjetivo del dolo, desechando la teoría objetiva de la mayor peligrosidad de la conducta. Es decir, que la persona que conduce crea el peligro con consciente desprecio para los bienes protegidos, o sea, se representa y admite la posibilidad de su lesión. Y aunque tras la reforma llevada a cabo por la LO 15/2007, que suprimió el término consciente por el de manifiesto desprecio, parecía indicar que de nuevo se volvía a la tesis objetiva para distinguir entre una y otra figura, ya que la norma prescinde de una referencia a la conciencia del sujeto, por el término manifiesto, evidentemente más objetivo a través de un juicio de valoración por parte del juzgador, la circular 10/2011 de Fiscalía General del Estado subraya, que el delito del Art. 381, se diferencia del previsto en el Art. 380 en el tipo SUBJETIVO. Es el dolo eventual (Ya que si fuera directo, estaríamos ante un delito de tentativa de homicidio o lesiones) referido al posible resultado lesivo para la vida e integridad, el que justifica la mayor punición.

Dolo eventual entendido como conocimiento por el sujeto del riesgo jurídicamente desaprobado para los bienes tutelados y la conformidad con el probable resultado derivado de su comportamiento, asumiendo graves peligros que no tiene la seguridad de controlar de acuerdo STS 08/10/2010 (TOL1.979.980), STS 02/11/2010 (TOL2.018.420) y STS 29/12/2010 (TOL2.017.923). Por lo tanto existe dolo eventual cuando el sujeto una vez que queda acreditado que ha ejecutado una acción que genera un peligro concreto con conocimiento de que es probable que se produzca un resultado lesivo, asume, acepta, se conforma con ese resultado o cuando menos le resulta indiferente el resultado que probablemente pueda generar con su conducta.

Dicha predisposición intelectual del acusado respecto de sus actos y consecuencias debe ser inferida a través de hechos exteriores tales como la conducción efectuada y circunstancias junto con el examen de su declaración. De esta manera a través de un examen racional y sereno de cada caso se puede permitir concluir si un conductor llega a representarse como altamente factible la posibilidad de causar graves daños a otros y la asunción de tal evento, despreciando la vida e integridad de terceros. Examen que resulta más claro en los supuestos de quien conduce en sentido contrario por una autopista o autovía, quien se introduce a contramano en un túnel de un único sentido o quien circula por una calle peatonal a alta velocidad.

Es decir, conductas que de forma palpable ofrecen un porcentaje extremadamente alto de cristalizar en un resultado lesivo, siempre y cuando sea asumido por quien las acomete. A título de ejemplo, es subsumible dentro del Art. 381 CP circular efectuando maniobras bruscas de exhibición con aproximación a los viandantes, frenando en seco a escasos centímetros de los mismos bajo los efectos de intoxicación etílica lanzando el vehículo contra las personas en las inmediaciones de una discoteca concurrida, llegando a atropellar a una persona (SAP Sevilla 31/01/2012, TOL2.447.027). Pues como cita el tribunal, a la conducción absolutamente descuidada hay que añadir la conciencia por parte del conductor de una gran afluencia de gente en la calle por la que circulaba y la asunción del peligro para la misma, que se infiere de su conducción.

En igual sentido, también es subsumible en el presente precepto conforme la SAP Sevilla 25/10/2011 (TOL2.410.848) el hecho de circular a 100 Km/h por vía urbana, bajo los efectos de una intoxicación etílica, adelantando por la derecha, sin respetar los semáforos, atropellando a dos jóvenes que cruzaban por una paso de peatones en un día festivo, inicio de la madrugada del domingo de resurrección, final de la Semana Santa donde es conocida la afluencia de gente en la calle. La STS 363/2014, de 5 de mayo (TOL4.312.619) es de relevante interés al efectuar un repaso esquemático a los elementos típicos del Art. 381 CP, a saber:

A) La conducción de un ciclomotor o vehículo de motor con temeridad manifiesta.
B) Que tal acción suponga un peligro concreto para la vida o integridad de los otros usuarios. Si sólo existiera un peligro abstracto solo sería de aplicación la modalidad prevista en el párrafo segundo.
C) El manifiesto desprecio por la vida de los demás, especificando que el dolo del autor debe abarcar tanto el modo de conducción temerario, como el peligro concreto para los otros usuarios de la vía.

La STS 4/2019, de 14 de enero (TOL6.999.041) también condenó por delito del Art. 381 CP al conductor de un camión que circuló hasta 9 kilómetros en sentido contrario por la N-1 el cual fue advertido por el resto de conductores y pudiendo haber abandonado el sentido contrario hasta en seis ocasiones, colisionó frontalmente contra otro vehículo. Al igual que la STS 251/2020, de 27 de mayo (TOL7.966.214) que condenó a la conductora del vehículo que circuló 2 kilómetros a 100 Km/h en una autovía en contrasentido siendo advertida por otros conductores con los que se cruzó hasta que colisionó frontalmente con otro vehículo. Y la STS 103/2023, de 16 de febrero (TOL9.422.927) también condena por el presente, la conducta kamikaze consistente en un cambio de sentido en autovía y posterior conducción en sentido contrario, con puesta en peligro concreto de otros usuarios y colisión.

En resumen, en la conducción temeraria del Art. 380 CP el dolo está constituido por la conciencia y voluntad de la infracción de una norma de cuidado relativa al tráfico, no por la conciencia y voluntad del resultado que eventualmente puede ocasionar la infracción. Mientras que en el Art. 381 CP, relativo a la conducción con desprecio por la vida de las personas, el dolo abarca no sólo la infracción de la norma de cuidado sino también el eventual resultado. En relación a su tipología, se vienen incluyendo supuestos distintos al clásico de las conducciones en sentido contrario en autopistas y autovías, para las que fue concebido inicialmente este artículo dada la evolución de la realidad social del tráfico, con aparición de nuevas conductas dotadas de una idéntica o incluso mayor peligrosidad, tales como los safaris por las capitales europeas, efectuando carreras ilegales por tramos en vehículos de alta gama:

Noticias de prensa *15/06/2014*

LA CARRERA ILEGAL GUMBALL 3000 MIAMI-IBIZA ACABA CON 2 DETENIDOS EN LA COMUNIDAD VALENCIANA

El paso de los participantes, de la oficialmente no competitiva carrera de vehículos de alta gama que se celebra anualmente, finalizó con dos detenidos, uno de ellos por circular a 214 Km/h (*detectado por el radar Pegasus) y otro por conducción temeraria. Igualmente se incoaron 101 denuncias por excesos de velocidad y 4 por circular con detectores de radar.*

https://www.levante-emv.com/comunitat-valenciana/2014/06/15/cazados-pleno-vuelo-ap-7-12747228.html

SUPUESTO PRÁCTICO 1: Circular en sentido contrario por desconocimiento de la vía o desatención.

En este caso, se trata de una situación subjetiva de culpa sin previsión. El Código Penal Alemán sí que contempla la comisión imprudente del delito, pero al carecer nuestro Código Penal de una tipificación expresa de la comisión imprudente del delito, es penalmente atípico y únicamente sancionable por la vía administrativa. Ahora bien, si una vez realizada la maniobra citada el conductor se apercibe (cuestión notoria para un conductor medio) de la situación de riesgo generada y persiste en su marcha en sentido contrario, desde ese momento puede existir una situación de dolo eventual, quedando cumplido el tipo.

Noticias de prensa *23/06/2014*

CAMIÓN SE SALTA LOS AVISOS DE GÁLIBO Y DA MARCHA ATRÁS EN LA A-6

Cuando el conductor se dio cuenta de que había golpeado las cadenas que avisan de la altura máxima permitida, dio marcha atrás ocupando los tres carriles de la autopista. La Guardia Civil lo ha detenido por conducción temeraria.

https://www.elmundo.es/madrid/2014/06/23/53a7e19cca4741d0308b456f.html

382 Código Penal.

Regla concursal delitos viales

Cuando con los actos sancionados en los artículos 379, 380 y 381 se ocasionare, además del riesgo prevenido, un resultado lesivo constitutivo de delito, cualquiera que sea su gravedad, los Jueces o Tribunales apreciarán tan sólo la infracción más gravemente penada, aplicando la pena en su mitad superior y condenando, en todo caso, al resarcimiento de la responsabilidad civil que se hubiera originado. Cuando el resultado lesivo concurra con un delito del artículo 381, se impondrá en todo caso la pena de privación del derecho a conducir vehículos a motor y ciclomotores prevista en este precepto en su mitad superior.

Evolución legislativa: La presente figura penal, introducida como regla concursal en la redacción originaria dada por el legislador en el Código Penal de 1995, en su por aquél entonces Art. 383 decía así:

> *"Cuando con los actos sancionados en los artículos 379, 381 y 382 se ocasionara, además del riesgo prevenido, un resultado lesivo, cualquiera que sea su gravedad, los Jueces y Tribunales apreciarán tan sólo la infracción más gravemente penada, condenando en todo caso al resarcimiento de la responsabilidad civil que se haya originado.*
>
> *En la aplicación de las penas establecidas en los citados artículos, procederán los Jueces y Tribunales según su prudente arbitrio, sin sujetarse a las reglas prescritas en el artículo 66".*

Es decir, esta norma vino a establecer una regla concursal especial, no aplicable si el delito de lesión hubiera sido doloso + una cláusula de responsabilidad civil + una cláusula penológica. Vigente hasta la modificación practicada por la LO 15/2007, que cambió la ubicación del precepto pasando desde entonces a la actual situación como Art. 382 y modificando cuatro aspectos sustanciales de su articulado.

1

- Que el resultado lesivo deba ser constitutivo de delito. (Antes cualquier resultado lesivo) Exclusión de las faltas.

2

- Que al apreciar la infracción más gravemente penada, se deba aplicar la pena en su mitad superior. Nada se decía antes, sobre que la pena debía imponerse en dicha mitad.

3

- Se ha suprimido el segundo párrafo, del antiguo Art. 383, que permitía dejar al prudente arbitrio de los jueces y tribunales la aplicación de las penas correspondientes a dichos preceptos.

4

- Antes de la reforma operaba si había Alcohol, Drogas, Conducción Temeraria y Alteración de la seguridad vial mediante la colocación de obstáculos, mutación de señales, derramamiento...
- Después de la reforma, sólo entra en juego en casos de Alcohol, Drogas, Velocidad y Conducción Temeraria con o sin desprecio por la vida.

Y es que la norma concursal contemplada en el anterior 383 fue objeto de numerosas críticas por un amplio sector doctrinal, defensor de la existencia del concurso ideal entre los delitos de peligro y de resultado. La solución anterior privilegiaba al responsable cuando el resultado lesivo se producía en el contexto del tráfico vial el cual por ejemplo, cometía una alcoholemia y un atropello y únicamente era castigado por las lesiones derivadas del atropello, no absorbiendo los delitos de resultado el desvalor de los delitos de peligro. Con la reforma, se dota de un mayor rigor penológico a este tipo de conductas de luctuoso resultado. No obstante, se exige a día de hoy, que la conducta sea constitutiva de delito y no delito leve, para evitar la exasperación punitiva en éstas últimas. Igualmente, el verbo "ocasionare" obliga a probar la relación de causalidad entre conducción arriesgada y resultado. Los comportamientos imprudentes de terceros o de la propia víctima, descartan la imputación por esta vía.

Posteriormente la Ley orgánica 2/2019, de 1 de marzo, adicionó un párrafo segundo en consonancia con el aumento de la punición de este tipo de conductas, como subtipo agravado aplicando la pena en su mitad superior cuando exista un resultado lesivo, con el Art. 381 CP.

Naturaleza y reglas de aplicación: En relación a la naturaleza del concurso del artículo 382 CP, existía un debate sobre si recogía un supuesto de concurso de normas con una regla especial de punición o si disciplina un supuesto específico de concurso ideal de delitos. El Tribunal Supremo, ofrecía soluciones contradictorias. Así mientras que la STS de 29/12/2010

(TOL2.017.923) apuntaba al concurso de normas, las STS 02/11/2010 (TOL2.018.420) y STS 24/09/2012 (TOL2.651.939) se inclinaban por la tesis del concurso ideal. La discusión no es nimia, puesto que en caso de concurso ideal, que es la tesis que mantiene la Fiscalía General del Estado en su memoria anual de 2013, cabe apreciar la reincidencia respecto del nuevo delito de peligro cometido, en casos de condenas previas. Si además de cometerse el delito de riesgo se produjese más de un resultado lesivo, es decir, una pluralidad de homicidios o lesiones imprudentes, entre ellos a su vez media una relación de concurso ideal del Art. 77 del Código Penal.

De lo contrario la gravedad del hecho no tendría la correspondiente réplica punitiva y sería penalmente indiferente causar la muerte imprudente de 1 o de 10 personas. Finalmente conforme STSS 64/2018, de 6 de febrero (TOL6.508.915), STS 744/2019, de 7 de febrero (TOL7.059.198) y STS 350/2020, de 25 de junio (TOL8.001.069) el Supremo entiende que estamos ante un concurso de delitos y no de normas. En relación a la determinación de la infracción más gravemente penada y de la pena a imponer, se refiere a la pena castigada con mayor duración en relación a la pena privativa de libertad. De esta manera la pena del artículo 152.1.2 CP (1 a 3 años) es más grave que la del Art. 380 CP (6 meses a 2 años), por la mayor extensión de la pena privativa de libertad aún cuando su pena de privación del derecho a conducir sea menor (Hasta 4 años el Art. 152.1.2 CP, frente a los 6 años del Art. 380 CP)

382 Bis Código Penal.

Abandono lugar del accidente

El conductor de un vehículo a motor o de un ciclomotor que, fuera de los casos contemplados en el artículo 195, voluntariamente y sin que concurra riesgo propio o de terceros, abandone el lugar de los hechos tras causar un accidente en el que fallecieren una o varias personas o en el que se les causare alguna de las lesiones a que se refieren los artículos 147.1, 149 y 150, será castigado como autor de un delito de abandono del lugar del accidente.

Los hechos contemplados en este artículo que tuvieran su origen en una acción imprudente del conductor, serán castigados con la pena de prisión de seis meses a cuatro años y privación del derecho a conducir vehículos a motor y ciclomotores de uno a cuatro años.

Si el origen de los hechos que dan lugar al abandono fuera fortuito le corresponderá una pena de tres a seis meses de prisión y privación del derecho a conducir vehículos a motor y ciclomotores de seis meses a dos años.

Evolución histórica: El presente precepto fue introducido por el apartado seis del artículo único de la Ley orgánica 2/2019, de 1 de marzo, de modificación de la Ley orgánica 10/1995, de 23 de noviembre, del Código Penal, en materia de imprudencia en la conducción de vehículos a motor o ciclomotor y sanción del abandono de lugar del accidente, con publicación en el BOE de 2 de marzo y vigencia a partir del 3 de marzo de 2019.

Si bien como venimos observando existen una serie de artículos que constituyen el "núcleo duro" de la delincuencia vial los cuales siempre se han mantenido presentes en sus aspectos consustanciales a lo largo del tiempo, como la conducción etílica o temeraria. Otros sin embargo, entre los que se encuentra el presente, en un "*alter ego*"jurídico del río Guadiana, desaparecen y aparecen del Código Penal con relativa cadencia.

El Código Penal de 1928 en su artículo 537 recogía que el automovilista, motorista, conductor de un vehículo cualquier, ciclista o jinete que deje en estado de abandono sin prestarle o facilitarle asistencia a persona a quien mató o lesionó por imprevisión, imprudencia o impericia, sería castigado con la pena de 2 meses y 1 día a 6 meses de prisión y multa de 1.000 a

10.000 pesetas, sin perjuicio de las responsabilidades en que incurriere por el homicidio o por las lesiones causadas. Desaparece en el Código de 1932, para reaparecer en la Ley Penal especial del Automóvil de 1950, castigando al conductor de un vehículo a motor que no auxiliase a la víctima por él causada, añadiendo la Ley de 122/1962. de 24 de diciembre que deroga la Ley anterior una modalidad agravada cuando la víctima lo fuere por accidente ocasionado por el que omitió el auxilio debido.

El Código Penal de 1973 recogió tal conducta en su artículo 489, que volvió a ser desterrado en el Código Penal de 1995 hasta la anteriormente precitada Ley Orgánica 2/2019, de 1 de marzo, que traía causa en una proposición de Ley orgánica presentada ante la mesa del Congreso de los Diputados por el grupo parlamentario popular en cuya exposición de motivos se fundamentaba la (re) introducción del delito de abandono del lugar del accidente en una importante demanda social ante el incremento de accidentes en los que resultan afectados peatones y ciclistas por imprudencia en la conducción y que se vertebraba sobre tres ejes, conformando la reintroducción de este artículo uno de ellos. Todo ello con base en la campaña "Por una Ley justa" promovida por Anna González, cuyo marido ciclista falleció víctima de un accidente de tráfico arrollado por un camión que no se detuvo y se marchó de lugar de los hechos. De esta manera nuestra legislación penal reintroducía en su articulado esta figura muy habitual en el derecho comparado que aparece tipificada específicamente en el Código Penal alemán (*StGB*) como un delito punible autónomo de la omisión de socorro; En el Código Penal italiano (*Codice penale)* que igualmente recoge el deber del conductor de detenerse en caso de accidente con muerte o lesiones en carretera así como en el Código Penal francés (*Code Pénal)* que castiga al conductor que a sabiendas de que acaba de ocasionar un accidente, no se hubiere detenido tratando de sustraerse a la responsabilidad penal o civil en que hubiere podido incurrir.

Exégesis del tipo penal: El nuevo Art. 382 CP cubre una laguna muy importante de la que adolecía nuestra legislación penal por muy insólito que resulte.

Con anterioridad a su reintroducción, si un conductor provocaba la muerte a otro en accidente de tráfico y huía del lugar del accidente, el delito de omisión del deber de socorro comprendido en el Art. 195 CP resultaba atípico, porque dicho artículo sus elementos típicos exigen y radican en la omisión a una persona que se encuentre desamparada (y por ende *viva)* y en grave y manifiesto peligro. De manera que por sorpresivo que pueda resultarnos a día de hoy, únicamente se podía sancionar administrativamente (al margen del homicidio imprudente) al autor que mataba a otro y abandonaba el lugar, si se descubría su autoría. De igual manera si el conductor causante del accidente malhería gravemente a otro usuario de la vía, el cual estaba siendo asistido, como la víctima no estaba desamparada igualmente no tenía reproche penal alguno su huída.

De esta manera el nuevo tipo penal establece un deber personalísimo de permanencia en el lugar del siniestro. Para su comisión no es necesario que la víctima está desamparada y/o en peligro, con su tipificación tal y como reza el preámbulo de la Ley orgánica 2/2019, se trata de punir la maldad intrínseca en el abandono de quien sabe que deja atrás a alguien que pudiera estar lesionado o incluso fallecido, la falta de solidaridad con las víctimas por la implicación directa en el accidente previo al abandono y las legítimas expectativas del resto de usuarios de ser atendidos en caso de accidente de tráfico.

Se trata igualmente de evitar la elusión de la responsabilidad por parte del causante, frustrando las expectativas de las víctimas. Configurándose como un delito de mera actividad y no de resultado. Es necesaria una acción consistente en marchar físicamente del lugar de los hechos, un alejamiento, huída, marcha que consume el delito a raíz de la acción causante del accidente en el cual debe de existir una relación de causalidad con el fallecimiento de una o varias personas, o con la causación de alguna de las lesiones del Art. 147.1/149/150 CP. Por lo que es posible que hasta el seguimiento de la evolución de las lesiones de las víctimas del accidente en algunos casos menos graves la existencia o no del delito dependerá de la constatación de la gravedad de las lesiones. Si únicamente existen lesiones leves o solo daños, no existirá el presente delito. Igualmente es posible que hasta que no finalice la investigación policial no se determine la culpabilidad del accidente, y por ende la imputabilidad.

Sujeto activo sólo será el conductor de un vehículo a motor o ciclomotor, por lo que ciclistas, conductores de VMP o peatones no pueden ser perseguidos por el presente delito. Piénsese el caso de un peatón que irrumpe en mitad de una autopista y obliga a dar un volantazo a un turismo cuyo conductor tras una salida de vía acaba falleciendo. Como el resto de delitos capitulares, es un delito doloso, el conductor debe saber o representarse (dolo eventual) el conocimiento de la situación fallecidos o heridos y aún así voluntariamente abandone el lugar. En caso que se produzca una situación de desamparo y de peligro grave y manifiesto en alguna de las víctimas, el Art. 195 CP de omisión del deber de socorro, será de aplicación preferente.

Elementos del tipo penal: Se pueden extraer de la STS 145/2023, de 18 de enero (TOL9.379.320) de interés casacional para la debida aplicación del precepto 382 CP bis.

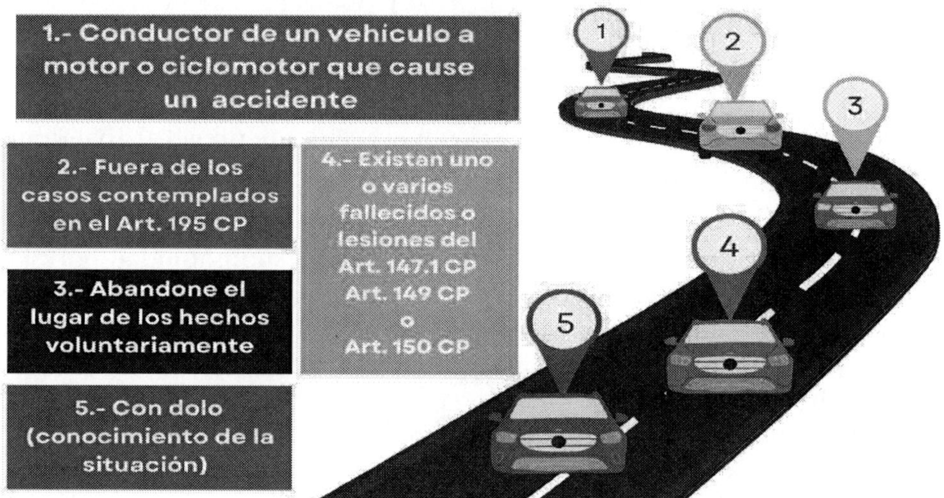

Incidiremos al respecto en que lo que resulta relevante es el abandono físico del lugar, si bien no existe con carácter general una distancia concreta. En la presente sentencia el conductor emprendió la huída y fue perseguido por los agentes a unos 80/90 metros del lugar, por lo tanto había una clara intención de no permanecer y el acusado cuando es detenido ya había abandonado físicamente el lugar desatendiendo su deber de solidaridad cívica y por lo tanto ejecutada la acción de abandono castigado por un delito consumado y no en grado de tentativa, la cual cabría en el intento de abandono impedido por terceros antes del alejamiento.

En relación al bien jurídico protegido indica igualmente nuestro alto tribunal que si bien se ha dicho que se castiga la indiferencia del omitente frente a la situación de peligro de la víctima, en realidad más exactamente puede decirse que se castiga su indiferencia frente a la situación creada, incumpliendo los deberes que el artículo 51 de la LSV entre otros, obliga a los implicados en un accidente de tráfico, tales como el deber de identificarse y de cooperación.

Conclusiones: El presente tipo penal cubre lagunas anteriores de nuestro ordenamiento jurídico. Así por ejemplo la STS 751/2022, de 24 de febrero (TOL8.830.236) castigó por este delito al conductor que a las 06:15 horas impactó contra un ciclista y abandonó el lugar, descubriéndose a las 09:15 horas el cuerpo sin vida del ciclista, del cual se determinó que el fallecimiento fue de forma inmediata.

El conductor que no abandona el lugar pero no cumple con las obligaciones del Art. 51 LSV con una conducta poco colaborada, incívica o pasiva, no comete el tipo penal presente, en todo caso la sanción administrativa SAP Madrid 737/2019, de 16 de diciembre (TOL7.863.699). Por el contrario la conductora que atropella a un peatón, baja del vehículo, le pregunta como esta, le pide perdón y se marcha del lugar, esta conducta sí que integra el tipo penal, (SAP Zaragoza 1776/2022, de 4 de octubre (TOL9.302.844).

383 Código Penal.

Negativa sometimiento pruebas

El conductor que requerido por un agente de la autoridad, se negare a someterse a las pruebas legalmente establecidas para la comprobación de las tasas de alcoholemia y la presencia de las drogas tóxicas, estupefacientes y sustancias psicotrópicas a que se refieren los artículos anteriores, será castigado con la pena de prisión de seis meses a un año y privación del derecho a conducir vehículos a motor y ciclomotores por tiempo superior a uno y hasta cuatro años.

Introducción: La sanción a la negativa a someterse a la prueba de alcoholemia fue introducida como ilícito penal por el Código Penal de 1995, manteniéndose inalterado dicho precepto pese a la gran reforma operada por la Ley orgánica 15/2003, de 25 de noviembre, en la que se modificaron más de doscientos artículos del referido texto legal. No obstante tras la posterior reforma llevada a cabo mediante Ley orgánica 15/2007, de 30 de noviembre, son varias las novedades que presenta la nueva redacción dada por el legislador en relación con el delito de negativa a someterse a las referidas pruebas de detección, que pasó a ubicarse sistemáticamente en el artículo 383 CP, frente al anterior artículo 380 CP y que estructuralmente se mantienen a día de hoy.

En primer lugar y entendemos la más importante a efectos policiales fue la práctica desaparición entre sanción penal y sanción administrativa, a favor de la primera de ellas siempre que nos encontremos ante una negativa y un vehículo a motor. Es decir, la anterior tipificación contenida en el antiguo artículo 380 CP e interpretada por el Tribunal Supremo en sentencia de 9 de diciembre de 1.999 (TOL51.367) venía a fijar los límites entre la sanción penal y la administrativa, aplicando los siguientes criterios:

- Cuando la negativa a someterse al control de alcoholemia se realizaba en cualquiera de los supuestos previstos en los artículos 1 y 2 (Accidente y Sintomatología) del Art. 21 del Reglamento General de circulación, se daba el tipo del antiguo 380 CP.
- Cuando la negativa a someterse al control de alcoholemia provenía de los supuestos de los números 3 y 4 del mismo precepto del Re-

glamento (Infracción y Control), sólo se daba el tipo penal si existía sintomatología positiva en la persona del conductor.

De esta manera con anterioridad a la reforma, la negativa estaba orientada a la verificación en todo caso de la existencia de una afectación de las facultades psíquicas y/o físicas del conductor. Tras la reforma del 2007, la nueva redacción de la negativa contenida ahora en el vigente artículo 383 CP ya no se refiere a la acreditación de la influencia de la bebida o de la droga en el sujeto que se niega a realizar la prueba, sino que el mero hecho de la negativa con independencia de que concurran todos los requisitos establecidos por el Art. 379.2 CP es considerada relevante a efectos penales y esto es debido a que a día de hoy se exige la prueba para comprobar una determinada tasa de alcoholemia y presencia de drogas.

Por lo tanto un conductor de vehículo a motor o ciclomotor que comete una infracción de tráfico o que azarosamente se le da el alto en un control preventivo de alcoholemia/drogas, aunque no presente síntomas de hallarse bajo la influencia de bebidas alcohólicas, comete el delito o ilícito penal siempre, si se niega a someterse a las pruebas de alcoholemia o detección de drogas. Porque tal y como se desprende de la nueva redacción del artículo el fin no es acreditar la influencia de bebidas alcohólicas, sino comprobar una determinada tasa objetiva de alcoholemia y/o presencia de drogas. Encontrando reflejo de la actual interpretación del Art. 383 CP a título de ejemplo en el punto duodécimo de las conclusiones de las jornadas de fiscales delegados de seguridad vial, celebradas en Madrid los días 17 y 18 de enero de 2008 que a su vez tuvo reflejo en distintas instrucciones de fiscalías, tales como la instrucción 3/2008 de la fiscalía provincial de Madrid o la instrucción de 20 de abril de 2008, de la fiscalía de la Audiencia provincial de Cádiz que cristalizaron todas ellas en el punto 9º de la Circular 10/2011 que explicita que el nuevo delito del artículo 383 CP amplía su ámbito de aplicación a todos los supuestos del artículo 21 RGC.

Cuestión que simplifica enormemente el protocolo de actuación policial ante una negativa, que quedaría configurado de la siguiente manera, donde la única variable es el tipo de vehículo que previamente se ha conducido:

- Negativa pruebas ante conducción vehículo a motor.
- Negativa pruebas ante conducción vehículo/peatón.

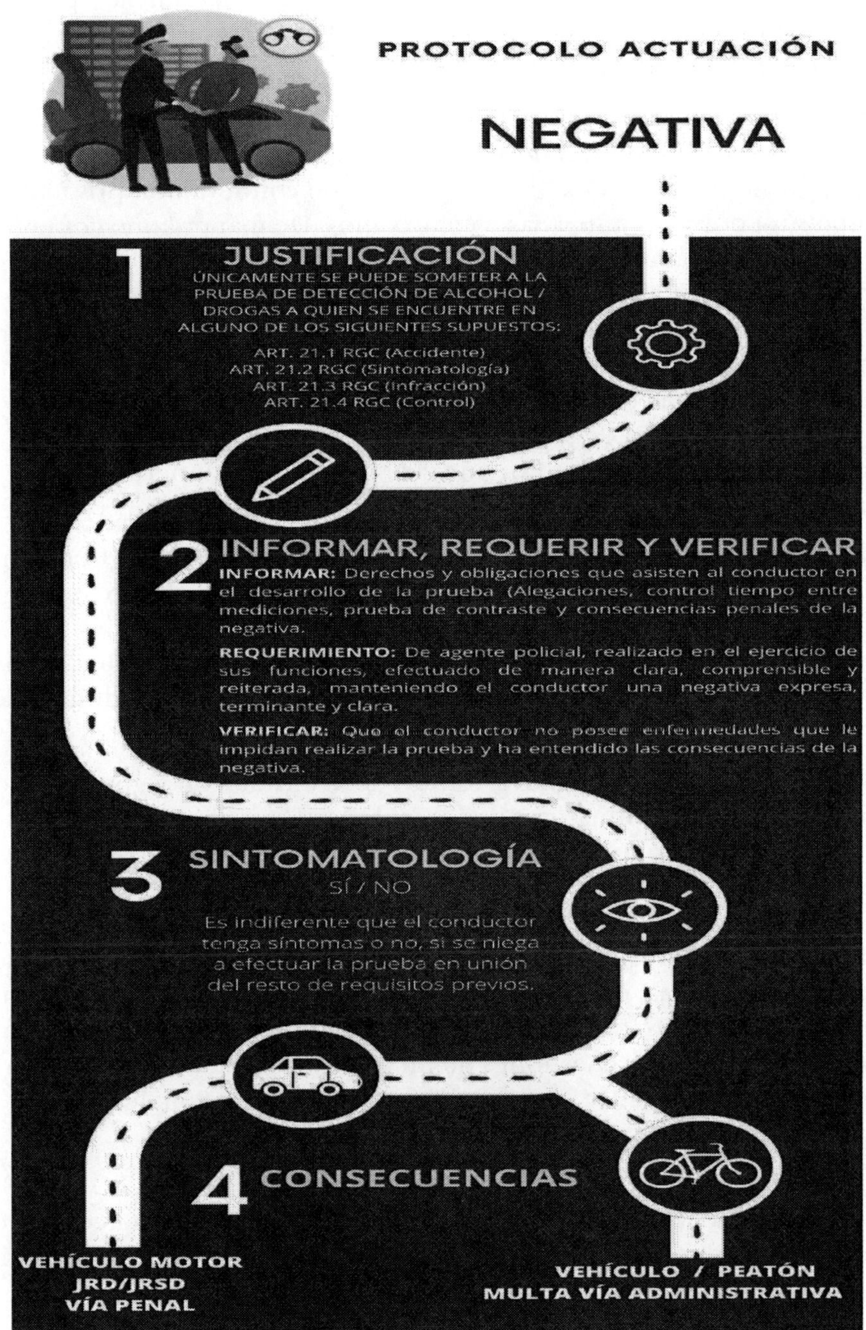

En segundo lugar, la negativa a someterse a las pruebas legalmente establecidas para detectar el grado de alcoholemia o de impregnación tóxica perdió su innecesario calificativo de delito de desobediencia y pasó a ser autónomamente castigada, como delito contra la seguridad vial sin remisión ninguna al artículo 556 CP.

Y en tercer lugar, y no menos importante es que el vetusto 380 CP no conllevaba la privación del derecho a conducir vehículos a motor y ciclomotores, mientras que el actual 383 CP, sí que conlleva una privación por tiempo superior a un año y hasta cuatro años. De manera que como algún cuerpo policial había detectado y denunciado previamente, ciertos conductores profesionales en caso de ser sorprendidos al volante ebrios, preferirían negarse a someterse a las pruebas reglamentarias, haciendo frente a importes de multa más elevados (Ya que recordemos que la negativa, se sanciona con penas de prisión, que doblan la alcoholemia positiva, que en virtud de las reglas de suspensión de penas equivalen a días - multa) A cambio de seguir conduciendo, sin verse privados de su permiso o licencia de conducción.

En definitiva nos encontramos ante un delito que se configura de mera actividad y peligro abstracto donde no se requiere la producción de ningún tipo de resultado, ni lesión para su consumación. Así como un delito especial que solo puede ser cometido por los conductores de vehículos, independientemente que los mismos posean autorización administrativa para ejercer la conducción o no.

¿Es constitucional la negativa?: Antes de la entrada en vigor del Código Penal de 1995, los conductores de vehículos estaban obligados a someterse a las pruebas de alcoholemia, pero su negativa era sancionable sólo por vía administrativa. La inclusión de tal conducta en el referido Código como ilícito penal suscitó abundantes críticas, dada su posible inconstitucionalidad por conculcar los derechos a no declarar, a no confesarse culpable, el derecho a la defensa, el derecho a la presunción de inocencia, así como el principio de proporcionalidad. Así entre los años 1996 y 1997 se contabilizaron hasta veintisiete cuestiones de inconstitucionalidad presentadas por las dudas suscitadas entre los propios órganos jurisdiccionales.

El Tribunal Constitucional zanjó la polémica, concluyendo la adecuación del artículo a la Carta Magna en sentencias STC 161/1997 (TOL80.785) y 234/1997 (TOL80.856). Manifestando que las pruebas para la comprobación de la conducción bajo la influencia del alcohol o de drogas tóxicas, estupefacientes o sustancias psicotrópicas y entre ellas la de espiración de aire a través de un etilómetro, no constituyen en rigor una declaración o testimonio, por lo que no pueden suponer vulneración alguna de los derechos a no declarar, a no declarar contra uno mismo y a no confesarse culpable, pues no se obliga al detectado a emitir una declaración que exteriorice un contenido, admitiendo su culpabilidad, sino a tolerar que se le haga objeto de una especial modalidad de pericia, exigiéndole una colaboración, no equiparable a la declaración, sino simples pericias de resultado incierto, que con independencia de que su mecánica concreta no requiera sólo un comportamiento exclusivamente pasivo no pueden catalogarse como obligaciones de autoincriminarse, es decir, como aportaciones o contribuciones del sujeto que sostengan o puedan sostener directamente, en el sentido antes dicho su propia imputación penal o administrativa.

Tampoco menoscaba por sí misma dicha prueba la presunción de inocencia por inversión de la carga material de la prueba, ni se lesiona el derecho de defensa en su manifestación de derecho a no ser fuente de prueba, pues la configuración genérica de un derecho a no soportar ninguna diligencia de este tipo, dejarían inermes a los poderes públicos en el desempeño de sus legítimas funciones de protección de la libertad y de la convivencia, dañaría el valor de la justicia y las garantías de la tutela judicial efectiva. Finalmente tampoco se entiende vulnerado el principio de proporcionalidad, (recordemos que la negativa se castigaba y se castiga con exactamente el doble de la pena de prisión, que una conducción bajo los efectos del alcohol) porque el bien jurídico protegido es doble, protegiendo por un lado la seguridad vial, que persigue evitar riesgos en las personas y sus bienes, y por otro lado el principio de autoridad derivado de la desobediencia cometida. Además a la vista de los importantes bienes e intereses protegidos y a pesar de la indudable severidad sancionadora que en sí supone la imposición de una pena privativa de libertad, el Tribunal Constitucional no constata un desequilibrio patente y excesivo o irrazonable entre el desvalor de la conducta y la sanción conducente a afirmar que se haya producido una lesión.

Elementos del tipo: O requisitos de la figura delictiva. Así para la apreciación del delito de negativa, se exige la concurrencia de los siguientes requisitos:

1. Existencia de uno de los cuatro supuestos que regula el artículo veintiuno del reglamento general de circulación, ya que los agentes de la autoridad encargados de la vigilancia del tráfico según la citada norma podrán someter a dichas pruebas sólo a:
   - Usuarios de la vía o conductores de vehículos implicados directamente como posibles responsables en un accidente de circulación.

- Quienes conduzcan cualquier vehículo con síntomas evidentes, manifestaciones que denoten o hechos que permitan razonablemente presumir que lo hacen bajo la influencia de bebidas alcohólicas.
- Conductores denunciados por la comisión de alguna de las infracciones al reglamento general de circulación.
- A los que con ocasión de conducir un vehículo sean requeridos al efecto por la autoridad o sus agentes dentro de los programas de controles preventivos de alcoholemia ordenados por dicha autoridad.

La sentencia del Juzgado de lo Contencioso Administrativo nº 2 de Vigo, 3548/23 de 25/05/2023 anula la sanción por negativa a someterse al test de drogas, interpuesta a un conductor que se negó sin estar comprendido en ninguno de los cuatro supuestos legales. Se tipifica como una actuación arbitraria y por ende se considera un acto viciado, nulo de pleno derecho.

2. Informar al conductor del contenido de las pruebas. Así se le informará del derecho a controlar por sí o por cualquiera de sus acompañantes o testigos presentes que entre la realización de la primera y de la segunda prueba medie un tiempo mínimo de 10 minutos; Se le informará del derecho que tiene a formular cuantas alegaciones u observaciones tenga por conveniente, por sí o por medio de su acompañante o defensor; Se le informará del derecho a contrastar los resultados obtenidos mediante análisis de sangre, orina u otros análogos que el personal facultativo del centro médico al que sea trasladado estime más adecuados y fundamentalmente se informará al afectado de las consecuencias penales que la negativa a la práctica de las pruebas acarrea.

A título de ejemplo de la importancia de efectuar una correcta información al conductor, citamos la STS 670/2007 (TOL1.138.386) en la cual el conductor alegó que no se le advirtieron de las consecuencias penales de la negativa, encontrándose el acta genérica de información sin la firma del acusado, ni firma del agente instructor en la que constara su negativa a firmarla, lo que desembocó en su absolución, puesto que el juzgador en base al principio *in dubio pro reo,* debido a las dudas que irrogaba dicha acta mal confeccionada, estimó que no existía delito por la concurrencia del error de prohibición invencible del artículo catorce del Código Penal. En idénticos términos se expresa la SAP Lugo, de 25 de enero de 2023

(TOL9.446.437) en la cual un conductor arrojó 0,76 y 0,75 mg/L en sendas pruebas etilométricas, pero no consta en el atestado que al acusado se le hubiera ofrecido la posibilidad de realizar una prueba de contraste con análisis de sangre, motivo por el cual la defensa del acusado alegó una situación de quiebra de derechos esenciales del procedimiento. En consecuencia y ante la falta de acreditación de que se hubiera ofrecido al conductor investigado la posibilidad de realizar dicha prueba de contraste, no se puede garantizar la contradicción en evitación de la indefensión del acusado, declarando la nulidad de la prueba de alcoholemia y a raíz de ello ante la carencia de pruebas incriminatorias adicionales, pronunciarse a favor de la absolución del investigado. Así como la SAP Castellón 83/2005 (TOL665.854) que absuelve igualmente al acusado que no fue informado de su derecho de contraste, no extendiéndose acta alguna en el atestado, por lo que fue vulnerado su derecho de defensa.

3. Orden, mandato o requerimiento expreso y directo, por parte de los agentes de la autoridad en ejercicio de sus funciones y dentro de los límites de su competencia (STS 644/2016, 14 julio, TOL5.779.586), dirigido personalmente al conductor presuntamente embriagado o drogado, para su sometimiento a las pruebas de control legalmente establecidas. Dicha orden a practicar la prueba se hará conocer al destinatario de manera personal y formal.

4. La negativa del afectado a someterse a las pruebas legales de detección. Puesto que para la estimación de tal delito es preciso que concurra el elemento subjetivo de la concreta intención, libre y consciente de incumplir lo ordenado. Según la STS 28/12/95 (TOL5.156.258) la negativa debe ser ABIERTA-EXPRESA, TERMINANTE y CLARA caracterizada bien de forma abierta, bien siendo punible la que resulta de la pasividad reiterada o presentación de dificultades y trabas, que en fondo demuestren una voluntad rebelde. Asimismo es necesario que el conductor la entienda mostrando entonces una oposición a cumplir el contenido de la orden emitida, no admitiéndose la versión imprudente o de culpabilidad culposa en este delito. No es suficiente el error, la negligencia o el simple abandono, la desobediencia requiere el conocimiento de la orden y la voluntad del sujeto de incumplirla tal y como señalan las STS 17/02/92 (TOL400.240), STS 14/10/92 (TOL398.530) o STS 23/09/94 (TOL5.122.273).

Bien jurídico protegido: El antiguo artículo 380 CPhacía una remisión al todavía vigente artículo 556 del Código Penal relativo a las desobediencias graves. Lo cual unido a las citadas sentencias del Tribunal Constitucional en pro de la legalidad del precepto, de obligado cumplimiento para el resto de órganos jurisdiccionales tal y como emana del artículo cinco de la Ley orgánica del poder judicial, en relación a la no vulneración del principio de proporcionalidad y otros, dejaban bien a las claras que nos encontrábamos ante un delito pluriofensivo, en el que se atentaba tanto contra la vida e integridad de las personas, como contra el principio de autoridad. La nueva redacción dada en 2007 al artículo 383 CP omite tal remisión al delito de desobediencia grave. Por lo tanto es plausible preguntarse si en este nuevo contexto, el bien jurídico protegido sigue siendo múltiple o si ya no es posible vincular este delito a la ofensa al principio de autoridad.

En base a que se mantiene la duración de la pena de prisión, en iguales condiciones que en circunstancias previas, es decir no se ha visto disminuida, así como que la conducta punible sigue siendo idéntica, debiendo los agentes de la autoridad formular idénticas advertencias y requisitos para su consumación, características propias para la apreciación de la desobediencia el delito continua configurándose como DELITO PLURIOFENSIVO, tal y como se señala en el informe del fiscal de sala de seguridad vial 2009, que indica que pese a la nueva redacción, en este tipo penal se continúa protegiendo tanto la seguridad vial, como el principio de autoridad. En idénticos términos se expresó la Circular 10/2011 FGE, que expresa la existencia e identificación de un doble objeto de tutela conformado por la seguridad vial y el principio de autoridad.

Por ello (dada su naturaleza pluriofensiva) el artículo 383 CP, no opera como agravante de reincidencia cuando existen condenas previas por ejemplo de los artículos 379 o 380 (Excesos de velocidad; Alcoholemias positivas, temerarias...) pues conforme Art. 22.8° CP, la agravante de reincidencia concurre cuando la anterior condena lo ha sido por un delito comprendido en el mismo título que el enjuiciado, siempre que sean de la misma naturaleza. Es decir, por prescripción legal la reincidencia, además de que ambos delitos estén comprendidos en el mismo título exige como requisito necesario que tengan la misma naturaleza. (SAP Madrid 446/2010, de 24 de noviembre, TOL 2.045.330). A continuación, se presenta infografía e los supuestos en que puede apreciarse la circunstancia agravante de reincidencia, en los delitos contra la seguridad vial:

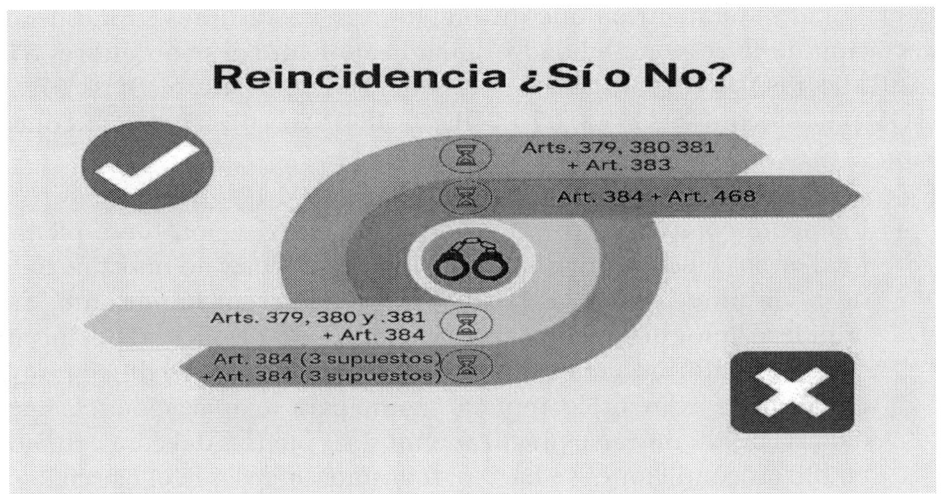

Aplicación de la influencia del alcohol/drogas como eximentes o atenuantes en el delito de negativa: Si bien en el delito tipificado en el Art. 379.2 CP, no es aplicable la eximente (completa o incompleta) del Art. 20.2ª CP que hace referencia al hallarse en estado de intoxicación plena por el consumo de bebidas alcohólicas, drogas tóxicas, etc. Ni la atenuante del artículo 21.2ª CP que consiste en el actuar del culpable derivado de su grave adicción a las sustancias comentadas, puesto que sería ilógica su aplicación, pues es mismamente dicha intoxicación el objeto del delito y por lo tanto la propia conducta punible consiste en conducir el vehículo de motor bajo la influencia de entre otras, de bebidas alcohólicas, la embriaguez es inherente al citado delito y en base a ello no resultan de aplicación de conformidad con lo dispuesto en el artículo 67 CP (STS 481/2001, 26 marzo, TOL4.925.778). Es decir, hallarse intoxicado por el alcohol, no es ni una eximente ni una atenuante en la conducción etílica del Art. 379.2 CP.

Sin embargo en el delito de negativa a someterse a las pruebas legalmente establecidas, sí que son numerosas las sentencias que aplican dichas circunstancias modificativas de la responsabilidad en dicho supuesto. Pues en estos casos la ingesta de alcohol o drogas por el conductor puede determinar que sus capacidades motivacionales se vean anuladas o seriamente mermadas. Siendo posible apreciar la embriaguez como eximente incompleta o como atenuante en el delito del artículo 383 CP ya que la misma no es inherente al delito, ni la Ley la tiene en cuenta al describir o sancionar la infracción (STS 652/2019, de 8 de enero, TOL7.673.860). Así dependiendo del grado de afectación que dichas sustancias ejercen en la persona del conductor, se abre un abanico de posibilidades, que con relación a la embriaguez, la jurisprudencia del Tribunal Supremo, ha elaborado una doctrina que distingue entre los distintos supuestos de afectación de la responsabilidad originados por intoxicación etílica: STS 18/01/94 (TOL404.738), STS 11/11/96 (TOL406.455), STS 14/07/98 (TOL211.165) o STS 12/12/05 (TOL795.484) Así considera que concurrirá:

1. Eximente completa (Art. 20.1 CP): Si la intoxicación fuera plena y total en sus efectos y fortuita en sus causas, es decir no buscada. Siendo la disminución de las facultades psíquicas tan importante, que impide al autor del hecho delictivo comprender la ilicitud del mismo o actuar conforme a esa compresión. Se nos antoja muy difícil la aplicación de la eximente completa, ya que para su aplicación, el sujeto debería de encontrarse prácticamente a las puertas del coma etílico y en dichas condiciones se hace prácticamente inviable el ejercicio de la conducción, de hecho por parte del autor de la presente obra, no se ha hallado jurisprudencia relativa al presente caso.
2. Eximente incompleta (Art. 21.1 CP): Si la intoxicación sin ser plena, disminuye seriamente las facultades psíquicas. Se pierden facultades intelectivas o volitivas, pero no se pierde la capacidad de comprensión, ni de decisión. Sirva de ejemplo la SAP Madrid 263/2018, de 20 de abril (TOL6.717.902) en la cual la conductora tras sufrir un accidente y ser requerida a las pruebas reglamentarias se negó a ello, constando en el atestado que tenía alteradas significativamente sus facultades psicofísicas para la conducción, afirmando todos los testigos que la misma se encontraba muy afectada por el consumo de bebidas alcohólicas.
3. Atenuante: Bien por el Art. 21.2 CP cuando sin ser habitual, ni provocada para delinquir, determina o influye de forma moderada en la realización del hecho delictivo o bien por el Art. 21.6 CP de análoga significación, la cual queda reservada para aquellos supuestos de embriaguez productora de leve afectación de las facultades psíquicas, es decir cuando la intoxicación etílica originase una perturbación en las facultades psíquicas no de grado importante. Ejemplo: SAP Guadalajara 104/2009 (TOL1.560.882), en la cual se confirma la atenuante dictada en primera instancia presentando el conductor síntomas tales como habla pastosa e incoherente, halitosis alcohólica, deambulación vacilante, respuestas embrolladas y fuerte pérdida del equilibrio.

No siempre que se produzca esta relación alcohol - negativa a de aplicase automáticamente la eximente incompleta o la atenuante, sino que es menester verificar que efectivamente la influencia del alcohol persiste y ésta influye en la negativa del sujeto activo a someterse a las pruebas reglamentariamente establecidas. Cuestiones en todo caso a solventar en los ámbitos procesal y judicial, derivados de la actuación policial que se limitará en relación a la presente a describir lo más precisamente los hechos objetivos con relevancia jurídica, fundamentalmente a tal efecto en el acta sintomatológica correspondiente.

¿Existe concurso de delitos entre los artículos 379.2 y 383 CP?: La cuestión de si cabe aplicar cumulativamente ambas figuras penales (concurso real de delitos) o si por el contrario nos situamos en si sucede el caso, aplicar una u otra (concurso aparente de normas) en virtud del cual, la aplicación de una de las figuras delictivas impediría la aplicación simultánea de la otra, ha sido objeto tradicional de debate entre jurisprudencia y doctrina, hasta fechas relativamente recientes. De esta manera a título de ejemplo defendían la condena cumulativa por la comisión de dos delitos "alcoholemia + negativa", las siguientes sentencias: SAP Coruña 410/2004, de 9 de junio (TOL7.739.953), SAP Barcelona 567/2004, de 21 de junio (TOL482.359) o SAP Cuenca 132/2006, de 29 de diciembre (TOL6.147.084). En todas ellas se argüía que aún encontrándose los artículos 379.2 y 383 CP bajo el mismo capítulo de delitos contra la seguridad vial, el primero se agota con la conducción de un vehículo de motor o ciclomotor, bajo la influencia entre otras de bebidas alcohólicas, mientras el segundo para potenciar la efectividad del anterior, contiene además como bien jurídico protegido el principio de autoridad de manera que aunque interrelacionados, tienen carácter autónomo y penalidad distinta, pudiendo penarse una misma conducta de manera sincrónica y compatible con la simultánea comisión de dos delitos, pues una y otra atienden a la protección de bienes jurídicos diversos, tal y como también afirmaban las sentencias del Tribunal Supremo: STS 09/12/1999 (TOL51.367), STS 22/03/2002 (TOL162.315) y STS 19/12/2002 (TOL240.907), así como la STC 161/1997 (TOL80.785). No obstante, otra parte importante del derecho argumentaba lo contrario. Así entre las sentencias que entendían que el Código Penal planteaba en realidad un concurso aparente de normas o leyes, entre los artículos 379 y 383 CP en el que se opta por la aplicación de este último que absorbe todo el desvalor del hecho, encontrábamos sentencias tales como SAP Madrid 18/11/2005 (TOL784.096), SAP Valencia 372/2006, de 25 de mayo (TOL1.029.291) o SAP Burgos 184/2006, de 13 de diciembre (TOL6.078.747)

El debate se avivó tras la promulgación de la L.O 15/2007 y en base a la discutida naturaleza del actual Art. 383 CP la cuestión continuaba sin resolverse, pues existían sentencias discrepantes de manera que por ejemplo SAP Murcia 113/2010 (TOL1.906.646) representaba la línea general del concurso real, mientras que paradigmáticamente SAP Valencia 43/2009 (TOL6.950.677) o SAP Valencia 755/2010 (TOL2.077.892) seguía aplicando el concurso de normas aplicando únicamente el Art. 383 CP al entender que si se da en unión del Art. 379.2 CP lo absorbe por su especialidad, configurándose como un agravante del primero entendiendo que el Art. 383 CP es una modalidad más de los delitos contra la seguridad vial y concibiendo la negativa como una suerte de figura agravada del delito, que actúa como repulsivo a esa falta de colaboración al llevar implícita unas penas equivalentes a las que resultarían procedentes de dar positivo, sólo que agravadas y excluye su apreciación conjunta. Todo ello a pesar que los fiscales delegados de seguridad vial en sus conclusiones de las jornadas celebradas en León, sobre tráfico y recogida tal opinión en la memoria 2009 del fiscal de sala de seguridad vial, se mantenían en la tesis mayoritaria existente previa a la reforma, del concurso real ya que cada uno de los tipos penales recogen comportamientos distintos y diferenciados temporalmente.

Finalmente y gracias a la reforma de la LECrim por la Ley 41/2015, de 5 de octubre, que ha permitido en unificación de doctrina que los delitos contra la seguridad vial llegaran a nuestro alto tribunal, este tuvo ocasión de pronunciarse en STS 419/2017, de 8 de junio (TOL6.172.049) que resolvió la controversia decantándose por la opinión mayoritaria conformada por el concurso real de delitos. Es decir, quien conduce bajo los efectos del alcohol y/o drogas y además se niega a someterse a las pruebas legalmente establecidas, comete dos delitos y no uno. El Tribunal Supremo rechaza que se vulnere el principio *non bis in ídem* debido a que estamos ante conductas distintas de manera que no existe identidad de hecho, ni que se vulnere la proporcionalidad de las penas, puesto que el bien jurídico protegido directamente en la negativa es el principio de autoridad, más la seguridad vial.

La posterior STS 794/2017, de 11 de diciembre (TOL6.461.960) se ha ratificado en dichos postulados. Por ende a efectos policiales y si bien en la práctica la imputación formal de delitos es tarea del Ministerio Fiscal, de acuerdo con la jurisprudencia de nuestro Tribunal Supremo, como fuerzas y cuerpos de seguridad nos ceñiremos al reflejo de todos los hechos con relevancia jurídica en el atestado y procederemos en su caso a la lectura de derechos a los conductores por la presunta comisión de dos delitos comprendidos en los artículos 379 y 383 CP, en su caso y no solo uno.

¿Constituye un delito de negativa, el realizar únicamente una prueba de detección, de la impregnación alcohólica? Antes de responder a la susodicha pregunta, recordemos el contenido de los artículos veintidós y veintitrés del reglamento general de circulación (RD 1428/2003), en base al carácter de ley penal en blanco, del precepto analizado:

Art.22: Las pruebas para detectar la posible intoxicación por alcohol se practicarán por los agentes encargados de la vigilancia de tráfico y consistirán, normalmente , en la verificación del aire espirado mediante etilómetros que, oficialmente autorizados, determinarán de forma cuantitativa el grado de impregnación alcohólica de los interesados.

Art. 23: Si el resultado de la prueba practicada diera un grado de impregnación alcohólica, superior a 0.5 gramos de alcohol por litro de sangre o a 0.25 miligramos de alcohol por litro de aire espirado, o el previsto para determinados conductores en el artículo 20 o, aun sin alcanzar estos límites, presentara la persona examinada síntomas evidentes de encontrarse bajo la influencia de bebidas alcohólicas, el agente someterá al interesado, para una mayor garantía y a efecto de contraste, a la práctica de una segunda prueba de detección alcohólica por el aire espirado, mediante un procedimiento similar al que sirvió para efectuar la primera prueba, de lo que habrá de informarle previamente.

Queda patente que la normativa penal representada en el artículo 383 CP en su literalidad reseña como delito la negativa a someterse a las pruebas legalmente establecidas. Asimismo y dado el carácter de ley penal en blanco, es necesario acudir a otras normas para completar dicho precepto a fin de entender que se entiende por prueba legalmente establecida. Tal remisión viene efectuada al reglamento general de circulación de cuyos artículos anteriormente epigrafiados, se desprende que la prueba legal requiere de la realización de dos espiraciones en etilómetros oficialmente autorizados, siendo la segunda de ellas obligatoria en los casos previstos en el artículo 23 del RGC. Por lo tanto ¿qué ocurre si el conductor se somete a la primera prueba y no a la segunda?

Al igual que en el epígrafe anterior, de nuevo nos encontramos que con anterioridad al recurso de casación en unificación de doctrina instaurado en 2015, existían dos corrientes jurisprudenciales al respecto, en base a la distinta interpretación que del tenor literal del articulado efectuaban los órganos jurisdiccionales. Así para un sector, que se puede ver reflejado en las SAP Albacete 58/2006 (TOL1.029.691), SAP Barcelona 19/10/2007

(TOL1.231.291) y SAP Zaragoza 506/2009 (TOL1.537.870), la segunda prueba se configuraba para una mayor garantía del sujeto y simplemente la negativa constituía una renuncia a un derecho y un acatamiento y conformidad con el resultado de la primera prueba. Entendiendo así que la práctica de esta segunda prueba tiene como finalidad una mayor garantía y se configura como una prueba a efectos de contraste, lo que permite deducir que está establecida en beneficio del conductor.

Bajo esta perspectiva si el obligado desiste a la práctica de la segunda espiración, no habría delito puesto que se entiende que es lícito renunciar a la misma la cual no tiene otra finalidad que garantizar los posibles derechos del imputado.

Etilómetro Dräger 7110 (Etilómetro evidencial)

Por el contrario, en sentencias como la SAP Santander 52/2007 (TOL1.082.075) o SAP Madrid 155/2009 (6.751.170) predicaban que la negativa al sometimiento de una segunda prueba de alcoholemia, sí era constitutiva de delito, pues su práctica es obligatoria. Opción que contaba con el respaldo de la jurisprudencia del Tribunal Supremo reflejada en distintos supuestos tangencialmente similares (que no iguales) como las STS 1/02 (TOL162.315) y STS 636/2002, (TOL2.273.065) dictadas por la Sala II de lo penal. Asimismo en dicha senda punitiva se manifestaba el fiscal delegado de seguridad vial en sus memorias anuales, tanto de 2008, como de 2009, en base al análisis de los textos legales, doctrina jurisprudencial del Tribunal Supremo y mayoría de Audiencias provinciales, con excepciones (A Coruña). Como en idénticos términos se expresaba la Circular 10/2011 de la FGE.

Así en el caso que se enjuiciaba en la STS 1/2002 (TOL162.315), el conductor se sometió a la primera prueba en etilómetro de muestreo, pero no accedió a someterse a una segunda prueba en etilómetro de precisión, aplicándole por ello el delito de negativa. El alto tribunal entiende que todos los conductores de vehículos tienen la obligación de someterse a "las pruebas". Realmente en este caso el conductor no efectuó la 2ª prueba, porque no hizo siquiera la 1ª prueba en etilómetro válido. Las pruebas consistirán normalmente en la verificación del aire espirado mediante etilómetros, que "oficialmente autorizados" determinarán de forma cuantitativa el grado de impregnación alcohólica de los interesados. Es por ello preciso poner de manifiesto la obligación que el conductor tiene de someterse a esta segunda diligencia, si concurren las circunstancias reglamentarias precisas para ello. Pues entenderlo de otra forma, considerando que el conductor queda exento de responsabilidad penal sometiéndose únicamente a la primera diligencia, implicaría un verdadero fraude legal por cuanto dadas las características de los etilómetros con los que se practican las pruebas de muestreo, podría cuestionarse el resultado obtenido con ellos. Como vemos la segunda prueba se refería a las pruebas con etilómetro oficial, pero por analogía esta sentencia se utilizó para defensa del sector proclive a la punición de la no realización de la segunda prueba.

Por su parte en la STS 636/2002 (TOL2.273.065) los agentes encargados de la vigilancia del tráfico sometieron a la conductora de un turismo que había atropellado a un ciclista provocándole la muerte a una primera prueba en etilómetro homologado e identificado sometido al control metrológico legalmente establecido, pero no a una segunda prueba, motivo por el cual no se le pudo condenar por conducción bajo los efectos del alcohol a dicha conductora, en base a que se vulneró el derecho al proceso debido y con todas las garantías, proclamado constitucionalmente en el artículo 24º CE, ya que sin el sometimiento a una segunda prueba de detección alcohólica, ni ofrecimiento de contraste analítico de la misma, se tomó como incontrovertible un resultado o una tasa no obtenida de forma reglamentaria. Mayoritariamente se entendía que la negativa a la práctica de la segunda prueba de medición de alcoholemia debía ser calificada como constitutiva de un delito contra la seguridad vial, del artículo 383 CP siendo necesario como mínimo dos mediciones en etilómetros oficialmente autorizados / homologados, no distinguiendo el Tribunal Supremo, ni el Reglamento general de conductores entre etilómetros de muestreo y etilómetros de precisión, sino entre autorizados / homologados y el resto, de los que se deberá aportar el correspondiente certificado de verificación y tener en cuenta los respectivos márgenes de error de los mismos. Siendo los etilómetros evidenciales, los únicos que cumplen con la normativa de homologación. A esta última tesis, habría que unir tanto la instrucción de tráfico 05/TV-46 DGT, como distintas órdenes de fiscalía:

- Orden del fiscal Jefe, del Tribunal Superior de Galicia, de 5 de diciembre de 2.007: Los etilómetros con los que se realicen las pruebas han de estar oficialmente autorizados, para lo cual deben reunir los requisitos establecidos en la Ley 3/1985, de 18 de marzo, de metrología, el Real Decreto 889/2006, de 21 de julio, por el que se regula el control metrológico del Estado sobre instrumentos de medida y, específicamente, en la Orden ITC/3707/2006, de 22 de noviembre, por la que se regula el control metrológico del Estado de los instrumentos destinados a medir la concentración de alcohol en el aire espirado, en la que se exige un examen administrativo. El etilómetro digital no cumple los requisitos fijados en estas normas, por lo que las pruebas que se realicen no reúnen todas las garantías y no son aptas, por sí solas, para servir de prueba en el procedimiento judicial.
- Orden del Fiscal Superior de Navarra, de 17 de marzo de 2.008: Toda persona que sea legalmente requerida para la práctica de la prueba de alcoholemia, acceda a realizar la primera prueba pero se niegue a la práctica de la segunda, se le deberá imputar un delito de negativa a la realización de las pruebas de alcoholemia del artículo 383 CP.
- Orden 1/2009 Fiscalía de Murcia: Según disponen los artículos 22 y 23 del reglamento general de circulación relativos a las pruebas para detectar la posible intoxicación por alcohol, resulta claro de la regulación legal que las pruebas de detección alcohólica se conforman por dos espiraciones en etilómetros evidenciales, llevándose a cabo la segunda de las pruebas obligatoriamente en los casos previstos reglamentariamente, es decir, si la primera espiración diera un resultado superior a 0.5 gramos de alcohol por litro de sangre o 0.25 miligramos de alcohol por litro de aire espirado, o aún sin alcanzar esos límites, presentara el examinado síntomas evidentes de encontrarse bajo la influencia de bebidas alcohólicas.

No obstante la STS 210/2017, de 28 de marzo (TOL6.012.755) zanjó definitivamente la cuestión al determinar que la negativa a la segunda espiración en el etilómetro es constitutiva del delito de negativa del artículo 383 CP pues la garantía de esa segunda espiración es tanto para el sujeto sometido a ella, como al mismo tiempo para el correcto funcionamiento del sistema.

Cuestión refrendada por las STS 619/2017, de 6 de abril (TOL6.574.096) y 495/2017, de 29 de junio (TOL6.201.731). Ahora bien, concreta el Tribunal Supremo, que ciertamente no tiene la misma gravedad negarse tajantemente a las dos mediciones que rehusar solo a la segunda, lo que podrá tenerse en cuenta a la hora de concretar la penalidad.

¿Qué ocurre, si el conductor solicita la prueba de contraste sanguínea, pero no lleva dinero suficiente para sufragarse la práctica de la misma? Lamentablemente hasta hace pocos años no existía tampoco una respuesta homogénea, por parte de los órganos jurisdiccionales, en relación a la presente cuestión.

De esta manera, en un sentido hallábamos sentencias como la SAP Pontevedra 48/2010, de 24 de marzo (TOL5.412.639) que confirmaba la sentencia por conducir bajo los efectos de bebidas alcohólicas, al conductor que informado de su derecho a la prueba de contraste condicionada al depósito previo de 104,34 €, realizó varias llamadas desde su teléfono móvil al parecer a su abogada para que le aconsejara y al no poder contactar con ella declinó la realización del contraste al estar en disconformidad con la elevada cantidad del depósito previo.

Pues tales hechos, según el tribunal, en nada merman el nítido resultado de las dos pruebas de alcoholemia en aire espirado, en concordancia con el ATS 2/2009, de 13 de enero, que refiere que la ausencia de extracción sanguínea no produce indefensión material con relevancia constitucional al no resultar limitada la defensa del acusado cuando existen otras pruebas que acreditan el estado ebrio del conductor.

Todo lo contrario se desprendía de la SAP Madrid 777/2012 (TOL2.655.648). En la misma, se absolvía al apelante de un delito contra la seguridad vial, ya que pese a haber arrojado 0,88 y 0,72 mg/l en sendas pruebas de detección de alcohol en aire espirado, el conductor solicitó una prueba de contraste en sangre, disconforme con el resultado. Instándole los agentes de la autoridad un depósito previo de 300 euros, el juzgado entiende que tal cantidad entraña un obstáculo relevante a la efectividad del derecho a la contraprueba, configurándose como una cifra nada reducida y que pudiera funcionar en la práctica como un instrumento disuasorio de verificación de la corrección de las mediciones etilométricas, comprometiendo el derecho fundamental de toda persona a la defensa de sus derechos e intereses legítimos. De esta forma, se colocaba al investigado en una posición de indefensión, que conducía a la imposibilidad de invocación de los resultados de la verificación mediante etilómetros.

La solución al presente caso en esta ocasión no vino de la mano del recurso de casación en unificación de doctrina, sino que acaeció tras la modificación de la Ley de Seguridad Vial a través del RDL 6/2015, de 30 de octubre por el que se aprobó el texto refundido de la Ley sobre Tráfico y Seguridad Vial y en virtud del principio de jerarquía normativa. Actualmente coexisten en nuestro ordenamiento (regulando la misma materia) el artículo 23.4 RGCIR que establece que el importe de las pruebas de contraste debe depositarse con carácter previo a las mismas **y el artículo 14.5 LSV que estipula que se abonará después de las prácticas de las pruebas de contraste y sólo en caso de haber resultado positivas las mismas. Norma esta última que en caso de conflicto de normas prevalece en virtud del principio de jerarquía normativa (Ley prevalece sobre reglamento) y más moderna en el tiempo.**

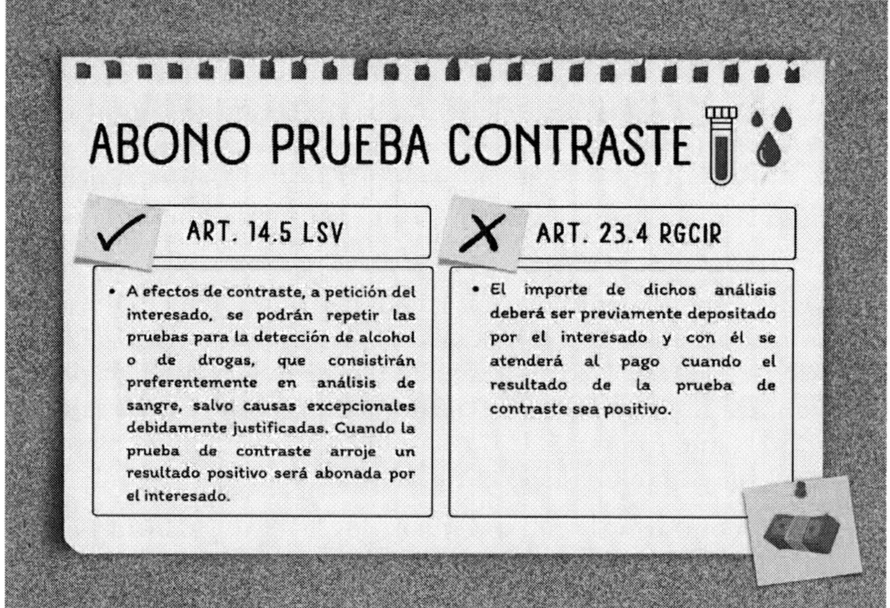

Por lo tanto a día de hoy, las fuerzas y cuerpos de seguridad encargados de la vigilancia del tráfico, NO pueden solicitar un depósito previo al interesado en ejercer su derecho de contraste y se limitarán a desarrollar las condiciones para la materialización del mismo. Correspondiendo a la administración sanitaria o laboratorio pertinente la reclamación del importe de la analítica.

¿Y cuál es el precio de dicha prueba de contraste? Puesto que hemos visto en distintas sentencias diferentes precios. Pues bien en la Comunidad Valenciana por ejemplo la Ley 20/2017, de 28 de diciembre, de tasas establece para el sistema público sanitario autonómico un coste asociado a la determinación de alcoholemia de 21,71 € y para las pruebas de drogas y tóxicos un importe de 25,06 €.

Supuestos problemáticos:

A- Alegación de impedimentos físicos: El reglamento general de circulación (Art. 22.2) cita que cuando las personas obligadas sufrieran lesiones, dolencias o enfermedades cuya gravedad impida la práctica de las pruebas, el personal facultativo del centro médico al que fuesen evacuados decidirá las que se hayan de realizar. Y es que se le debe informar en caso de imposibilidad, de la existencia de pruebas alternativas y únicamente en el supuesto de que se negare a ello habrá incurrido en el delito. Véase al caso la SAP Valencia 260/2011 (TOL2.161.669) en la que la Audiencia Provincial de Valencia, absuelve a un conductor del delito de negativa, porque tenía una traqueotomía y los agentes no le dieron la oportunidad de efectuar otro tipo de pruebas, distintas a las del aire espirado. De hecho se especifica en la sentencia que el acusado en ningún momento se negó a someterse a las pruebas, sino que informaba que su traqueotomía le impedía hacerlas con garantías lo que le generó un estado de nerviosismo y posterior traslado a centro médico, no constando que los agentes solicitaran al personal facultativo de dicho centro la solicitud al mismo sobre las pruebas de determinación de su grado de influencia o intoxicación a la vista de la dolencia que padecía, siendo dicha autoridad sanitaria a la vista del Art. 22.2 RGCIR la única capacitada para ello.

Absuelto un conductor que no pasó el test de alcoholemia porque tenía una traqueotomía

▶ La Audiencia de Valencia revoca la condena al acusado porque la policía no le ofreció pasar un análisis de sangre

R. F. VALENCIA

La Audiencia de Valencia ha anulado la condena a un conductor que se negó a soplar en el test de alcoholemia porque tenía una traqueotomía. El acusado fue condenado por un juez de lo Penal de Valencia, pero la Audiencia ha revocado la sentencia porque la policía no ofreció al conductor la posibilidad de pasar un análisis de sangre.

Los hechos ocurrieron en Burjassot. El titular del juzgado de lo Penal número tres de Valencia consideró probado que el 25 de enero de 2009 el acusado circulaba ebrio cuando rozó a un coche en la calle Maestra Inés Mir. Unos agentes de la Policía Local de Burjassot acudieron al lugar del accidente y advirtieron que el imputado olía a alcohol y tenía los ojos rojos. Los policías pidieron al conductor que pasara el test de alcoholemia, pero él les indicó que no podía porque tenía una traqueotomía. El juez impuso al acusado una multa de 1.440 euros y le retiró el carné de conducir durante dos años.

Sin embargo, la Audiencia considera significativo que los agentes que prestaron declaración en el juicio «afirmaran con toda contundencia que el acusado en ningún momento se negó a someterse a la prueba de alcoholemia, sino que manifestaba que su traqueotomía le impedía hacerla con garantías». El fallo precisa que el acusado incluso sufrió un ataque de ansiedad y que fue atendido en el centro de salud de Burjassot.

La sentencia indica que a pesar de que el hombre estaba en un centro de salud no se le ofreció la posibilidad de someterse a una extracción de sangre para

Fuente: Periódico Levante E.M.V. 21/04/2011

Sobre el tipo de dolencias, que pueden dar lugar a la excusa de las prácticas reglamentarias, la SAP Barcelona 4/11/2005 (TOL832.164) no excluye de la obligación de someterse a la prueba de alcoholemia a la acusada que presentaba una fractura a la altura del tobillo con un dolor muy agudo y mareo. Por su parte, la SAP Palencia 04/12/1997, sí que excluye de tal obligación a un conductor con múltiples contusiones y con la cara ensangrentada, ya que no parece razonable en dicho caso.

Por su parte en la SAP Valencia 482/2923, de 4 de octubre (TOL9.757.214), entiende como no válida para justificar la negativa a la prueba de alcoholemia efectuada en mayo de 2022, dos partes médicos relativos a neumonía del conductor correspondientes a mayo y octubre de 2021, por entre otros motivos ser en más de seis meses anteriores al día de autos.

B- Solicitud directa de análisis de sangre: ¿Qué ocurre si un conductor obligado a realizar las pruebas de alcohol en aire espirado, solicita directamente análisis de sangre? De nuevo los tribunales nos ofrecían dos soluciones al mismo problema, totalmente divergentes.

Por un lado, la SAP Gerona de 08/07/2002 (TOL264.665) expone que cuando los resultados del etilómetro han resultado fallidos por la exclusiva voluntad del requerido, no les es exigible a los agentes ofrecer al acusado la prueba de contraste de análisis de sangre. El Art. 22.1 RGCIR establece que la norma general para la realización de pruebas de alcoholemia no es la de practicar de entre todas las posibles, aquella que el requerido elija por sí mismo o decidan los agentes, incluso aunque el mismo interesado les solicitara directamente un análisis sanguíneo.

En otro sentido la SAP Burgos 05-03-1998 (ECLI:ES:APBU:1998:189) absuelve a un conductor que si bien se negó a someterse a las pruebas de alcoholemia por aire espirado, solicitó no obstante, al considerarlo más fiable, la determinación del índice de alcohol en sangre, a través del correspondiente análisis. Lo cual a juicio del juzgador, hace inviable la tipificación de su acción como constitutiva de delito. En el mismo orden la SAP Madrid 22/05/2000 (ECLI:ES:APM:2000:7613) consideró que la conducta de quien se ofrece directamente a someterse a una prueba más fiable, como es la que se obtiene mediante el análisis de sangre, no representa una oposición a realizar una prueba establecida para la comprobación de los hechos, sino que al contrario, es una completa colaboración en la investigación de los mismos. En consecuencia ni se trata de entorpecer o impedir esa práctica a la policía, ni se menoscaba el principio de autoridad por esa negativa al referirse sólo a uno de los instrumentos posibles para ello.

Dicha divergencia o dualidad, quedó finalmente zanjada, tras la no muy conocida STS 27/06/2006 (TOL984.972), en la que la sección quinta de la sala de lo contencioso-administrativo, estipula en el fundamento de derecho segundo que «el legislador ha optado por el mencionado sistema del etilómetro para la comprobación del nivel de alcohol en sangre de los conductores, y lo que es evidente es que no deja en manos del conductor la decisión sobre la práctica de las pruebas; esto es, se insiste la prueba de contraste contemplada en los preceptos solo resulta posible cuando existe un previo resultado positivo obtenido con el etilómetro».

Zanjada la cuestión, se observa homogeneidad en el resto de sentencias posteriores. Así por ejemplo la SAP Badajoz 67/2018, de 12 de septiembre (TOL6.989.459) condena por un delito de negativa al conductor (médico de profesión) que se negó a efectuar las pruebas de alcoholemia en aire espirado, queriendo efectuar directamente la prueba sanguínea por entender a su juicio personal que es la única prueba válida para medir la presencia de alcohol en el organismo y tenía el convencimiento de que el test de aire espirado no es válido. La Audiencia Provincial, coincide en los fundamentos expuestos por el Ministerio Fiscal, que indican que el acusado no puede elegir a su antojo la prueba que desee que se le practique sino que tiene que seguir el orden legal, primero la de aire espirado y después, como contraste la de análisis de sangre. En idénticos términos se expresa SAP León 400/2023, de 24 de octubre (TOL9.807.461). Al caso presente, también es de gran interés la SAP Alicante 171/2009 (TOL6.914.766) Donde el acusado solicitó un análisis de sangre cuando fue visitado por el médico a petición suya en ejercicio de uno de los derechos del detenido, lo cual no impide ni excluye su conducta previa, consistente en negarse a practicar las pruebas de determinación de alcohol en el organismo legalmente establecidas, pues el conductor obligado a realizarlas tiene derecho a prueba de contraste, pero no a elegir en qué momento se somete a ella y qué persona debe practicarla.

C- Realización defectuosa de la prueba: Los comportamientos burlescos o picarescos, tales como insuflar una mínima cantidad de aire, simulación de defectos físicos inexistentes, expulsar conscientemente el aire fuera de la boquilla, espiración de aire por tiempo insuficiente, están siendo tajantemente rechazadas como banales excusas de los acusados. La negativa puede desarrollarse en un arco ciertamente amplio y difuso, desde la tajante oposición a utilizar los aparatos técnicos, hasta comportamientos más sutiles que sin exteriorizar una falta de voluntad tan evidente, se traducen en intentos más o menos desvirtuados con la finalidad de impedir la obtención de un resultado claro en el examen al que se somete al conductor.

La STS 620/2023, de 17 de julio (TOL9.662.459) nos aclara que la omisión al sometimiento de las pruebas legalmente establecidas se da cuando el sujeto activo omite desde el inicio la actividad impuesta, como cuando obstaculiza tal actividad en forma tal que hace ilusorio su cumplimiento u observancia. La realización consciente de una actividad como el disimulo o el artificio de abordar el acatamiento de una orden sabiendo que se hace de manera absolutamente discrepante con el comportamiento exigido, se encuadra como un delito de negativa. Ejemplificativamente es condenado por un delito de negativa quien hace creer a los agentes que iba a efectuar la prueba desarrollando una puesta en escena, colocando la boquilla en el etilómetro pero sin llegar a insuflar nada de aire en el aparato reiteradamente (SAP Madrid 117/2022, TOL8.945.158).

La sanción administrativa: Pervive en nuestro ordenamiento al objeto de sancionar la negativa al sometimiento de las pruebas de detección de alcohol y/o drogas cuando es de obligada práctica legal, a todos aquellos conductores de vehículos que no sean vehículos a motor/ciclomotores (Bicicletas, vehículos de tracción animal, vehículos de movilidad personal...) así como al resto de usuarios de la vía (peatón) que tengan obligación puntual de someterse a las pruebas. Como explicitamos al principio cuando la negativa la comete el conductor de un vehículo a motor/ciclomotor, independientemente de la causa legal que motive la realización de las pruebas la negativa tiene relevancia penal. Por el contrario, la conducción de una bicicleta y la negativa por parte de su conductor a realizar las pruebas acarrearía únicamente una sanción administrativa, pues el Art. 383 CP. exige que el sujeto activo sea el conductor de un vehículo a motor.

Las sanciones administrativas derivan de la obligación genérica estipulada en el artículo vigésimo primero del RGCIR para todos aquellos conductores obligados a su práctica, como del precepto decimo cuarto de la LSV, que específicamente tipifica la negativa por parte de usuarios de la vía cuando la misma se produce en el marco de la comisión de una infracción previa a la LSV o hallándose implicado el obligado en un accidente de tráfico. Independientemente del articulado de la infracción (conductor o usuario) la cuantía de la sanción administrativa derivada de la negativa es común a todos los supuestos: una infracción muy grave sancionada siempre con 1.000 euros. Dado que para la conducción de bicicletas, VMP... no se precisa autorización administrativa para conducir, en estos casos no se detraerán puntos conforme las instrucciones DGT 11/S-124 y SANC 22/06.

De esta manera, el último codificado publicado por la Dirección General de Tráfico en 2022, estipula en base a las referidas variables argumentadas cuatro sanciones administrativas distintas a la hora de reprender administrativamente la negativa al sometimiento de las pruebas lealmente establecidas por parte de conductores de vehículos o usuarios de la vía cuando estén obligados a realizarlas.

SANCIONES ADMINISTRATIVAS NEGATIVA PRUEBAS

Art. 21.1.5F RGCIR — **Conductores (1.000 €)** No someterse a las pruebas de detección de **alcohol** habiendo sido requerido por agentes encargados vigilancia del tráfico.

Art. 14.2.5A LSV — **Conductores (1.000 €)** No someterse a las pruebas de detección de la posible presencia de **drogas**, siendo requerido por agentes encargados vigilancia del tráfico.

Art. 14.2.5B LSV — **Usuarios (1.000 €)** No someterse a las pruebas de detección de **alcohol** estando implicado en un accidente de tráfico o habiendo cometido infracción a la LSV.

Art. 14.2.5C LSV — **Usuarios (1.000 €)** No someterse a las pruebas de detección de **drogas** estando implicado en un accidente de tráfico o habiendo cometido infracción a la LSV.

384 Código Penal.

Conducción sin permiso

El que condujere un vehículo de motor o ciclomotor en los casos de pérdida de vigencia del permiso o licencia por pérdida total de los puntos asignados legalmente, será castigado con la pena de prisión de tres a seis meses o con la de multa de doce a veinticuatro meses o con la de trabajos en beneficio de la comunidad de treinta y uno a noventa días.

La misma pena se impondrá al que realizare la conducción tras haber sido privado cautelar o definitivamente del permiso o licencia por decisión judicial y al que condujere un vehículo de motor o ciclomotor sin haber obtenido nunca permiso o licencia de conducción.

Evolución legislativa: Con el objeto de garantizar la aptitud de los conductores para manejar los vehículos con el menor riesgo posible, la conducción de vehículos a motor y ciclomotores exige obtener previamente autorización administrativa dirigida a verificar que los conductores reúnen los requisitos de capacidad, conocimientos y habilidad necesarios para la conducción del vehículo de que se trate. En España, ya en 1900 el reglamento para el servicio de coches automóviles por las carreteras, exigía habilitación especial para la conducción de los mismos, la cual era expedida por el gobernador civil de la provincia, encontrándose su expedición condicionada a aportar una serie de documentos, tales como certificado de buena conducta expedido por el Alcalde, certificado médico, saber leer y escribir, conocimientos teóricos y prácticos sobre las normas y el vehículo, así como un límite mínimo y máximo de edad (18-67 años).

No obstante la sanción prevista para la infracción de tal precepto en 1900 tenía carácter administrativo y correspondía imponerla al Gobernador Civil. Posteriormente el Código Penal de 1928 publicado durante la dictadura de Primo de Rivera, ascendió a la categoría de delito el conducir vehículos o aparatos de locomoción para cuya conducción se necesitase aptitud determinada, sin certificación que la acreditara (Prisión de 2 meses y 1 día a 1 año + multa de 1.000 a 3.000 pesetas). Sin embargo, el Código Penal de 1932, relegó de nuevo al ámbito administrativo la citada conducta, que a su vez volvió a considerarse delito tras la promulgación de la Ley penal especial del automóvil de 1950, siendo castigada con la pena de arresto mayor o multa de 1.000 a 10.000 pesetas, la conducción de vehículos de motor, sin estar legalmente habilitado para ello.

Esta disposición a su vez, fue sustituida por la Ley sobre uso y circulación de vehículos de motor de 24 de diciembre de 1962, que mantenía el carácter penal de la infracción, pero castigaba únicamente con penas de multa de 5.000 a 15.000 pesetas, al que condujere sin haber obtenido el "correspondiente" permiso. Novedad legislativa que introducía una mayor precisión en el tipo penal, además de sancionar por separado el quebrantamiento de la condena de anulación o privación del permiso de conducir.

En 1967, con la Ley de 8 de abril, sobre modificación de determinados artículos del Código Penal y de la Ley de enjuiciamiento criminal y en unión de todo el grueso de las conductas penales que recogían las leyes penales especiales de tráfico, es incorporado como delito en el Código Penal, concretamente en su artículo 340 bis, apartado c) que castigaba con multa de 5.000 a 20.000 pesetas al que condujere por vía pública un vehículo de motor sin haber obtenido el correspondiente permiso. Manteniéndose en el nuevo Código de 1973, hasta que la Ley orgánica 8/1983 de 25 de junio, devuelve de nuevo, la infracción a la esfera administrativa, al entenderse excesivo su castigo penal.

Ulteriormente, en 1995 nuestro actual Código mantuvo la atipicidad penal de la conducción sin permiso, hasta que la reforma operada por la Ley orgánica 15/2007 devuelve al ámbito penal la manida conducta, que también es castigada por la vía penal en la mayoría de los países de nuestro entorno, existiendo sistemas duales de castigo (infracción penal / administrativa) similares al español en Alemania y Portugal o países como Francia o Reino Unido, donde conducir sin el correspondiente permiso constituye siempre ilícito penal. Italia, se configura en este aspecto como la excepción, al despenalizar desde 2016 tal acción considerándola infracción administrativa, salvo en casos de reincidencia. A la postre la Ley orgánica 5/2010 modificó de nuevo el art. 384 CP, manteniendo su carácter penal, pero modificando sus penas que conservan su antigua duración pero pasan a configurarse como alternativas. Como habrá podido apreciar fácilmente el lector, parece que nuestro legislador nunca ha tenido claro como reprender desde el derecho la conducción sin permiso, si penalmente (durante 70 años) o administrativamente (durante 54 años).

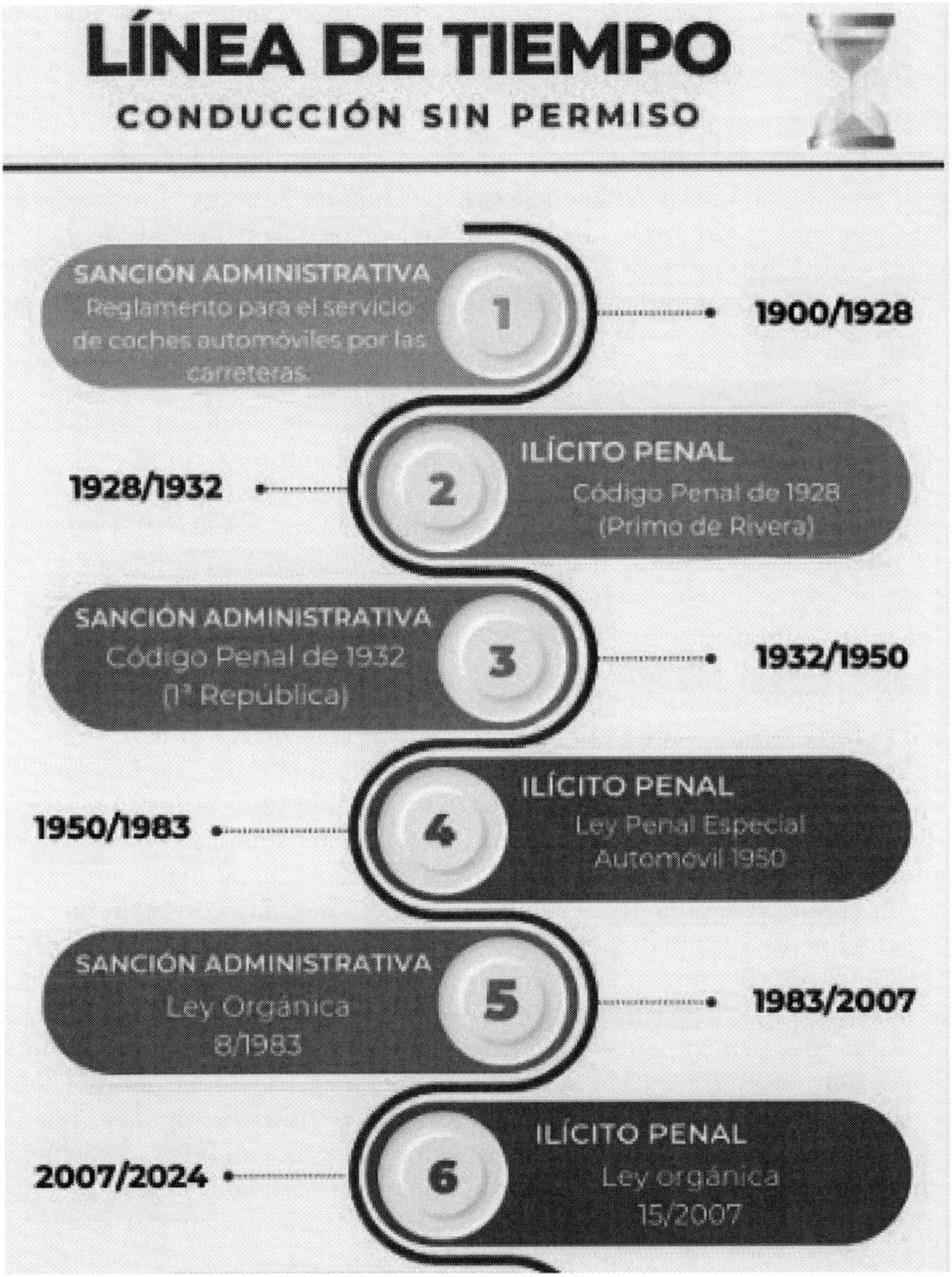

LÍNEA DE TIEMPO

CONDUCCIÓN SIN PERMISO

1. **SANCIÓN ADMINISTRATIVA** — Reglamento para el servicio de coches automóviles por las carreteras. — **1900/1928**
2. **ILÍCITO PENAL** — Código Penal de 1928 (Primo de Rivera) — **1928/1932**
3. **SANCIÓN ADMINISTRATIVA** — Código Penal de 1932 (1ª República) — **1932/1950**
4. **ILÍCITO PENAL** — Ley Penal Especial Automóvil 1950 — **1950/1983**
5. **SANCIÓN ADMINISTRATIVA** — Ley Orgánica 8/1983 — **1983/2007**
6. **ILÍCITO PENAL** — Ley orgánica 15/2007 — **2007/2024**

Estructura: Del análisis del artículo 384 del Código Penal, se deducen tres ilícitos penales, a saber:

1º- Conducir un vehículo de motor o ciclomotor, en los casos de pérdida de vigencia del permiso o licencia por pérdida total de los puntos asignados legalmente: A diferencia de las otras dos causas, constitutivas de delito, la presente entró en vigor el 2 de diciembre de 2007 y con ella se pretende cerrar el círculo sobre la regulación del carné por puntos. En 2021, casi 300.000 conductores habían perdido su permiso de conducción por agotar su saldo.

Hay que tener claro que sólo es constitutivo de delito, la pérdida de vigencia del permiso o licencia, por pérdida de puntos y no por ejemplo su falta de vigencia derivada de la caducidad del permiso que sigue configurándose como sanción administrativa, sancionable en virtud del Art. 12.4 del RGCON, ya que el tipo penal exige no haber obtenido jamás el permiso por eso debe excluirse del radio de acción penal a quien posee permiso extranjero y también a aquellas personas que el permiso les ha caducado (STS 1122/2012, TOL2.469.159). Recordemos igualmente que el RD 64/2008, eliminó la pérdida de vigencia de las autorizaciones caducadas más de cuatro años, eliminando la necesidad de volver a examinarse en estos casos (que existía previamente) por lo que es indiferente que el permiso se encuentre caducado unos días, unos meses o varios años.
El RGCON regula dos tipos de pérdidas de vigencia de las autorizaciones administrativas para conducir: la primera por agotar el saldo de puntos y la segunda por la pérdida de las facultades psicofísicas para conducir. En base al principio de legalidad y tipicidad penales cuando un conductor pierde la vigencia de su autorización por ejemplo por una enfermedad ocular degenerativa que le deja sin visión, es decir, por pérdida de sus facultades psicofísicas tampoco comete el delito del Art. 384 CP, sino una infracción administrativa muy grave (*500 €*) contemplada en el Art. 1.1.5A del RGCON. Pero únicamente es constitutiva de delito la pérdida de vigencia por el agotamiento del saldo legal de puntos decretada por el Jefe/a Provincial de Tráfico, por ello en los atestados que realicemos deberá constar a ser posible, la existencia del acuerdo del jefe provincial de tráfico, por el que se declara la pérdida de vigencia de la autorización para conducir cuando su titular haya perdido la totalidad de los puntos asignados, así como indicación de su fecha y ausencia de recursos pendientes sobre el mismo. (Véase documento ejemplificativo II).

Con el Art. 384 CP se incrimina una conducta que de no castigarse, beneficiaría al que deliberadamente decide permanecer al margen del sistema, otorgando cobertura penal a la Ley del carnet por puntos de 2005, con el fin de intentar reducir la siniestralidad vial. La STS 480/2012 (TOL2.598.225) nos indica que el presente tipo penal tiene una finalidad preventiva de evitar los riesgos previsibles para el tráfico viario atribuibles a la conducta de quien, debido a su número de sanciones, ha mostrado su peligrosidad para los bienes jurídicos que tutela la norma penal, a saber la seguridad vial directamente y la vida e integridad física indirectamente. La STS 803/2013 (TOL4.015.120), se manifiesta en idénticos términos en lo que respecta al bien jurídico protegido como ratifican las posteriores STS 335/2016 (TOL5.699.1545) y STS 369/2017 (TOL6.356.029) en jurisprudencia consolidada.

Por lo tanto, para la apreciación del delito contenido en el epígrafe primero del artículo 384 CP, consistente en la pérdida de vigencia derivada de la pérdida total de los puntos asignados legalmente son necesarios dos tipos de requisitos:

A) Objetivos: La comisión de varias infracciones de tráfico que lleven aparejadas la detracción de puntos conforme a Ley hasta su agotamiento, el cual se deberá reflejar en un acto administrativo firme de retirada de la totalidad de los puntos y pérdida de vigencia del permiso.

Las infracciones merecedoras de tal sanción y el número de puntos correspondiente a cada una de ellas se hallaba originalmente dada en la redacción de la Ley 17/2005, de 19 de julio, que recogía 27 infracciones susceptibles de aminorar el saldo de puntos de los conductores. Posteriormente la Ley 18/2009, de 23 de noviembre, de modificación de la LSV las rebajó a 20 eliminando la detracción por estacionamientos indebidos entre otras que afectaban en menor medida a la seguridad vial. A continuación la Ley 6/2014, de 25 de julio, que reformó la LSV incluyó los detectores de radar como causa de detracción de puntos, elevando a 21 las infracciones susceptibles de minorar el respectivo saldo por puntos de los conductores y a día de hoy tras la Ley 18/2021, de 20 de diciembre, no se tipificaron nuevas infracciones si bien es cierto que alguna como la relativa al uso del teléfono móvil se subdivide según se haga uso del mismo con la mano o no, si bien en líneas generales la última reforma consolida la tendencia del legislador consistente en no crear nuevas infracciones, pero aumentando el número de puntos que detraen las conductas más peligrosas para la seguridad vial, tal y como se puede apreciar en la ilustración siguiente:

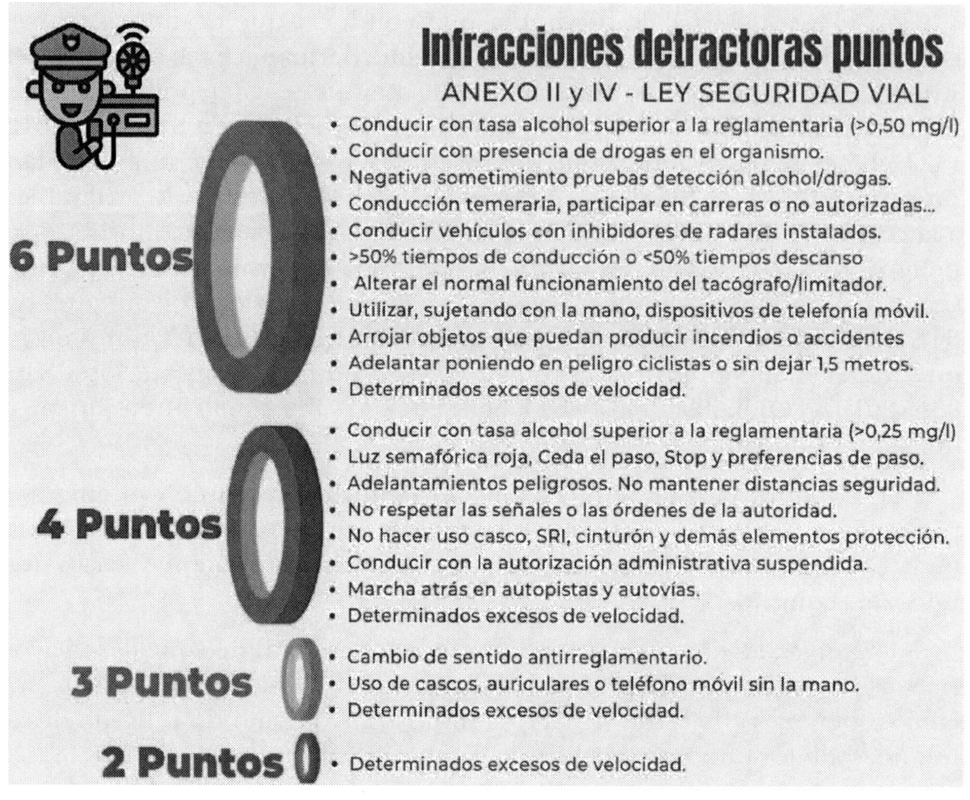

B) Subjetivos: En la medida que se trata de un delito doloso, el tipo penal exige que el sujeto haya sido informado de la pérdida de vigencia del permiso con carácter firme de manera que cuando el mismo ejerza la conducción sea consciente del ilícito que comete, por lo que se recomienda encarecidamente siempre que sea posible la notificación personal y ello en base a que mientras que por ejemplo la SAP Zaragoza 183/2009 (TOL375.339) da por buena la notificación efectuada en el domicilio del conductor a su madre, por el contrario la SAP Navarra 19/09/2017 (TOL6.433.260) absolvió al conductor cuya notificación fue recibida y firmada por la madre del mismo que convivía con él y no se pudo demostrar que hiciera partícipe de la misma a su hijo.

Lo que está fuera de toda duda es que a efectos penales (dolo) es requisito la práctica de la notificación relativa a la pérdida de vigencia de la autorización administrativa para ejercer la conducción, puesto que la publicación en boletines oficiales no viene siendo admitida en nuestros tribunales, a excepción de una única y vetusta sentencia como es la SAP Zaragoza 134/2009 (TOL1.537.557) en la que si bien el conductor cuando es parado por la Guardia Civil aseveró que se había olvidado el permiso en su domicilio, se pudo comprobar como el mismo, le había sido retirado por resolución firme por pérdida total de puntos. Asimismo en el acto del juicio manifestó su desconocimiento ante tal circunstancia ya que no le fue notificada, siendo desestimada tal alegación ya que quedó acreditado que tras intentarse tal notificación y no hallar a nadie en el domicilio, ni recogerse el correo certificado en la oficina de correos, se procedió a la publicación de la resolución en el boletín oficial correspondiente. No obstante, esta sentencia únicamente ejemplifica cierta jurisprudencia dispar, que se produjo excepcionalmente durante los primeros años de aplicación del nuevo precepto penal. Puesto que en base a la necesaria existencia del dolo, la totalidad a día de hoy de órganos jurisdiccionales únicamente están admitiendo como válida la notificación personal al interesado y no la publicación en edictos, que si bien ofrece garantías formales, no ofrece garantías materiales que permitan constatar que el sujeto es conocedor.

De hecho, esta "evolución" en la interpretación del precepto, se puede observar claramente en las sucesivas memorias del fiscal coordinador de seguridad vial. Así en la memoria anual del 2009, reseña que para formular acusación por este delito, primero es necesario acreditar la constancia de la firmeza administrativa de la resolución y segundo, en relación al dolo refiere que este tipo penal como delito doloso requiere probar el conocimiento del contenido de la resolución administrativa, permitiendo la Ley de seguridad vial en relación a los artículos 58 y 59 de la Ley 30/1992 (actualmente art. 40 y ss. Ley 39/2015), otras formas de notificación distinta de la personal, por lo que aunque la notificación de la resolución administrativa firme se configure como un muy importante elemento de prueba relativo al conocimiento del imputado sobre la ilicitud de su conducta, no es el único. No obstante en la memoria del 2010, sí que reseña abiertamente que nada puede obtenerse probatoriamente de los boletines oficiales y la de 2011, da un paso más en este sentido, afirmando que la notificación edictal en boletines oficiales carece por sí sola de valor acreditativo.

Por lo tanto ¿cómo actuar ante un conductor con pérdida de permiso "edictal"?, es decir, con un conductor que cumple el requisito objetivo del tipo penal (resolución firme de pérdida de vigencia del permiso) pero no el requisito subjetivo, ya que la pérdida no se le ha notificado y se ha publicado en un boletín edictal. La solución nos las ofrece la instrucción de la DGT 12 C-105, para el caso que los agentes de la autoridad, detecten un conductor que se encuentre en situación de *"Pérdida de vigencia edictal"* actualizada posteriormente por la Instrucción DGT 2021/SANC-1, que podemos sintetizar en las siguientes pautas de actuación policial.

PRIMERO: Se formulará denuncia por infracción muy grave (500 €) al artículo 1.1.5A RGCON, por conducir careciendo de autorización administrativa. Que la vía penal ante una pérdida edictal esté vedada, no significa que la vía administrativa cursada debidamente siga su curso y la autorización para ejercer la conducción devenga inválida.

SEGUNDO: Se procederá a la retirada física del permiso de conducción, en su caso y siempre se pondrá a disposición del conductor acta conforme modelo que se incluye en el Anexo I de la Instrucción DGT 2021/ SANC-1 donde se informará al conductor de toda la información relativa a la pérdida de vigencia que se entregará a firma por el interesado, procediendo a remitir a la Jefatura de Tráfico copia de la misma al objeto que pueda eliminarse del registro de conductores e infractores la incidencia de aviso PV EDICTAL (puesto que el conductor, ahora sí conoce que le ha sido retirado el permiso).

MINISTERIO
DEL INTERIOR

ANEXO I

ACTA DE INFORMACIÓN SOBRE LA PRIVACIÓN DEL DERECHO A CONDUCIR Y SOBRE LA PÉRDIDA DE VIGENCIA E INTERVENCIÓN EN SU CASO, DE LA AUTORIZACIÓN ADMINISTRATIVA PARA CONDUCIR

En__________________, C/Avda./plza. __________________, siendo las _______horas, del día_________, los agentes __________con carnet profesional o TIP números _________y_________, pertenecientes a la unidad reseñada, extienden la presente para HACER CONSTAR:

TERCERO: Es causa de posible inmovilización del vehículo, puesto que el Art. 61 de la LSV, establece que la conducción de vehículos a motor exigirá el preceptivo permiso, condicionándose su vigencia a que su titular no haya perdido los puntos. Así como lo dispuesto en el Art. 12 RGCON que expresamente indica que los permisos o licencias que hayan perdido totalmente la asignación inicial de puntos, no autorizan a su titular a conducir.

En síntesis, para la consumación del párrafo primero del Art. 384 CP es necesaria la existencia de un requisito objetivo (resolución de pérdida de vigencia) y un requisito subjetivo (conocimiento por parte del titular de la autorización, que la misma ha perdido su vigencia). En relación a este último requisito subjetivo sino se le ha conseguido notificar personalmente al titular la pérdida del permiso, ésta se publica en boletín oficial y se anota PV EDICTAL en el registro de conductores, a la espera que el conductor sea detectado por alguna FCS que le informará a través del acta contenida en el Anexo I de la Instrucción DGT 2021/SANC-1. No obstante, el trámite habitual es que el conductor reciba la notificación en su domicilio conforme los artículos 37 y 38 del reglamento general de conductores, que desarrollan el procedimiento para declarar la pérdida de vigencia por el agotamiento de los puntos.

En cuanto al requisito objetivo, consistente en la pérdida de vigencia, el procedimiento se inicia al constatar la Dirección General de Tráfico que un conductor ha acumulado diversas infracciones de manera que su saldo es igual a cero puntos. A partir de ese momento redacta un acuerdo de incoación que a su vez se constituye en notificación del procedimiento donde se otorga al interesado un plazo de 10 días hábiles para formular alegaciones y para proposición de pruebas, así como incluye el derecho a la vista del expediente administrativo que se establece en la Ley 39/2015. A continuación se muestra un ejemplo, denominado documento ejemplificativo I, en el cual se observa el texto estándar que recibe el titular de una autorización que se ha quedado con 0 puntos.

Ejemplo I.- Acuerdo iniciación pérdida vigencia permiso

MINISTERIO INTERIOR

JEFATURA PROVINCIAL DE TRÁFICO DE MADRID

ASUNTO: ACUERDO DE INICIO DE PROCEDIMIENTO DE PÉRDIDA DE VIGENCIA DE AUTORIZACIÓN ADMINISTRATIVA PARA CONDUCIR.

Nº EXPEDIENTE: 18383 Nº AUTORIZACIÓN ADMINISTRATIVA: 99.999.999-Z

I.- ANTECEDENTES DE HECHO

PRIMERO.- Examinado el Registro de conductores e infractores de esta Dirección General de Tráfico consta que el interesado es titular de la autorización administrativa para conducir cuyo número arriba se indica, y ha sido sancionado en los expedientes y en las circunstancias que se detallan a continuación:

Nª Expediente	Autoridad	Infracción	Calificación	Nº Puntos
28001150	JPT Madrid	CIR 117.1	G	3
28001475	JPT Madrid	CIR 18.2	G	3
46005999	JPT Valencia	CIR 50.1	G	2
28001111	JPT Madrid	CIR 18.2	G	3
MU74739	Ayto. Murcia	CIR 146.1	G	4

SEGUNDO: Habiendo adquirido firmeza en vía administrativa las sanciones impuestas, éstas han supuesto sucesivas reducciones reflejadas igualmente en el apartado correspondiente de este acuerdo, de la asignación total de puntos otorgada a dicha autorización, constatándose en este momento la pérdida de la totalidad de los mismos.

II- FUNDAMENTOS DE DERECHO

PRIMERO: El Art. 71.1 de la Ley de Seguridad Vial, según redacción dada por la Ley 17/2005, establece que el organismo autonómica Jefatura Central de Tráfico declarará la pérdida de vigencia de la autorización para conducir cuando su titular haya perdido la totalidad de los puntos asignados como consecuencia de la aplicación del baremo recogido en el anexo II LSV. Asimismo, el Art. 37 del RGCON, establece que la Jefatura Provincial de Tráfico, una vez constatada la pérdida por el titular del permiso o licencia de conducción de la totalidad de los puntos asignados, iniciará el procedimiento para declarar la pérdida de vigencia mediante acuerdo que contendrá una relación detallada de las resoluciones sancionadoras firmes en vía administrativa que hubieran dado lugar a la pérdida de puntos, con indicación del número de puntos que cada una de ellas hubiere correspondido y se le dará vista del expediente al titular de la autorización, en los términos previstos en la Ley 39/2015, concediéndole al interesado un plazo máximo de 10 días para formular las alegaciones que estimen convenientes.

SEGUNDO: Habida cuenta que en el presente caso ha quedado acreditado que el interesado ha perdido la totalidad de puntos que fueron asignados a su autorización administrativa para conducir.

ACUERDO, iniciar el procedimiento para declarar la pérdida de vigencia de su autorización administrativa para conducir y dar vista del expediente al titular, poniéndolo de manifiesto en esta Jefatura Provincial de Tráfico, pudiendo formular alegaciones en el plazo de 10 días desde el siguiente al de la notificación del presente acurdo de conformidad con lo establecido en el Art. 37 RGCON y 30 de la Ley 39/2015.

Madrid, a 1 de abril de 2024
Fdo: El Jefe provincial de Tráfico

Es importante destacar que paradójicamente y aunque cuando se consulte el saldo de puntos de un conductor puede aparecer que el mismo tiene 0 puntos, como todavía no se ha declarado la pérdida de vigencia de la autorización, sino que como vemos simplemente se puede estar notificando al interesado el inicio de un procedimiento administrativo contradictorio en el cual tiene incluido un plazo para formular alegaciones, NO se puede aplicar en este momento ni la vía administrativa, ni por ende mucho menos la vía penal.

El titular de la autorización administrativa una vez recibido el acuerdo de iniciación de pérdida de vigencia del permiso, a partir del día siguiente al de la notificación tiene 10 días hábiles para formular cuantas alegaciones estime convenientes si así lo estima a su derecho. Una vez no efectuadas alegaciones o efectuadas sin ser estimadas, transcurridos los plazos correspondientes en continuación a este primer acuerdo de iniciación de la pérdida de vigencia del permiso, el jefe provincial de tráfico tramita un segundo documento denominado resolución de pérdida de vigencia del permiso o licencia de conducción.

A partir de este momento administrativamente nos encontramos ante un acto que no es firme (recurrible en alzada) pero que sí que es ejecutivo y por ende ejecutable administrativamente, quedando expedita la vía administrativa a partir del día siguiente al de su notificación. La vía penal recordemos que exige firmeza del acto (que no se pueda recurrir más administrativamente) y sí que seguirá vedada como veremos a continuación, donde se expone un modelo estándar de resolución.

Ejemplo II.- Resolución pérdida vigencia permiso

MINISTERIO INTERIOR

JEFATURA PROVINCIAL DE TRÁFICO DE MADRID

ASUNTO: RESOLUCIÓN DECLARATIVA DE PÉRDIDA DE VIGENCIA DE AUTORIZACIÓN ADMINISTRATIVA PARA CONDUCIR

Nº EXPEDIENTE: 18383 Nº AUTORIZACIÓN ADMINISTRATIVA: 99.999.999-Z

I.- ANTECEDENTES DE HECHO

PRIMERO.- Examinado el Registro de conductores e infractores de esta Dirección General de Tráfico consta que el interesado es titular de la autorización administrativa para conducir cuyo número arriba se indica, y ha sido sancionado en los expedientes y en las circunstancias que se detallan a continuación:

Nª Expediente	Autoridad	Infracción	Calificación	Nº Puntos
28001150	JPT Madrid	CIR 117.1	G	3
28001475	JPT Madrid	CIR 18.2	G	3
46005999	JPT Valencia	CIR 50.1	G	2
28001111	JPT Madrid	CIR 18.2	G	3
MU74739	Ayto. Murcia	CIR 146.1	G	4

SEGUNDO: Habiendo adquirido firmeza en vía administrativa las sanciones impuestas, éstas han supuesto sucesivas reducciones reflejadas igualmente en el apartado correspondiente de este acuerdo, de la asignación total de puntos otorgada a dicha autorización, constatándose en este momento la pérdida de la totalidad de los mismos.

TERCERO: Como consecuencia de lo anterior el jefe provincial de tráfico inició procedimiento para declarar la pérdida de vigencia de la autorización para conducir mediante acuerdo que fue debidamente notificado. Contra el mismo el interesado no formuló en plazo escrito de alegaciones / formuló escrito de alegaciones.

II- FUNDAMENTOS DE DERECHO

PRIMERO: El Art. 71.1 LSV, establece que el organismo autónomo Jefatura Central de Tráfico declarará la pérdida de vigencia de la autorización para conducir cuando su titular haya perdido la totalidad de los puntos asignados, consecuencia de la aplicación del baremo recogido en los anexos II y IV LSV. Asimismo el artículo 37 RGCON, establece que la JPT, una vez constatada la pérdida por el titular del permiso o licencia de conducción de la totalidad de los puntos, iniciará mediante acuerdo el procedimiento para declarar la pérdida de vigencia que contendrá una relación detallada de las resoluciones sancionadoras firmes en vía administrativa que hubieran dado lugar a la pérdida de puntos, con indicación del nº de puntos que a cada una corresponda y se le dará vista del expediente al titular de la autorización en los términos de la Ley 39/2015, concediendo al interesado un plazo de 10 días para formular las alegaciones que estime convenientes.

SEGUNDO: Habida cuenta que en el presente caso ha quedado acreditado que el interesado ha perdido la totalidad de puntos que fueron asignados a su autorización administrativa para conducir, sin que se formularan alegaciones en el plazo concedido / sin que puedan tenerse en cuenta las alegaciones formuladas ya que en nada desvirtúan la situación de firmeza de las sanciones, ni varían el cómputo de puntos.

ACUERDO, declarar la pérdida de vigencia de la autorización administrativa para conducir de que es titular el interesado que no podrá conducir desde el día siguiente a la fecha de recepción del presente acuerdo, pudiendo interponerse contra el mismo recurso de alzada ante el director general de tráfico, en el plazo de un mes desde el día siguiente al de notificación del presente, conforme Arts. 30, 121 y 122 de la Ley 39/2015.

Madrid, a 1 de junio de 2024 Fdo: El Jefe provincial de Tráfico

¿Qué ocurre una vez dictada la resolución administrativa de pérdida de vigencia del permiso, si se interpone un recurso de alzada contra dicha resolución?: Lógicamente, (de hecho las propias notificaciones de declaración de pérdida de vigencia, informan al citado que tiene un mes de plazo, para interponer recurso de alzada, contra dicho acuerdo) al ser recurrible el acuerdo, este todavía NO es firme, y si NO es firme (requisito objetivo de este tipo penal) los órganos jurisdiccionales no mantienen la acusación penal, cuando la firmeza de la resolución declarativa de la pérdida de vigencia, aún siendo ésta ejecutiva, estuviera pendiente de recurso de alzada. Por ello y tal y como cita al respecto la Instrucción de la DGT 13/S-131, una vez notificada debidamente al interesado la declaración de pérdida de vigencia, pueden ocurrir los siguientes supuestos:

A) El conductor no interponga recurso de alzada: Durante el plazo que el interesado tiene para presentar el recurso (1 mes) no existe delito, pues la resolución aún no ha adquirido firmeza.
B) El conductor interpone recurso de alzada: No cabe la imputación penal hasta que le sea notificada debidamente al interesado la resolución del recurso de alzada presentado.

En ambos casos, no obstante, si procede la incoación de denuncia por infracción al artículo primero del reglamento general de conductores (500 €) por conducir el vehículo careciendo de la autorización administrativa correspondiente.

Puesto que conforme el Art. 117 de la Ley 39/2015, la interposición de cualquier recurso (Alzada, reposición...) excepto en los casos en que una disposición establezca lo contrario, como regla general NO suspende la ejecución del acto impugnado, sino que únicamente en determinados casos en los cuales se lleve a cabo una previa ponderación de los intereses públicos y privados en juego, procederá la suspensión de la ejecución del acto, ante la imposición del recurso de alzada. Dicha valoración la efectúan en primera instancia las jefaturas provinciales de tráfico que deberán atender a cada caso concreto y en especial a la posible concurrencia de las siguientes circunstancias:

- Que el interesado acredite tener la condición de conductor profesional, conforme la definición de la disposición adicional 3ª LSV.
- Que se haya presentado un recurso administrativo de revisión, acción de nulidad o recurso en vía judicial que esté pendiente

de resolución frente a alguna de las sanciones que dieron lugar a la declaración de pérdida de vigencia.
- La existencia de un recurso contencioso - administrativo. (Su mera interposición tampoco suspende la ejecución, pero si el juez como medida cautelar, lo acuerda, sí que se suspende).

La nueva Ley 39/2015 (posterior a la instrucción DGT 13/S-131 reseñada) introdujo en su artículo 98 la suspensión de la ejecutoriedad de los actos administrativos ligados a resoluciones sancionadoras. No obstante, para la DGT al no contemplar la LSV la retirada del permiso como una sanción, no entiende como un procedimiento sancionador la retirada y por ende no entiende suspendida su ejecutividad.

¿Y si una vez firme la resolución administrativa de pérdida de vigencia del carnet, se recurre dicho acto ante la jurisdicción contencioso administrativa, solicitándose la suspensión de la ejecución del acto?: Tanto la memoria del fiscal de sala de seguridad vial 2009, como la jurisprudencia del Tribunal Supremo, rechazan la suspensión del procedimiento penal considerando que la regulación de las cuestiones prejudiciales devolutivas del artículo cuarto de la Ley de enjuiciamiento criminal, alegando la nulidad del procedimiento administrativo o acreditando la interposición de recurso contencioso están tácitamente derogadas por el artículo 10.1 de la Ley orgánica del poder judicial, siendo el juez penal el que debe pronunciarse sobre ellas y sólo en el supuesto de acreditarse por la defensa la suspensión del acto administrativo por la jurisdicción contencioso administrativa, no cabría formular acusación.

Por lo tanto sólo en el caso de que la jurisdicción contencioso-administrativa hubiera acordado como medida cautelar la suspensión del acto administrativo, se puede considerar atípica la conducción realizada, ya que como regla general la conducción sólo es típica si la declaración de pérdida de vigencia ha ganado firmeza en vía administrativa, no pudiendo paralizar la interposición del recurso contencioso automáticamente la ejecución del acto sino que corresponderá a la defensa realizar las alegaciones oportunas que serán resueltas por el juez. En este sentido se expresa la SAP Granada 19/02/2015 (TOL5.004.257) al manifestar que el procedimiento penal no puede quedar paralizado hasta tanto se resuelva el recurso contencioso administrativo dado el régimen de prejudicialidad contenido en el Art. 10 LOPJ.

Esquema resumen procedimiento para la declaración de pérdida de vigencia del permiso por la pérdida total de los puntos asignados

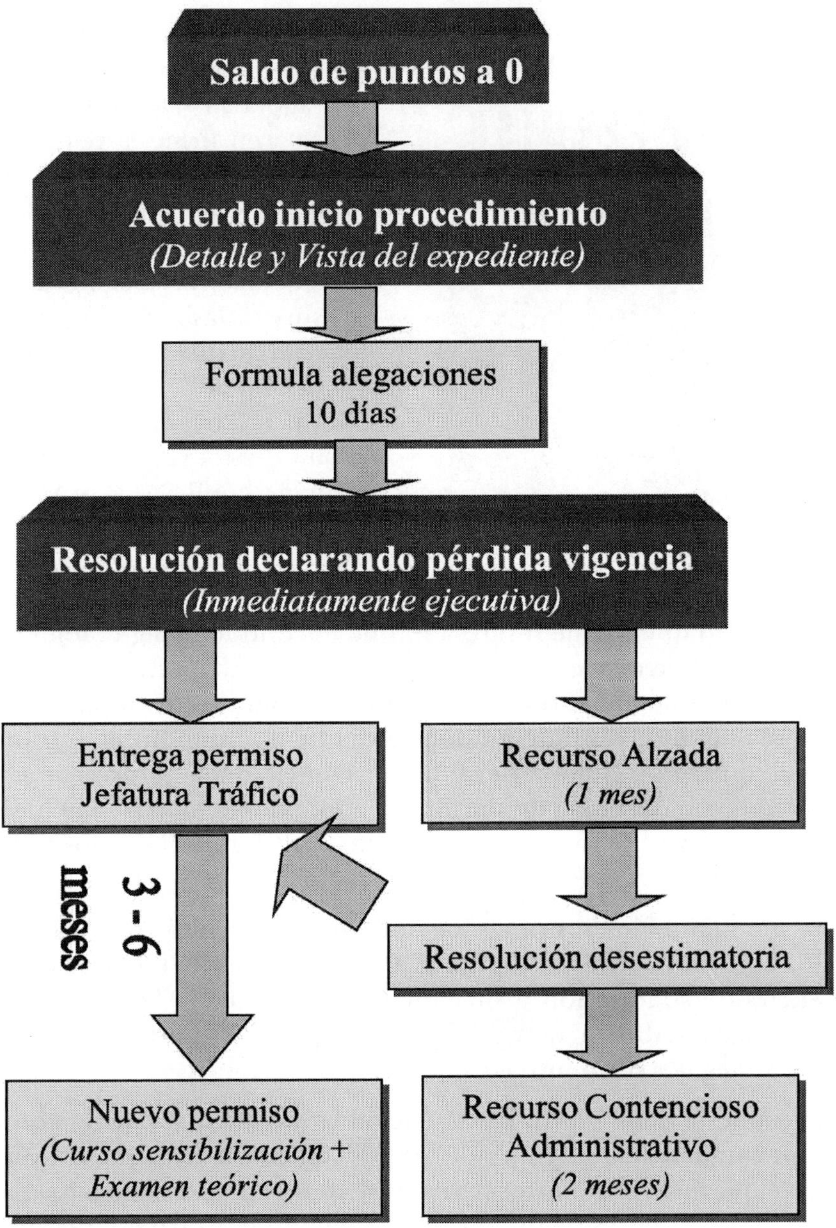

Un supuesto que en la práctica diaria genera dudas interpretativas en relación al presente epígrafe, es el de las conducciones realizadas con pérdida de vigencia por pérdida de puntos una vez transcurridos los plazos para poder presentarse a la nueva obtención del permiso de conducir:

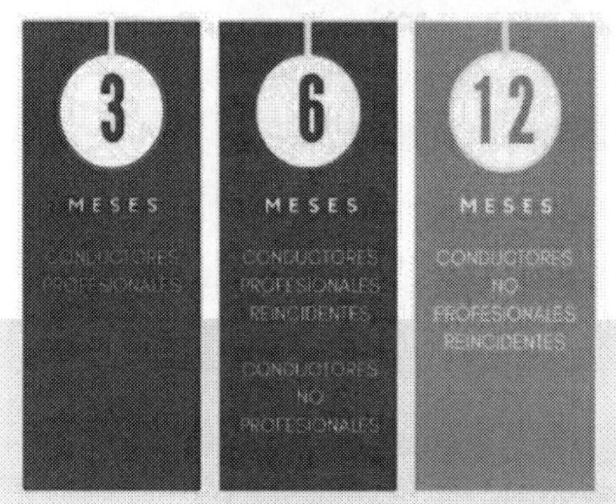

Por ejemplo, el Sr. Pérez (Conductor no profesional, ni reincidente), agota su saldo de puntos y se decreta en firme la pérdida de vigencia de su permiso, el cual no podrá volver a obtener hasta pasados 6 meses. El Sr. Pérez no efectúa el curso de sensibilización y/o no supera las pruebas para la obtención de una nueva autorización y transcurridos 6 meses vuelve a conducir. Pues el Sr. Pérez cometería un delito, ya que la pérdida de vigencia conlleva la privación del derecho a conducir, siendo irrelevante para el tipo penal que hayan transcurrido los plazos de recuperación, puesto que lo que interesa es que el conductor sigue teniendo declarada la pérdida de vigencia por agotar su saldo de puntos y siempre que conduzca antes de haber obtenido de nuevo la autorización para conducir, cometerá el delito con independencia del tiempo que hubiera transcurrido desde que se produjo la pérdida de vigencia de la autorización y de la realización o no del curso de sensibilización, pues el mero hecho del transcurso de los plazos no recupera el derecho perdido (SAP Burgos 144/2013. TOL3.727.781)

Cuestión también en principio controvertida resultó la aplicación de la Ley 17/2005 del permiso de puntos a aquellos conductores con permisos o licencias de conducción no nacionales. Es decir, ¿se le pueden detraer puntos a un conductor que por ejemplo, posee el permiso de conducir francés, senegalés o argentino?

La respuesta debe ser SÍ. La base legal la ofreció la STS, sala contencioso-administrativa de 4 de junio de 2009 (TOL1.554.065) que exponía que la Ley del permiso por puntos no excluye de su aplicación ni a los ciudadanos españoles titulares de un permiso expedido por otro estado miembro, ni a los ciudadanos de otros estados miembros titulares de permisos expedidos por esos estados miembros que circulen por España o adquieran aquí su residencia normal, y tampoco a los titulares de permisos expedidos por un Estado no miembro de la Unión Europea. Puesto que una solución contraria a la estipulada, es decir a que el sistema del permiso por puntos afectara sin excepción alguna a todos los titulares de autorización administrativa para conducir, con independencia del país emisor de la misma o residencia de su titular pudiera ser entendida como discriminatoria. En igual sentido se pronunció la instrucción de la DGT 10/S-119 al señalar que la norma se aplica sin excepción a todos los titulares de autorización administrativa para conducir. Dicha instrucción que pretende aclarar las dudas surgidas en cuanto a la aplicación del sistema del permiso por puntos sobre permisos no nacionales, recuerda que tanto el permiso como la licencia de conducción son la constatación de la idoneidad de su titular para el ejercicio de la actividad de la conducción.

Y para el legítimo ejercicio de esa actividad su titular ha de conservar al menos una parte de ese "crédito de confianza personal" que se materializa en una serie de puntos cuya pérdida supondrá la pérdida de vigencia de la autorización. Cuestión diferente será el alcance y eficacia de esta pérdida de vigencia en función de dónde haya sido obtenida la autorización. Ya que si ha sido obtenida en España, desplegará sus efectos de manera plena e inmediata siéndole retirada (posibles efectos penales) y en caso contrario, si ha sido obtenida en otro país sobre el derecho a conducir con ella en nuestro país, es decir, sobre el reconocimiento de su validez para conducir en España. Procediéndose únicamente a la retirada en su caso a través del canje de oficio cuando se trate de permisos comunitarios o del espacio económico europeo, tal y como especifica la Instrucción DGT 2018/S-147 C-130, con base en el Art. 19 RGCON que detalla que las Jefaturas de Tráfico procederán al canje de oficio de dichos permisos cuando su titular haya sido sancionado en firme en vía administrativa por la comisión de infracciones que lleven aparejada pérdida de puntos. Por ello y para que todo lo expuesto se pueda aplicar, los agentes policiales que formulen denuncia que conlleve pérdida de puntos y el conductor exhiba un permiso no español deberán conforme instrucciones DGT y Art. 87.4 LSV:

1→ Identificar al conductor y su permiso de la forma más completa posible (Nombre, apellidos, sexo, domicilio, fecha y lugar nacimiento, DNI/NIE, nº permiso, país expedición, clases, fechas expedición y caducidad...). Los agentes deberán efectuar en lo posible fotografía del permiso.

2→ Constatación de si es residente legal en España. NO bastando la simple manifestación del interesado, sino que deberá acreditarlo. En caso contrario, se procederá a la inmovilización del vehículo, conforme el Art. 87.5 LSV.

2º- Conducir un vehículo de motor o ciclomotor, tras haber sido privado cautelar o definitivamente del permiso o licencia por decisión judicial: Tal y como cita la exposición de motivos de la L.O. 15/2007, si bien es cierto que en algunos casos podrían tenerse estos actos como delitos de quebrantamiento de condena, en otros lo era de desobediencia. Y es que si bien el incumplimiento de la prohibición de circular derivado de condenas en sentencias penales quedaba cubierto por el quebrantamiento de condena, por el contrario,el incumplimiento de sanciones administrativas impuestas en la jurisdicción contencioso-administrativa consistente en la retirada del permiso de conducir no, ya que el artículo 468 del Código Penal, presupone la existencia de una condena penal y en estos casos, se recurría a las desobediencias en concreto a la del artículo 556 del Código Penal.

Por ello se consideró más ágil y preciso reunir todas esas situaciones posibles en un solo precepto sancionador ante la diversidad de penas aplicables, según un artículo u otro; concretamente multa de 12 a 24 meses en los casos de quebrantamientos de condena por personas que no estuvieran privadas de su libertad mientras que el delito de desobediencia derivado del incumplimiento de una sanción administrativa de suspensión de la autorización administrativa habilitante para el ejercicio de la conducción desemboca en penas de prisión de seis meses a un año.

Lo que pone de manifiesto la existencia de un bien jurídico relacionado tanto con la administración de justicia, como con el peligro abstracto que se genera derivado para la vida e integridad de las personas.

Al encontrarse la presente causa en el párrafo segundo del artículo 384 CP, entró en vigor según la disposición final 3ª de la Ley orgánica 15/2007, el 1 de mayo de 2008. Y la presente modalidad lógicamente sólo puede cometerse durante la ejecución de la condena penal, no aplicándose la vía penal a las retiradas derivadas de sanciones administrativas. Recordemos que la Ley de Seguridad Vial antes de su reforma por la Ley 18/2009, en su artículo sexagésimo séptimo establecía que las infracciones administrativas podían ser leves; graves las cuales llevaban aparejada la posibilidad de suspensión administrativa del carné de uno a tres meses y muy graves que conllevaban siempre la suspensión administrativa como mínimo de un mes y máximo tres meses del permiso o licencia para conducir. Pues bien en estos casos, es decir conducir un vehículo a motor con el permiso suspendido por resolución administrativa, no era delito sino infracción administrativa y conllevaba según el antiguo Art. 67.4 LSV, una nueva suspensión por un año al cometerse el primer quebrantamiento y de dos años si se produjese un segundo o sucesivos quebrantamientos. Además de la confección de diligencias a prevención, por desobediencia e inmovilización / retirada del vehículo en su caso. Actualmente son varios los ilícitos que según el Código Penal conllevan la pena de privación judicial del derecho a conducir vehículos a motor y ciclomotores:

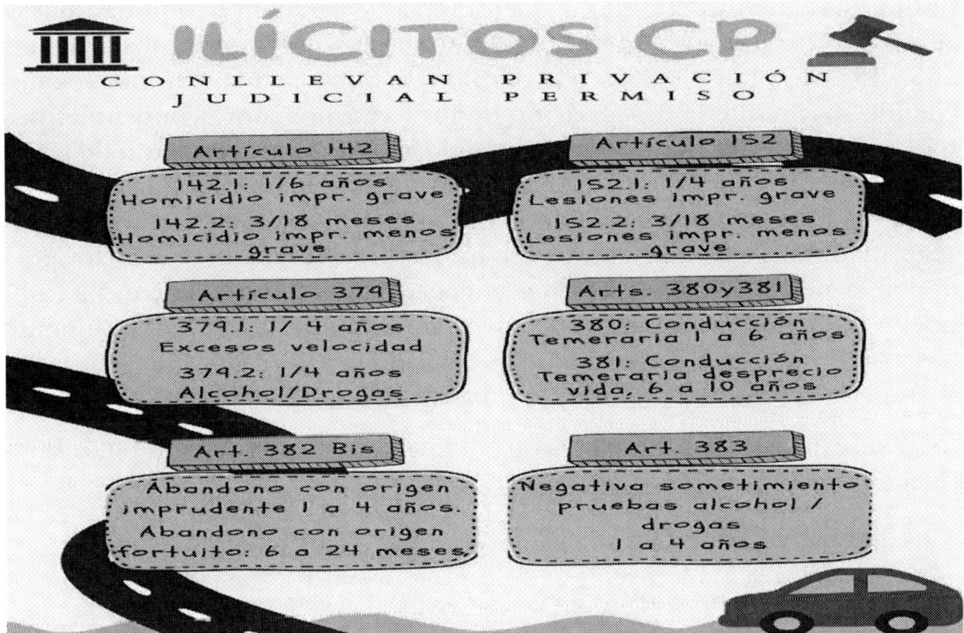

En estos casos cuando se conduzca dentro del periodo de condena y en virtud del principio de especialidad, se procederá a imputar un delito contra la seguridad vial y no de quebrantamiento de condena. En dicho sentido, hallamos por ejemplo la SAP Valencia de 13/09/2013 (TOL3.997.326) que explicita que cuando se conduce un vehículo de motor por quien está cumpliendo una pena privativa del derecho a conducirlo, se produce un hecho en principio sancionable mediante los preceptos 384 y 468 del Código penal. Pero ese concurso de normas queda resuelto, de conformidad con el artículo 8.1ª del mismo Código en favor del artículo 384 CP al ser éste un precepto especial respecto del tipo genérico y además está más gravemente penado al contemplar además de la pena de multa común a ambos artículos, como alternativas una pena de prisión y una pena de trabajos en beneficio de la comunidad por lo que también vendría impuesta su aplicación por el artículo 8.4ª.

Entre los distintos ejemplos de sentencias condenatorias, por no respetar la privación impuesta en sentencia firme por vía judicial, reseñamos las siguientes: SAP Girona 523/2019, de 24 de septiembre (TOL7.734.406),

SAP Castellón SAP 144/2020, de 14 de febrero (TOL9.481.452) y SAP Barcelona 919/2023, de 15 de septiembre (TOL9.848.240). Por el contrario tras la modificación operada en la Ley de Seguridad Vial, son más bien escasos los supuestos de retirada del permiso o licencia por vía administrativa. Reseñaremos a título de ejemplo, la declaración de nulidad o lesividad cuando concurra alguno de los supuestos previstos en los artículos 106 y 107 de la Ley 39/2015 o la pérdida de vigencia de las autorizaciones cuando se acredite la desaparición de los requisitos sobre conocimientos, habilidades o aptitudes psicofísicas exigidas para el otorgamiento de la autorización, así como la suspensión administrativa de dicha autorización en tanto se sustenta dicho procedimiento cuando haya riesgo grave para la seguridad vial. Es decir, en tanto que tráfico detecta que un conductor puede haber perdido sus condiciones adecuadas para ejercer la conducción, puede suspenderle administrativamente la autorización temporalmente hasta la resolución del expediente que decida tal cuestión y mientras tanto si el sujeto condujera sería únicamente sanción administrativa y no delito.

¿Y qué ocurre cuando se conduce fuera del periodo de condena?: Pues pueden suceder tres situaciones distintas:

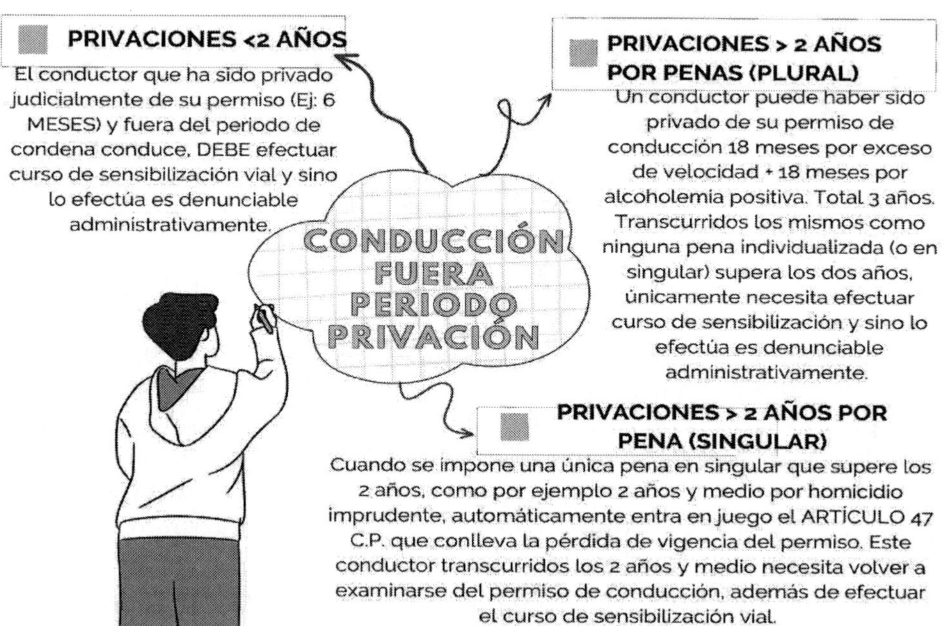

En primer lugar recordar que si un conductor ha sido privado judicialmente del derecho a conducir vehículos a motor por ejemplo del 1 de enero de 2020 al 31 de diciembre de 2023 y conduce durante dicho lapso temporal comete un delito tipificado en el Art. 384 CP. Pero ¿qué ocurre si ese conductor conduce en el 2024?

Si dicho conductor fue privado por un tiempo inferior a dos años (Ej: 6 meses) o por un tiempo superior a dos años, pero por acumulaciones de penas y ninguna de las penas privativas (en singular) supera los dos años (Ej: 18 + 18 meses), dicho conductor únicamente para volver a ejercitar la conducción legalmente precisará de efectuar el curso de sensibilización y reeducación vial, y en caso de no hacerlo se arriesga a una multa administrativa.

Ejemplo III.- Remisión carta obligación realización curso sensibilización y reeducación vial tras condena penal <2 años.

ASUNTO: EFECTOS DE CONDENA PENAL

Nº EXPEDIENTE: 18383
Nº AUTORIZACIÓN ADMINISTRATIVA: 99.999.999-7

NOMBRE/APELLIDOS
DOMICILIO:

REFERENCIA AL PROCEDIMIENTO PENAL
JUZGADO: JUZGADO DE LO PENAL Nº....
NÚMERO DE PROCEDIMIENTO:
FECHA DE TERMINACIÓN: 31/12/2024

Esta Jefatura Provincial ha tenido conocimiento de que en el procedimiento judicial arriba reseñado, ha sido Vd. condenado/a la pena de privación del derecho a conducir hasta la fecha que se indica. Se pone en su conocimiento que, para volver a conducir una vez cumplida la pena impuesta por el Juzgado, deberá realizar con aprovechamiento, un curso de sensibilización y reeducación vial, cuyo coste correrá a su cargo en un centro de formación autorizado para tal actividad, como señala el artículo 73 de la LSV, aprobada por RDL 6/2015, de 30 de octubre. La información de la relación de centros puede consultarse en la página www.dgt.es o solicitarse en cualquier Jefatura Provincial de Tráfico.

El curso podrá ser realizado durante el tiempo de cumplimiento de la pena que le ha sido impuesta, pero una vez superado éste, no podrá volver a conducir hasta el total cumplimiento de aquélla. Se le advierte igualmente de que deberá abstenerse de conducir vehículos a motor y ciclomotores hasta que quede acreditada la realización con aprovechamiento del curso indicado.

También se le informa que el hecho de conducir sin haber cumplido el requisito señalado será considerado infracción grave, prevista en el artículo 76 de la LSV, sancionada con multa de 200 Euros.

EL/LA JEFE PROVINCIAL DE TRÁFICO.

Con base a lo dispuesto en los artículos 529bis, 764.4 y 794.2 LECRIM, para la Jefatura Central de Tráfico es de singular importancia conocer el contenido de las condenas por delitos contra la seguridad vial, tal remisión se efectúa al amparo un Convenio con el Ministerio de Justicia (BOE 07/09/2022) Y conforme la instrucción de la DGT 2021/SANC-1,Tráfico envía una carta certificada (documento ejemplificativo III) en los casos de privaciones inferiores a dos años o superiores sin que ninguna pena en singular sea superior a dos años, informando que para volver a conducir debe efectuar el curso de reeducación y sensibilización, todo ello conforme Art. 73.2 LSV. En caso de conducción sin dicho curso, es motivo de infracción Art. 1.1.5D RGCON (200 €) constituyendo infracción grave.

No obstante, cuando el conductor ha sido condenado a una pena (o a varias) y una de ellas individualmente supera los dos años, opera automáticamente el artículo 47.3 del Código Penal que comporta la pérdida de vigencia del permiso o licencia que habilita para la conducción. La pérdida se produce en este caso de manera automática, sin intervención alguna de la Jefatura Provincial de Tráfico, sin necesidad de procedimiento de declaración alguno y con independencia que se mencione o no en la propia sentencia penal la consecuencia administrativa que la condena produce en el permiso o licencia de conducción.

En estos casos la solución nos la aportaba la instrucción de la Dirección General de Tráfico 09/ S-108, recogida en sus aspectos sustanciales en el posterior y vigente artículo 73.1 de la LSV. Según tales normas cuando la Jefatura Provincial de Tráfico correspondiente a la sede del juzgado que haya dictado la sentencia reciba la ejecutoria, esta anotará tal circunstancia en el registro de conductores e infractores; realizada la anotación la jefatura remitirá al interesado una comunicación, en la que se le informará que la condena ha producido la pérdida de vigencia de su autorización administrativa para conducir (documento ejemplificativo IV) y que una vez cumplida dicha condena, si quiere volver a conducir deberá obtener un nuevo permiso o licencia sometiéndose a las pruebas correspondientes y el cual dispondrá de un saldo de 8 puntos, para lo que deberá acreditar además la realización y superación de un curso de sensibilización y reeducación vial, que será idéntico al que realizan los conductores que han agotado el saldo total de puntos.

Dicho curso podrá realizarse en cualquier momento posterior a la firmeza de la sentencia y podrá hacerse durante el tiempo de cumplimiento de la condena. No obstante y lo más interesante desde el punto de vista práctico, es el hecho que la conducción de un vehículo por quien haya sido condenado por sentencia firme a la privación del derecho a conducir vehículos a motor, por tiempo superior a dos años, una vez cumplida la pena impuesta pero sin haber obtenido una nueva autorización administrativa para conducir, constituirá infracción administrativa muy grave recogida en el Art. 77.k de la LSV y sancionada de acuerdo con el Art. 1.1.5A (500 €) del reglamento general de conductores.

Ejemplo IV.- Remisión carta efectos condena penal privación derecho a conducir > 2 años.

ASUNTO: EFECTOS CONDENA PENAL PENA >2 AÑOS (ART. 47 CP)

Nº EXPEDIENTE: 18383
Nº AUTORIZACIÓN ADMINISTRATIVA: 99.999.999-Z

NOMBRE/APELLIDOS
DOMICILIO:

REFERENCIA AL PROCEDIMIENTO PENAL
JUZGADO: JUZGADO DE LO PENAL Nº....
NÚMERO DE PROCEDIMIENTO:
FECHA DE TERMINACIÓN: 31/12/2024

Esta Jefatura Provincial ha tenido conocimiento de que en el procedimiento judicial arriba reseñado, ha sido Vd. condenado/a la pena de privación del derecho a conducir hasta la fecha que se indica. De acuerdo con lo dispuesto en el Art. 47 CP, la pena impuesta ha comportado la pérdida de vigencia de su permiso o licencia de conducción.

Por ello, se pone en su conocimiento que, una vez cumplida la condena impuesta, deberá obtener de nuevo la autorización administrativa para conducir. Para ello, deberá realizar con aprovechamiento un curso de sensibilización y reeducación vial y superar la prueba correspondiente ante la Jefatura de Tráfico. El curso, cuyo coste correrá de su cargo, deberá realizarlo en un centro de formación autorizado conforme señala el Art. 73 LSV. La información de la relación de centros puede consultarse en la página www.dgt.es o solicitarse en la Jefatura Provincial de Tráfico. El curso podrá realizarlo durante el tiempo de cumplimiento de la pena que le haya sido impuesta pero la prueba no la podrá realizar hasta que se haya cumplido totalmente aquélla. Se le advierte que el hecho de conducir vehículos a motor o ciclomotores, una vez cumplida la condena, sin obtener de nuevo la autorización, constituye infracción muy grave al Art. 77.K LSV y será sancionada con multa de 500 Euros, sin perjuicio que los hechos pudieran ser constitutivos de delito.

EL/LA JEFE PROVINCIAL DE TRÁFICO.

Puesto que tal conducta no sería incardinable en ninguno de los tres supuestos que contempla el Art 384 CP. Ya que por el principio de legalidad, sólo reviste carácter penal la pérdida de vigencia del permiso por pérdida de puntos y no por otros motivos como es la aplicación de la pérdida de vigencia derivada de la aplicación del artículo 47 del CP, puesto que no es un supuesto de pérdida de puntos, sino de vigencia. También es inviable la subsunción en el inciso segundo del Art. 384, puesto que el conductor durante el tiempo de la condena judicial, no conduce, sino que lo hace transcurrido el plazo de prohibición que el juez le haya impuesto habiendo ejecutado ya la condena. E igualmente inviable según sector doctrinal, el 468 CP de manera directa y automática, ya que la pérdida de vigencia, no es en sí misma una pena (ni principal, ni accesoria), sino una consecuencia administrativa de la pena impuesta.

No obstante, cita la circular 10/2011 de FGE, que tal conducta si bien no es perseguible por un delito contra la seguridad vial como tal, podría no ser atípica. Puesto que podría aplicarse el tipo genérico de quebrantamiento de condena del artículo 468 del CP, siempre que tras cumplirse la pena de privación del derecho de conducir, el juzgado realizara un apercibimiento expreso de incurrir en este delito al penado, si este vuelve a conducir sin haber recuperado el permiso. En este mismo sentido la memoria de fiscalía de 2012, establece que la pérdida de vigencia es una consecuencia aflictiva / punitiva que forma parte del fallo, por lo que conducir sin haberla recuperado supone un quebrantamiento del artículo 468 CP y si sería delito. Para esos casos, si se observa el documento ejemplificativo IV, de hecho la coletilla del apercibimiento final, indica que la conducta con carácter general será una infracción administrativa, "sin perjuicio que los hechos pudieran ser constitutivos de delito". No obstante en este vaivén de interpretaciones legales, las conclusiones de las Jornadas de especialistas en Seguridad Vial celebradas en Marzo de 2023 en Madrid, ponen de manifiesto que la solución propuesta por la Circular ha presentado problemas aplicativos, siendo un tema pendiente de resolver en casación por el Tribunal Supremo, si bien la STS 510/2022, de 25 de mayo (TOL9.000.762) a pesar que desestima un recurso de casación por motivos formales incorpora como *obiter dicta*, la consideración final de que la tipicidad del Art. 384 CP es más correcta que la del Art. 468 CP.

¿Y qué ocurre cuando la policía, en virtud del artículo 770.6 de la Ley de enjuiciamiento criminal, al autor de un delito contra la seguridad vial le interviene de resultar procedente el permiso de conducir a la persona a la que se le imputa el hecho y se vuelve a sorprender a esta persona ejercitando la conducción? ¿Sería aplicable este apartado del artículo 384? Pues la respuesta debe ser negativa, puesto que la conducción consecutiva a la retirada «policial» del permiso o licencia de conducción es atípica, dado que el precepto penal se refiere al privado por decisión judicial. El resultado es el mismo, aun cuando se diga en el atestado incorporado o no al procedimiento que el permiso de conducir está a disposición judicial y existan advertencias o requerimientos policiales. Pues sólo es subsumible la conducción en el tipo presente tras el dictado de resolución judicial ratificando la intervención policial y apercibiendo expresamente al imputado de incurrir en este delito. No obstante quedaría expedita en su caso, la vía administrativa.

3º- Conducir un vehículo a motor o ciclomotor, sin haber obtenido nunca permiso o licencia de conducción: Si bien el ordenamiento jurídico busca evitar que personas carentes de los necesarios conocimientos para desarrollar la conducción, circulen por las vías, el citado precepto, al igual que el anterior, entró en vigor el 1 de mayo de 2008. De esta manera otorgó una *vacatio legis* más amplia para que aquellas personas que no tuvieran la debida autorización administrativa tuvieran tiempo de obtenerla y castiga por la vía penal, los casos más graves reservándose la acción administrativa para el resto de supuestos, respetando el principio de *última ratio* del derecho penal y su carácter subsidiario y fragmentario. Es decir, tan solo la conducción de vehículos a motor por las vías públicas de personas carentes de los conocimientos mínimos para operar en el tráfico viario, como son aquellas que conducen sin haber obtenido nunca un permiso o licencia son objeto de represión penal mientras que el resto de supuestos que el legislador entiende menos graves siguen persiguiéndose administrativamente.

De esta manera, SÍ constituye delito: Conducir sin tener ningún tipo de autorización administrativa (permiso o licencia), un ciclomotor, una motocicleta, un turismo, un camión...Ejemplos de condenas, por este supuesto, son las sentencias siguientes: STS 369/2017, de 22 de mayo (TOL6.356.029), SAP Santander 116/2022, de 28 de marzo (TOL9.780.943), SAP Coruña 266/2022, de 15 de junio (TOL9.175.711) o SAP Barcelona 273/2023, de 13 de marzo (TOL9.577.460). O un tractor que requiere de licencia y no de permiso como recoge la SAP Coruña 456/2023, de 22 de diciembre (TOL9.938.592). O incluso un motocultor que únicamente requiere también de Licencia para vehículos agrícolas conforme SAP Cuenca 119/2019, de 28 de noviembre (TOL7.812.643)

Por el contrario NO constituyen delito y únicamente infracción administrativa: Conducir teniendo únicamente la licencia de conducción agrícola o de movilidad reducida, cualquier vehículo que requiera un permiso como por ejemplo, una motocicleta, un turismo, un camión, un autobús, etc. Si bien antaño y hace muchos años podemos encontrar sentencias condenatorias por conducir vehículos que necesitan permiso, poseyendo únicamente licencias de conducción tales como la SAP Pontevedra 91/2009 (TOL1.536.243) y la SAP Sevilla 545/2009, de 30 de noviembre (TOL1.785.529).

La Circular 10/2011 estableció en su conclusión decimoquinta la atipicidad de las conducciones de vehículos a motor necesitados de permiso con el permiso AM de ciclomotores (anteriormente licencia de ciclomotores). Si bien la circular únicamente trató en particular estas antiguas licencias y nada dice sobre las actuales licencias del artículo 6 RGCON como son las de vehículos especiales agrícolas y las de movilidad reducida, las conclusiones de fiscales especialistas en Seguridad Vial celebradas en

Madrid en 2023, tras debatir la referida cuestión, sostienen la atipicidad de la conducción de cualquier vehículo de motor o ciclomotor cuando se cuente con un permiso o licencia distintos al reglamentariamente exigido, incluyendo explícitamente a las licencias previstas en el artículo sexto del Reglamento General de Conductores, que si bien existen en un número residual en nuestras carreteras, haberlas "hay las".

De igual manera tampoco es delito y sí infracción administrativa que conlleva aparejada multa de acuerdo con el Art. 1.1.5C del RGCON (500€) e inmovilización / retirada según la circunstancia, conducir un camión del tipo C, con la autorización tipo B, o incluso un autobús del tipo D, con la autorización B. Debido a que el ordenamiento entiende que al poseerse un permiso, el conductor al menos tiene unos mínimos conocimientos que no afectan tan gravemente a la seguridad vial, como el que conduce dichos vehículos careciendo de los más elementales conocimientos. Ya que como indica la el Auto de 21/04/2010 de la SAP Barcelona (TOL5.286.331) evidentemente es más grave y tiene una respuesta penal conducir sin haber obtenido nunca permiso que la infracción menos grave reprendida administrativamente consistente en tener, pero no la adecuada, absolviendo al conductor de una motocicleta (A1) que únicamente poseía la antigua licencia de ciclomotores (Actual permiso AM). El anterior Código Penal de 1973 sí que calificaba como delito el conducir un vehículo, sin su correspondiente permiso. Pero la redacción actual de nuestro Código únicamente reprende la conducción sin ningún tipo de permiso o licencia. A continuación, y si bien el enunciado del artículo es taxativo enumerando los tres ilícitos merecedores de respuesta penal, debido a la falta de precisión del precepto y complejidad de la normativa sobre tráfico, surgen dudas que perfectamente nos podemos encontrar en el día a día del trabajo policial y que únicamente la formación nos puede ayudar a soslayar. Para ello a continuación se ofrecen una serie de casos prácticos y resolución ligada a los mismos conforme legislación vigente:

CASO PRÁCTICO 01: (Conductor extranjero que presenta permiso de conducir de su país pero que el mismo no es válido para conducir en España) NO se considera delito, puesto que basta haber obtenido un permiso de conducir, no especificando el tipo penal conforme a qué legislación arreglo STS 91/2012 de 13 de febrero (TOL2.469.159). Conducir un vehículo con un permiso extranjero no homologado NO es delito, como se infiere de la STS 14/2023, de 19 de enero (TOL9.379.460). Esta falta de validez puede venir bien por no haber sido canjeado o por no estar reconocido por la legislación española. Recordemos que los permisos de los países miembros de la UE, así como los del E.E.E. (Islandia, Liechtenstein y Noruega) son válidos para conducir en España, con las únicas limitaciones de edad y vigencia. Es decir que no estén caducados y que la edad mínima para conducir una categoría de vehículos, sea como mínimo igual a la española. Así, no sería válido (administrativamente) que un húngaro que puede obtener el permiso B en su país con 17 años, condujera con dicha edad y permiso por España que exige «actualmente» 18 años de edad mínimo (B).

Estados miembros de la Unión Europea			
Alemania	Eslovaquia	Hungría	Países Bajos
Austria	Eslovenia	Irlanda	Polonia
Bélgica	España	Italia	Portugal
Bulgaria	Estonia	Letonia	Rep. Checa
Chipre	Finlandia	Lituania	Rumanía
Croacia	Francia	Luxemburgo	Suecia
Dinamarca	Grecia	Malta	

Estados espacio económico europeo		
Islandia	Liechtenstein	Noruega

Respecto a la vigencia de los permisos europeos es necesaria efectuar una matización relativa a si el titular del mismo ha adquirido o no su residencia normal en España, puesto que si esto es así queda sometido automáticamente a las disposiciones españolas relativas a vigencia, control de aptitudes psicofísicas y asignación de un crédito de puntos. Y si se da el caso, bastante común en Europa (Alemania, Austria, Polonia, etc) que los permisos de las categorías inferiores son indefinidos, a partir de los 2 años de su residencia normal en España, quedan afectados a las disposiciones nacionales conforme Instrucciones DGT 15/C-118 y 15/S-136.

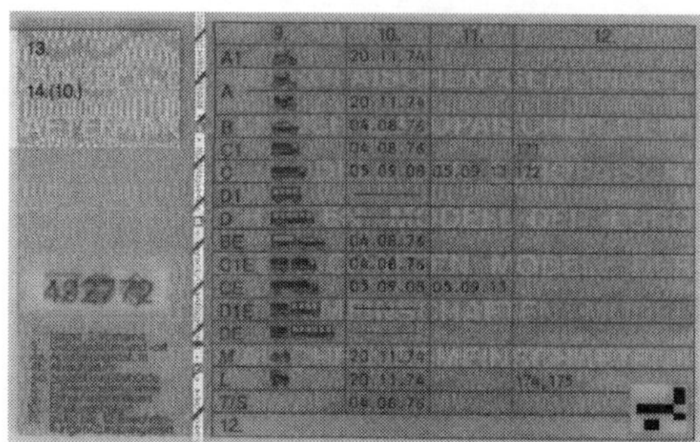

Reverso *"Führerschein"* permiso conducir alemán

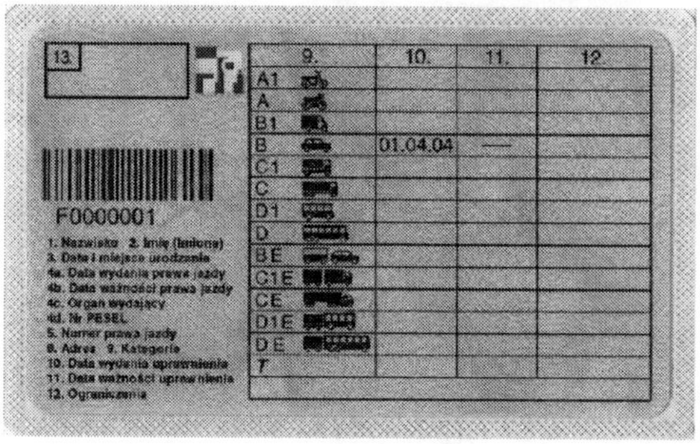

Reverso *"Prado Jazdy"* permiso conducir polaco

Respecto a los permisos de países con los que España tiene firmado un acuerdo bilateral de canje; los carnés redactados en español o acompañados de traducción oficial RACE y aquellos permisos nacionales de países firmantes de la Convención de Ginebra de 1949 "Anexo 9" o de Viena, de 1968 "Anexo 6" cuyos carnés se adapten a los anexos citados, son válidos para conducir en España durante los seis meses de estancia que permite la Ley de extranjería, como durante los primeros seis meses de residencia legal en España. Si bien se puede formular denuncia por infracción al artículo 1.1.5B RGCON (200€) a aquel que conduzca un vehículo careciendo de autorización administrativa válida en España, siendo titular de un permiso extranjero equivalente susceptible de canje. Finalmente también se consideran válidos los internacionales expedidos en el extranjero de conformidad con el anexo "E" de la convención internacional de París de 1926, anexo 10 del convenio internacional de Ginebra o anexo 7 del convenio internacional de Viena, así como todos aquellos reconocidos en particulares convenios internacionales multilaterales y bilaterales en los que España sea parte y en las condiciones que en ellos se indiquen (Convenio España -EE.UU para las fuerzas armadas de 1 de diciembre de 1988).

El resto de autorizaciones del resto de países, no son válidos para circular ni siquiera en régimen de estancia por España, necesitando bien traducción oficial al castellano realizada por la embajada, ente oficial o RACE o bien permiso internacional junto a su autorización original.

Ejemplo permiso nacional conforme Ginebra 1949

Características básicas: Tríptico (74 x 105 mm); Color rosado; Inscripción en francés *"Permis de Conduire"*. Signo distintivo de país en un óvalo; Indicaciones en caracteres latinos. Categorías A, B, C, D..

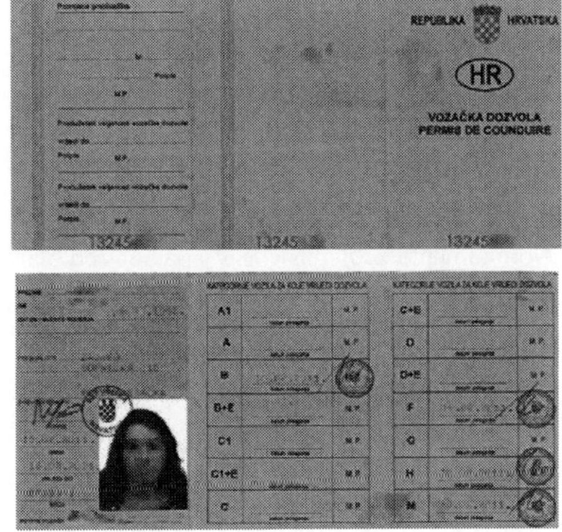

Ejemplo permiso nacional conforme Viena 1968

Características básicas: Varios formatos (Simple, Díptico o Tríptico). Inscripción en francés *"Permis de Conduire"*. Signo distintivo de país en un óvalo. Indicaciones en caracteres latinos. Categorías A, B, C, D, E

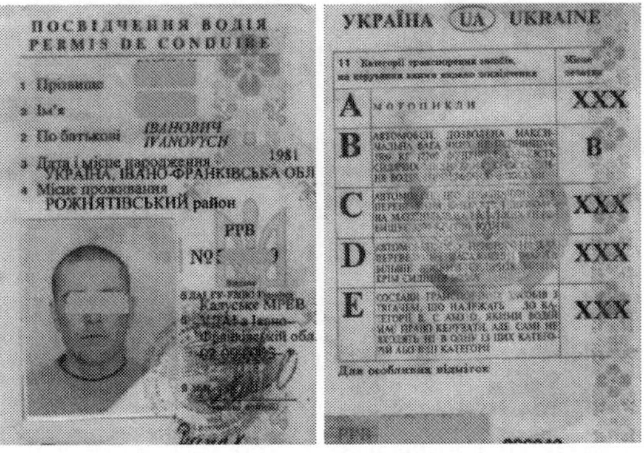

* Desde el 29/03/2011, será de aplicación un nuevo modelo para la expedición de permisos conforme C. de Viena que establece como novedad

que el material empleado pueda ser plástico, el color preferiblemente rosa, más categorías y sub categorías y el título en inglés en vez de en francés.

Ejemplo permiso internacional París 1926

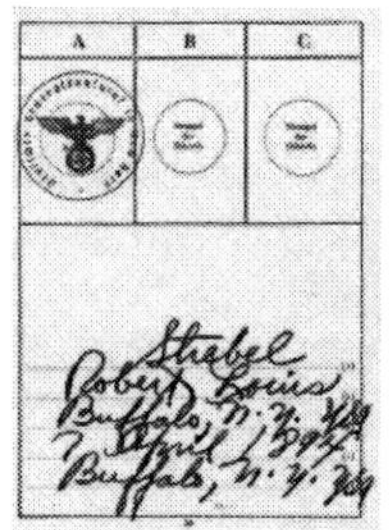

<u>Características básicas:</u>

- Caracteres latinos.
- 1 año validez.
- Categorías A (-3.500 Kg) , B (+ 3.500 Kg) y C (Motocicletas)
- Muy raro observar alguno en circulación.

Ejemplo permiso internacional Ginebra 1949

<u>Características básicas:</u>

- Normalmente cubiertas grises y páginas en blanco
- 1 año validez.
- 105 x 148 mm.
- Páginas 1 y 2 redactadas en idioma o idiomas nacionales. Última en francés.

Ejemplo permiso internacional Viena 1968

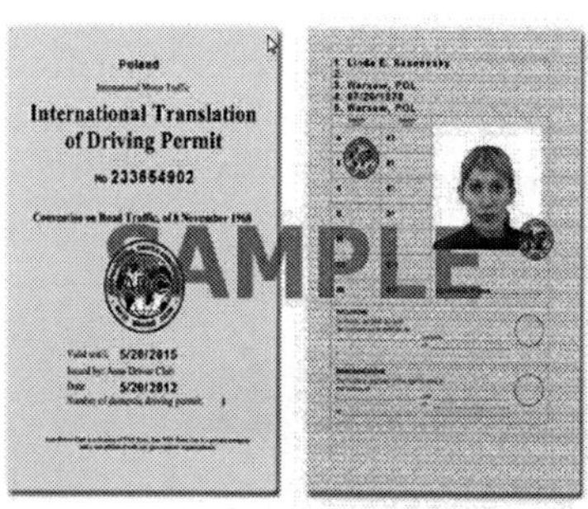

<u>Características básicas:</u>

105 x 148 mm.

- Cubiertas grises y páginas en blanco.
- Las dos últimas páginas interiores en francés y previamente se repetirán en otras lenguas (Inglés, Ruso y Español).
- 3 años de validez.

* Al igual que con el modelo nacional, desde 28/03/2011 existe un nuevo modelo. A simple vista la novedad más llamativa es el aumento de categorías y subcategorías de vehículos.

CASO PRÁCTICO 02: (Conductor extranjero, que presenta autorización provisional para conducir, expedida en su país) En varios países se expiden permisos provisionales, los cuales se hallan a medio camino entre carecer del mismo y poseerlo. Así por ejemplo en el Reino Unido mientras que el permiso para conducir turismos se expide a los 18 años, a los 17 años se expide una licencia de aprendizaje la cual habilita a la conducción sólo por territorio nacional y siempre que vaya un adulto junto al conductor.

Según la Directiva 2006/126/CE sobre el permiso de conducción, que refunde en un único texto la anterior Directiva 91/439 y sus numerosas modificaciones posteriores, en su artículo segundo se cita que los permisos de conducción expedidos por los estados miembros serán reconocidos recíprocamente. No obstante, a continuación su artículo séptimo cita que la expedición del permiso de conducción estará subordinada a haber aprobado una prueba de control de aptitud y comportamiento, una prueba de control de conocimientos, así como cumplir determinadas normas médicas. Todas ellas, cuestiones que no se cumplen en los permisos provisionales y por lo tanto y según el tenor literal de la Directiva no son auténticos permisos de conducción con arreglo a la normativa citada, por lo que no son de reconocimiento recíproco obligatorio y no dan derecho a conducir fuera del territorio del Estado miembro que los ha expedido. Igualmente y en relación con el presente caso, la Decisión de la Comisión europea de fecha 25 de agosto de 2008, sobre equivalencias entre los permisos de conducción europeos cita en su artículo tres, punto cuarto que el principio comunitario de reconocimiento recíproco no se aplica a categorías nacionales de permisos de conducción. (Por tal motivo el vetusto BTP, sólo se reconocía en España, al ser una categoría nacional propia.)

Y de una manera más tangible la Comunicación interpretativa de la Comisión europea sobre los permisos de conducción comunitarios 2002/C 77/03 de 28 de marzo de 2002, en su apartado B.7 significa que este tipo de permisos de conducción habilitan únicamente para conducir en el territorio nacional, del que son parte integrante de las actividades de formación práctica de los conductores y que se expiden sin que sea obligatorio efectuar un examen de conducción. Por lo que conforme la anteriormente citada Directiva de 2006, NO son auténticos permisos de conducción, todo ello en concordancia con el capítulo IV de la Convención sobre circulación de Viena de 1968.

La SAP Tarragona 413/2009, de 3 de septiembre (TOL1.744.583) condena por no haber obtenido nunca permiso o licencia de conducción al conductor de un turismo que disponía únicamente de un documento provisional obtenido en Gran Bretaña que únicamente tiene validez para examinarse y realizar las prácticas para la obtención definitiva del permiso o licencia en dicho país.

Manifiesta el órgano jurisdiccional que nos encontramos ante un permiso de conducir que en comparación con el permiso de conducir español, no merecería el nombre y que desde luego está en las antípodas del concepto de éste.

Por más que la rotulación del mismo después de la traducción del idioma inglés fuere «permiso de conducir provisional» el concepto difiere de medio a medio. En España no entendemos por una autorización de conducir para aprender un auténtico permiso de conducir. Que en el Reino Unido de la Gran Bretaña e Irlanda del Norte o que en la República de Irlanda se expidan esas autorizaciones, no vincula en absoluto al ordenamiento jurídico español. También en nuestro país podrían otorgarse tales permisos a favor de los alumnos de autoescuela, si así lo dispusieren las autoridades administrativas y nunca entendería nadie por esa entrega que su poseedor está en posesión de una verdadera licencia. En este sentido, propiciaríamos el sencillo fraude de ley consistente en ir a cualquiera de esos dos países, matricularse en una autoescuela, obtener por ello la «licencia provisional de conducción» y a circular libremente por cualquier otro país, aseverando que se tiene permiso de conducir. El aprovechamiento de la coincidencia terminológica no puede triunfar, porque como se ha explicado, los conceptos no coinciden en absoluto. A continuación se expone a título de ejemplo, un formato europeo de permiso provisional:

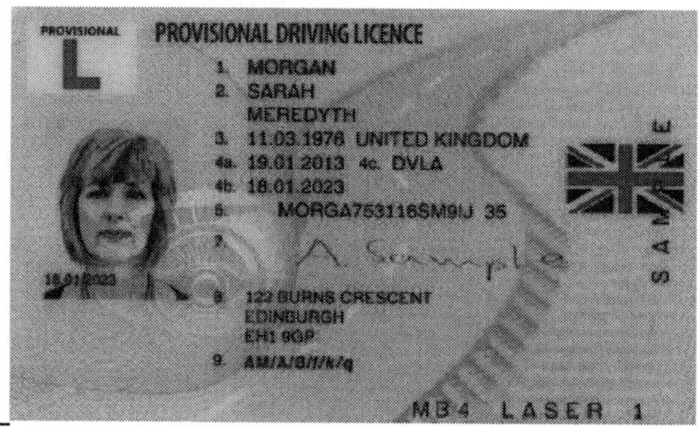

Permiso provisional Reino Unido

(Fuente: https://www.consilium.europa.eu/prado/es/GBR-FP-09002/image-341499.html)

CASO PRÁCTICO 03: (Conductor con autorización administrativa de conducir falsa u obtención fraudulenta) Se habrá de tener en cuenta ante la detección de una falsificación en un permiso de conducción, la posibilidad de investigar además de la falsificación la conducción del vehículo a motor, careciendo de carné o licencia para su conducción. Esto es debido a que según la normativa vigente, un extranjero en España para acreditar su identidad debe portar el pasaporte o documento oficial de su país acreditativo de su identidad no sirviendo como medio de prueba de su identidad el carné de conducir de su país, por lo tanto si un extranjero falsifica normalmente el carné de conducir es porque carece del mismo.

De esta manera ante la sospecha de un permiso de conducir falsificado, comprobaremos la fotografía del documento con la fisonomía del portador y si la misma ha podido ser sustituida; Le preguntaremos acerca de sus datos de filiación al sujeto, con el fin de averiguar si coinciden los datos manifestados verbalmente con los descritos en el documento; Cotejaremos si es posible los datos de descripción física del documento con los del portador, ya que existen documentos que incluyen dichos datos; Verificaremos si se han introducido alteraciones o abrasiones en el documento; Comprobaremos la coincidencia o similitud de la firma estampada en el documento con la que pueda realizar; Analizaremos la presencia de las distintas medidas de seguridad que presente el documento, tales como marcas de agua, reacción a la luz ultravioleta, mini-impresión, micro-impresión, fondo de seguridad del documento, motivos coincidentes, tintas especiales, etc.

Y como hábito y norma general, nunca deberemos guiarnos exclusivamente por un único elemento de seguridad, prestando especial atención a los documentos que más se falsifican siendo éstos los de Rumania, Francia, Reino Unido, Bélgica, Ecuador, Nigeria, Italia, Portugal, España, Albania, Venezuela y Senegal. Desde hace poco igualmente contamos con la gran colaboración del Punto Atenas del cuerpo nacional de policía, que actúa como oficina central de verificación documental.

En ocasiones puede ocurrir que se centren todos los esfuerzos en la detección e investigación de la falsedad documental o en la detección de documentos fraudulentos, de hecho existen páginas web donde por módicas cantidades únicamente introduciendo datos y fotografía remiten documentos que simulan o tienen la apariencia de permisos de conducir, pero en ambos casos no debemos olvidar que en su caso nos podremos encontrar ante una conducción sin permiso del Art. 384 CP.

Ej: Documento que simula un permiso internacional

CASO PRÁCTICO 04: (Conductor con el permiso caducado) NO constituye ilícito penal el tener caducado el permiso o la licencia de conducción ya sea por tiempo inferior a 4 años o por tiempo superior, cuestión ésta que también es indiferente STS 91/2012, de 13 de febrero (TOL2.469.159). Si es sancionable administrativamente y según el reglamento general de conductores, los permisos caducados no habilitan para la conducción a sus titulares (Art. 12.4.5B RGCON) constituyendo infracción grave sancionada con 200€. Este supuesto está excluido de cualquier responsabilidad penal, tal y como se puede observar también en las conclusiones de las jornadas de fiscales delegados de seguridad vial celebradas en Madrid los días 17 y 18 de enero 2008.

CASO PRÁCTICO 05: (Falsos VMP u artefactos) Los Vehículos de Movilidad Personal o VMP, son definidos por el RGVEH como aquéllos vehículos de una o más ruedas dotados de una única plaza y propulsados exclusivamente por motores eléctricos que pueden proporcionar al vehículo una velocidad máxima por diseño comprendida entre 6 y 25 Km/h.

¿Qué ocurre cuando se interviene con un VMP que sus características superan con creces, por ejemplo la velocidad de un VMP y su titular carece de cualquier tipo de permiso o licencia de conducción? Nuestro alto tribunal ha tenido oportunidad de pronunciarse al respecto en STS 120/2022, de 10 de febrero (TOL8.810.203), STS 635/2022, de 23 de junio (TOL9.100.140) y STS 851/2023, de 22 de noviembre (TOL9.796.769). En la última de estas sentencias el conductor creía conducir un «patinete» y por lo tanto no necesitar de autorización administrativa alguna para su conducción, no siendo exigida por nuestra legislación de tráfico permiso o licencia alguna para la conducción de VMP.

Sin embargo, lo que el conductor encausado realmente conducía era un ciclomotor (categoría L1eB, conforme Reglamento nº 168/2013 del Parlamento Europeo y del Consejo, relativo a la homologación de vehículos) con una velocidad máxima de 45 Kilómetros/hora y una potencia de 1,5 Kw. El conductor invocó en su defensa error de prohibición, pero el Tribunal Supremo conforme se encarga de destacar la mayor parte de la doctrina, cuando el sujeto activo se dispone a emprender actividades peligrosas aptas para provocar daños serios a terceros, el mismo tiene un deber de informarse acerca del alcance de dichas actividad y no cabe duda de qué la adquisición de un vehículo capaz de desenvolverse por vías urbanas a la muy estimable velocidad de 45 Kilómetros por hora (ciclomotor) hace nacer en la persona que se dispone a pilotarlo el deber de conocer si dicha actividad está sujeta como otras análogas a alguna licencia previa, cuyo cumplimiento resulta además de fácil alcance a través por ejemplo de una simple consulta en las dependencias de tráfico o en las municipales correspondientes. No obstante la eventual existencia de un error, no puede descartarse de primeras. En el presente caso, el acusado disponía de la documentación del vehículo y conocía las características técnicas del mismo. Hubiera bastado en cualquier caso, contrastar dichos datos en cualquiera de las oficinas públicas con competencia en la materia para deshacer cualquier eventual duda relativa a si el vehículo podía o no ser conducido sin licencia, no constando que así lo hiciera, ni que lo intentase tampoco. Por ende, en atención a la naturaleza arriesgada para terceros así como los sencillos métodos a su alcance para disipar dudas, no se estima que el conductor actuara con error relevante alguno, ni vencible, ni invencible y por lo tanto su condena debe prosperar.

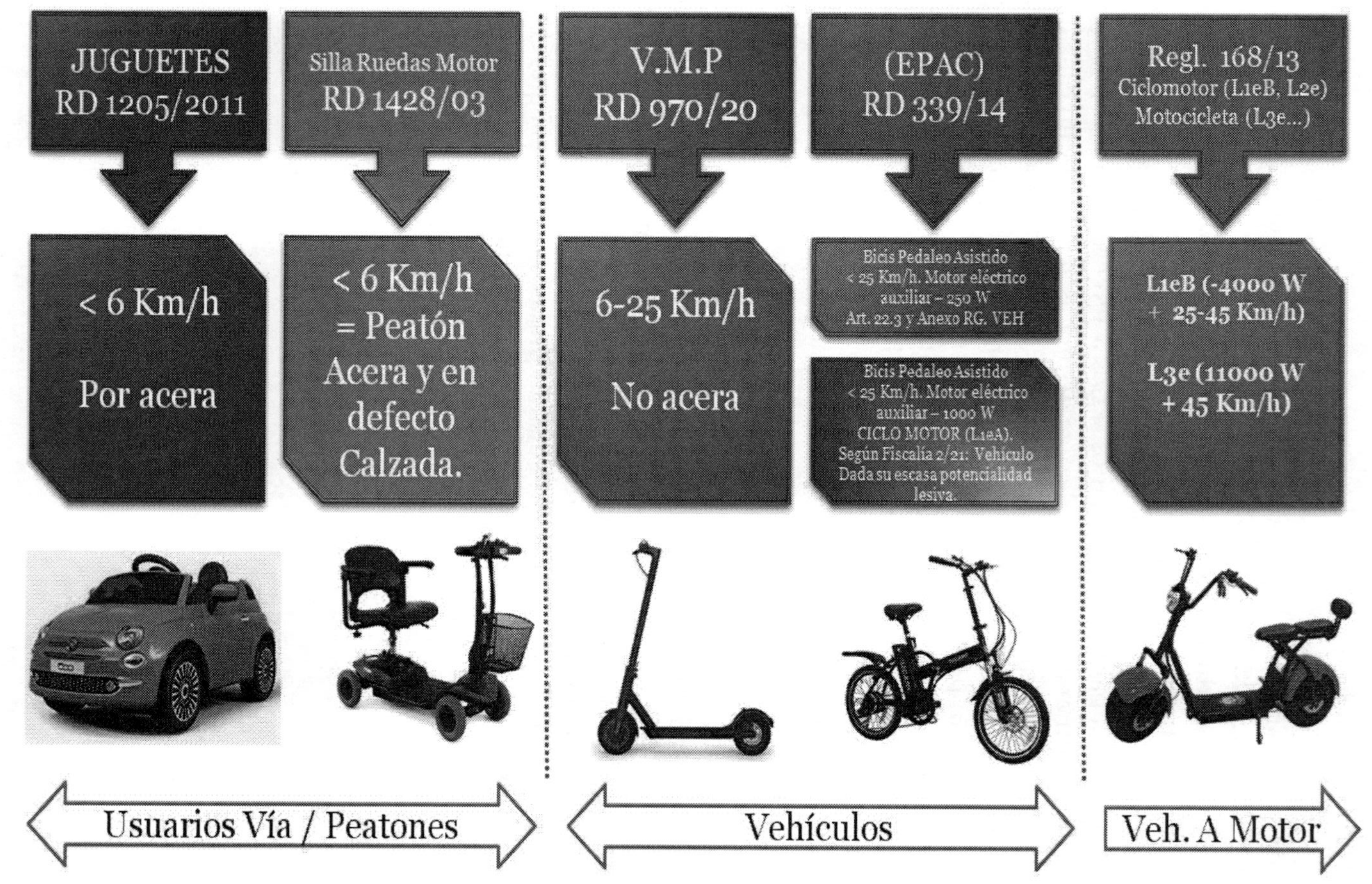
JUGUETES
RD 1205/2011
< 6 Km/h
Por acera
Silla Ruedas Motor
RD 1428/03
< 6 Km/h
= Peatón
Acera y en
defecto
Calzada.
V.M.P
RD 970/20
6-25 Km/h
No acera
(EPAC)
RD 339/14
Bicis Pedaleo Asistido
< 25 Km/h. Motor eléctrico
auxiliar – 250 W
Art. 22.3 y Anexo RG. VEH
Bicis Pedaleo Asistido
< 25 Km/h. Motor eléctrico
auxiliar – 1000 W
CICLO MOTOR (L1eA).
Según Fiscalía 2/21: Vehículo
Dada su escasa potencialidad
lesiva.
Regl. 168/13
Ciclomotor (L1eB, L2e)
Motocicleta (L3e...)
L1eB (-4000 W
+ 25-45 Km/h)
L3e (11000 W
+ 45 Km/h)
Usuarios Vía / Peatones
Vehículos
Veh. A Motor

También es de interés policial la SAP Zaragoza 107/2022, de 10 de marzo (TOL9.047.160). En la misma se acusó al conductor de un vehículo Skateflash Diablo que había sido privado de todos los puntos de su permiso de conducir sin haber efectuado curso de recuperación, de conducir un vehículo tipo motocicleta L3e el cual los agentes policiales comprobaron que alcanzaba una velocidad de 67 Km/h accionando manualmente el vehículo en vacío levantando su rueda trasera sin el peso del conductor, sin hacer un recorrido con el vehículo y sin utilizar un cinemómetro homologado para determinar sin posibilidad de error la velocidad que podía alcanzar. Entendiendo el órgano jurisdiccional que por ello la prueba efectuada en la calle, carecía de rigor técnico y por lo tanto no acreditando que las características técnicas del vehículo conducido fueran las de una motocicleta y no las de un vehículo de movilidad personal, ya que además en la documentación del vehículo constaba (configuración de fábrica limitado a 25 Km/h). Al margen de lo personalmente muy discutible de dicha sentencia ya que la definición de VMP del Anexo II del RGVEH nos habla de una velocidad máxima por diseño máxima de 25 Km/h de los VMP, los cuales si tienen un mando con tres posiciones y pueden accionándolo casi triplicar dicha velocidad, eliminado la «limitación» de fábrica, obviamente su diseño original impide calificarlos como VMP, ya que salen de fábrica pudiendo alcanzar velocidades superiores... El presente pronunciamiento radica su importancia en la adecuada descripción de los hechos en el atestado policial que debe de efectuarse por los profesionales policiales con el mayor rigor posible, solicitando colaboración a ITV›s y proponiendo en su caso en el atestado al Ministerio Fiscal o al Juez (456 LECRIM) como órganos legitimados y si así lo estimaran, el auxilio pericial.

CASO PRÁCTICO 06: (Conducir una "minimoto" careciendo de cualquier tipo de autorización administrativa) La respuesta debe ser NO tiene relevancia penal, en relación al tipo penal recogido en el vigente Art. 384 CP. Es decir, el hecho de conducir uno de estos vehículos de utilización legal exclusiva en circuitos cerrados autorizados y en terrenos particulares de uso individual cuya circulación está prohibida por vías públicas, aceras, zonas peatonales o vías privadas de uso comunitario y que carecen de matrícula dada la ausencia de homologación europea, no constituye su conducción en estos casos delito del Art. 384 CP al no ser necesaria para su conducción permiso o licencia alguna.

🕮 Circular 10/2011, sobre criterios para la unidad de actuación especializada del Ministerio Fiscal en materia de seguridad vial: No se considerará delito del artículo 384 inciso tercero del Código Penal, la conducción de minimotos o minibikes, ya que la prohibición legal y absoluta de circulación de estos vehículos por vías públicas hace que no les sea de aplicación el régimen de autorización previa para la conducción y circulación. De todos modos al hallarnos ante vehículos de motor en el sentido de la definición del apartado 9 del anexo 1 de la Ley de Seguridad Vial, su conducción por las vías públicas sí que puede dar lugar a los demás delitos contra la seguridad vial de los artículos 379 a 383 CP.

Cuestión más compleja, es el plano penal, en aquellas circunstancias en las que se detecte la circulación de éstos vehículos por la vía pública, que podemos sintetizar en que si bien no procede la vía penal por el Art. 384 CP, en el caso que quien las condujere careciera de cualquier tipo de permiso o licencia, nacional o extranjero, si que su circulación dada su condición de vehículos conforme el vigente RGVEH, puede llegar a integrar cualquier otro delito vial, comprendido en los artículos 379 a 383 CP como indica Fiscalía. Para ello pasamos a desgranar la opinión de nuestros órganos jurisdiccionales más notables en relación a las minimotos.

- 🕮 SAP Valencia, de 17/05/2006 (TOL1.029.305): Ratifica la condena impuesta en primera instancia, por conducción temeraria, al conductor de una minimoto, que conducía a gran velocidad por encima de la acera, obligando a varios viandantes a apartarse súbitamente para evitar ser atropellados. El razonamiento jurídico cita, que la minimoto es un vehículo que si bien su circulación está prohibida reglamentariamente, puede catalogarse como ciclomotor por sus características técnicas, de conformidad con el Anexo II del Reglamento General de Vehículos, norma reglamentaria que no hace más que repetir las definiciones contenidas en la Ley sobre Tráfico, circulación de vehículos a motor y Seguridad Vial.
- 🕮 SAP Vizcaya, de 13/10/2006 (TOL1.061.486): Ratifica igualmente la condena, como autor de un delito de conducción temeraria impuesta por el juzgado de lo penal al conductor de una minimoto que tienen prohibida su circulación por las vías públicas, poniendo además en peligro a otros usuarios de la vías, circulando en sentido contrario de circulación a elevada velocidad, no respetando la prioridad de paso ni en un paso de peatones, los cuales debieron apartarse para evitar ser arrollados, ni en el acceso a una glorieta, lo que provocó que un vehículo que circulaba por ella tuviera que girar bruscamente para evitar una colisión.
- 🕮 SAP Madrid, de 03/09/2007 (TOL1.179.522): Ratifica la condena por conducción temeraria al conductor de una minimoto, que circu-

laba en sentido contrario al de la circulación, el cual al observar una dotación de Policía Local, emprendió una veloz huída circulando por la acera donde caminaban varios peatones (incluidos niños en edad escolar) obligando con su acción, a los mismos a apartarse de su trayectoria, hasta el punto que un peatón tuvo que subirse al capó de un vehículo estacionado. La defensa alegó error en la apreciación de la prueba, puesto que alega que las minimotos, no son vehículos a motor, sino que son juguetes. Argumento que desestimó el órgano colegiado.

- 🕮 SAP Murcia, de 12/03/2009 (TOL6.758.464): Absuelve del delito de conducción por vía pública, careciendo de cualquier tipo de permiso o licencia, a la conductora de un minimoto Malaguti RCK de 50 c.c. al tratarse de vehículos de uso exclusivo para circuitos cerrados o entornos privados, para los cuales no es necesario permiso o licencia de conducción fuera de este tipo de recintos. Por tanto, la acción no puede ser encuadrada como delito del 384 CP, lo que no significa que el hecho de circular con esos vehículos no pueda llegar a integrar cualquier otro delito de los arts. 379 a 383 CP.
- 🕮 SAP Córdoba, de 06/07/2010 (TOL2.110.509): Un conductor circula con una minimoto teniendo retirado el permiso de conducción judicialmente. El tribunal estima que para la conducción de tales vehículos, no se requiere de permiso y por tanto no integra el tipo del art. 384 CP. Lo que no significa que el hecho de circular con esos vehículos no pueda integrar cualquier otro delito contra la seguridad vial de los artículos 379 a 383 CP.

Por lo tanto en caso de observar la conducción de alguna de estas minibikes o minimotos en vía pública, desde el punto de vista administrativo, correspondería incoación de boletín de denuncia por infracción muy grave al precepto 1.1.5B RGVEH por importe de 500€ por carecer de autorización administrativa para circular, donde se especificará en observaciones la prohibición de circulación de los referidos vehículos por vía pública y en su caso de las advertencias legales del incumplimiento o desobediencia a un mandato legal y sus consecuencias. Así como la inmovilización, en base a que carecen de la susodicha autorización administrativa, de acuerdo con el vigente artículo 104 LSV.

Por su parte, desde el punto de vista penal NO procede la investigación por un delito del Art. 384 CP con carácter general a quien condujere una minimoto por vía pública. Ya que de acuerdo con lo contenido en la LSV sólo los conductores de vehículos a motor y ciclomotores precisan de autorización administrativa para conducir, en relación con lo estipulado en el RGCON en función de las distintas categorías en que clasifica dichos vehículos. Por lo tanto si no se exige permiso o licencia para su conducción, no puede perseguirse penalmente dicha acción sin autorización administrativa, a excepción de peritaje sobre el vehículo. Constituyéndose como atípica, la conducción de una minimoto careciendo de cualquier tipo de permiso o licencia de conducción, nacional o extranjero en vía pública. No obstante ello, no sería óbice dada su conducción de posible vehículo a motor conforme la normativa vial mentada y jurisprudencia citada, la inclusión de determinadas conductas con minimotos, en cualquier otro delito contra la seguridad vial de los artículos 379 a 383 CP existiendo al respecto numerosas sentencias condenatorias por especialmente conducción temeraria.

CASO PRÁCTICO 07: (Conductor sin carné, que circula con un turismo, mientras el titular del vehículo le acompaña o le presta el vehículo a sabiendas que carece de carné) El paradigma de este caso, bien puede ser un padre, que le presta el vehículo a su hijo para que este practique, careciendo el hijo de permiso alguno. En el presente caso, además del delito que comete el conductor por conducir sin carné cabría también imputar al titular del vehículo como co-autor o cooperador necesario. Y es que quien le presta el coche a alguien sin carné de conducir con conocimiento de causa, merece el mismo castigo.

No es nada nuevo, ya que con anterioridad a la reforma operada en el Código Penal en 1983 cuando conducir sin la correspondiente autorización era delito, ya se aplicaba la co-autoría *ad exemplum la* STS 14/03/74 (TOL4.254.461) castiga a un padre que pese a conocer que su hija carecía de permiso, le entrega la dirección del vehículo y en la legislación alemana también se encuentra tipificado actualmente como un supuesto específico. La STS 399/2023, de 24 de mayo (TOL9.594.769) condena la conducta del copiloto propietario de vehículo que era conocedor que el conductor no tenía permiso y pretendía ayudarle de cara al examen práctico. En reiteración de la doctrina del pleno jurisdiccional contenida en la STS 314/2021, de 15 de abril (TOL8.405.886) que especifica que la cesión de vehículo a persona para su conducción a sabiendas de la inexistencia de cualquier autorización para conducir constituye una efectiva e insustituible aportación para la ejecución del hecho principal. Igualmente son relevantes a efectos penales el ámbito de las empresas de alquiler de vehículos respecto de sus clientes o en el caso de vehículos cuyos propietarios son personas jurídicas y cuyos responsables deben exigir a sus empleados estar en posesión de los permisos o licencias necesarios. ¿Y si el vehículo se deja a un menor inimputable? estaríamos ante un autor mediato arreglo STS 314/2021, 15 abril (TOL8.405.886).

CASO PRÁCTICO 08: (Persona que conduce un vehículo especial) En el caso que observemos una persona conduciendo este tipo de vehículos, deberemos de tener en cuenta la posible comisión del delito objeto del presente capítulo, dadas las distintas exigencias que la normativa establece para este tipo de vehículos y que sintetizamos en el siguiente cuadro:

Vehículo Especial Agrícola (Ej:Tractor)	Vehículo Especial No Agrícola: (Ej: Retroexcavadora)
Masa o dimensiones no exceda de la de vehículos ordinarios → Licencia o B	Menos de 40 Km/h y Menos 3.500 Kg.→ B
	Más de 40 Km/h o Más 3.500 Kg→ Carné según MMA.
	Menos de 9 personas → B
Masa o dimensiones exceden o velocidad + 45 Km/h → B	Más de 9 y menos de 17 personas → D1
	Más de 17 personas → D

A título de ejemplo se reseña la SAP Salamanca 115/2009, de 4 de septiembre (TOL1.638.568), en la que se condena al conductor de una maquinaria de obra muy pequeña, automotriz, concretamente una barredora que se salió de la zona acotada de obras acotada al tráfico a la vía pública y que según consta en la tarjeta del vehículo solamente podía circular a una velocidad máxima de 11,20 Km/h. La defensa del conductor alegó la falta en la legislación española de carné para una maquinaria de obra de tan pocas prestaciones siendo tal alegación desestimada al sí hallarse regulada en el RGCON, pues el vehículo en cuestión es uno de los llamados «especiales no agrícolas» con velocidad máxima autorizada menor a 40 kilómetros por hora, movido por motor de explosión cuya circulación exige permiso de la clase B.

CASO PRÁCTICO 09: (Obtención del permiso sin haberlo recibido). Debe considerarse como una conducta atípica penal, la conducción por vía pública con vehículo a motor, una vez superadas absolutamente todas las pruebas reglamentarias, aunque formalmente no esté el documento expedido puesto que no se vulnera el bien jurídico protegido por una persona que ha demostrado reunir los requisitos exigidos por la normativa. En este sentido la STS 903/2010, de 18 de octubre (TOL1.991.751) absolvió al conductor que había sido condenado por conducir sin permiso un 7 de mayo, el cual había aprobado el permiso el 5 de mayo, pero físicamente no le fue expedido hasta el 9 de mayo.

CASO PRÁCTICO 10: (Permisos militares / policiales españoles, no canjeados). Además de los permisos y licencias de conducción regulados en el RD 818/2009, por el que se aprueba el RGCON, conforme la legislación vigente existen otros permisos con determinadas particularidades, que pueden ser expedidos por las escuelas autorizadas de la Dirección General de la Policía, de la Guardia Civil u organismos de las Fuerzas Armadas y que posteriormente pueden canjearse por sus equivalentes previstos en el RGCON. La normativa que rige su expedición y peculiaridades es la siguiente:

Tanto el RD 628/2014 relativo a los permisos militares como la Orden INT 1518/2021, relativo a los permisos policiales presentan un articulado parejo y simétrico. Los mentados permisos se caracterizan porque autorizan a conducir vehículos pertenecientes a su órgano emisor y son de las mismas clases y características que los establecidos en el RGCON, de manera que pueden ser canjeados por estos con la única excepción del permiso militar de conducción de la clase F (Vehículos especiales militares –> Tanque) que lógicamente no tiene equivalente "civil". Una vez canjeados en el apartado de observaciones del permiso o licencia, se anota el código 106.2 y a su lado entre paréntesis la fecha de expedición del permiso militar o policial. Igualmente y conforme la fecha de expedición, si es superior a los tres años se le asignarán 12 puntos u 8 si tiene menos, pudiéndose sólo detraer puntos por las sanciones con fecha de firmeza posterior al canje.

Pero ¿qué ocurre sino canjean el permiso y conducen otro tipo de vehículos distintos de los autorizados inicialmente? Si bien no obstante está permitido su canje, si éste no se efectúa por ende no son válidos para conducir otro tipo de vehículos que los autorizados y si bien la vía penal en estos casos, éste autor entiende que no procede ya que la formación tanto teórica como práctica es la misma que se exige a los conductores "civiles" (Tal y como se deriva del artículo 9º del RD 628/2014, que cita que la formación a impartir y las pruebas a realizar para obtener las diferentes clases de permiso de conducción de las FF.AA y GC, se ajustarán con carácter general, a lo dispuesto en el RGCON o el artículo 2.2 de la Orden INT 1518/2021 que cita que la formación impartida en las escuelas policiales y las pruebas realizadas, así como los vehículos a utilizar, se ajustarán con carácter general a lo dispuesto en el RGCON).

De igual manera, la Dirección General de Tráfico a la hora de canjearlos únicamente requiere además del pago de la tasa, fotocopia DNI y fotografía, informe de aptitud psico-físico expedido por centro de reconocimiento de conductores y que el permiso esté en vigor. Es decir no requiere superar ninguna prueba de conocimientos adicional ya que lógicamente al exigirle los mismos requisitos sus organismos emisores, no se les efectúa prueba adicional de conocimientos pues estos ya se han demostrado y superado.

Por lo tanto y de igual manera que no es delito el conducir con un permiso de conducción extranjero no canjeado y sí sanción administrativa, porqué se han adquirido unos conocimientos mínimos que no vulneran el bien jurídico protegido que salvaguarda el vigente artículo 384 CP, como es la seguridad vial (independientemente de efectuar el canje o no); En este caso, el paralelismo es total, porque se poseen no sólo unos conocimientos mínimos, sino que son los mismos exigidos al resto de conductores e incluso superiores a los que recibe un ciudadano en una autoescuela, ya que se estudian determinadas especialidades propias de manera que únicamente quedaría expedita la vía administrativa, en caso de no ser canjeados. No obstante, reseñaremos la SAP Girona 59/2010, de 29 de enero (TOL1.840.072) y la SAP Barcelona 1138/2013, de 12 de diciembre (TOL4.194.711) donde se condena por conducir sin permiso a sendas personas que carecen de permiso de conducción pero que manifiestan (no los aportan como prueba, ni presentan el soporte físico del permiso, ni ningún documento que acredite su existencia, ni se presentan a la vista en ninguno de los dos casos) poseer permisos militares. Motivo por el cual y dada la existencia únicamente de meras alegaciones carentes de cualquier tipo de virtualidad probatoria, sí que son condenados por conducción sin ningún tipo de permiso.

Permiso conducción CNP (Orden INT 1518/2021)

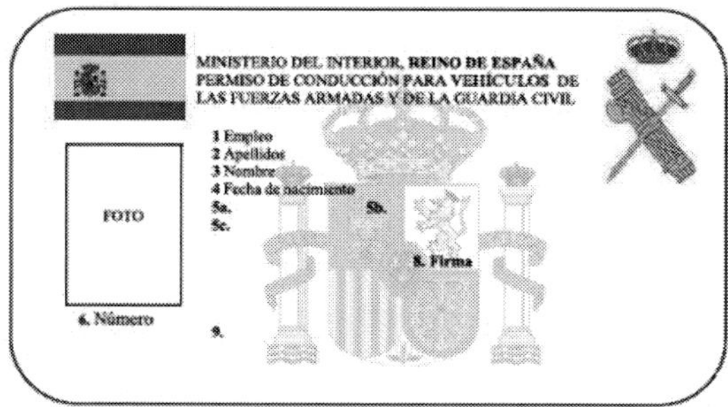

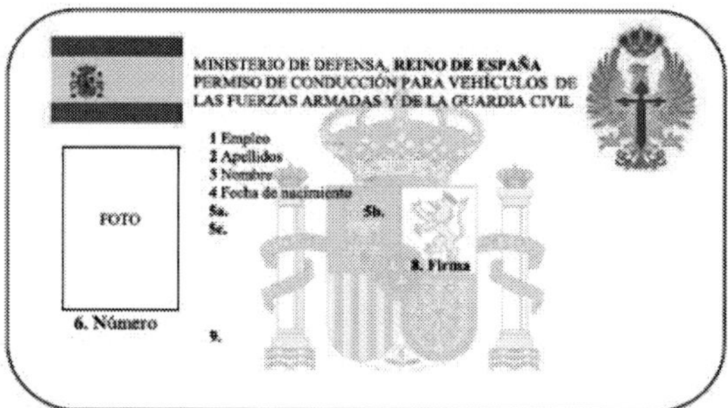

Permiso conducción GC y FF.AA (RD 628/2014)

CASO PRÁCTICO 11: (Pérdida vigencia del permiso / licencia, por pérdida de condiciones psicofísicas). El Artículo 70 de la Ley de Seguridad Vial estipula que el organismo autónomo Jefatura Central de Tráfico podrá declarar la pérdida de vigencia de las autorizaciones de conducción cuando se acredite la desaparición de los requisitos sobre conocimientos, habilidades o aptitudes psicofísicas exigidas para su autorización. El vigente Reglamento general de conductores, establece en su anexo IV, cuales son las aptitudes psicofísicas requeridas para obtener o prorrogar la vigencia del permiso o licencia de conducción que sintetiza en los siguientes apartados:

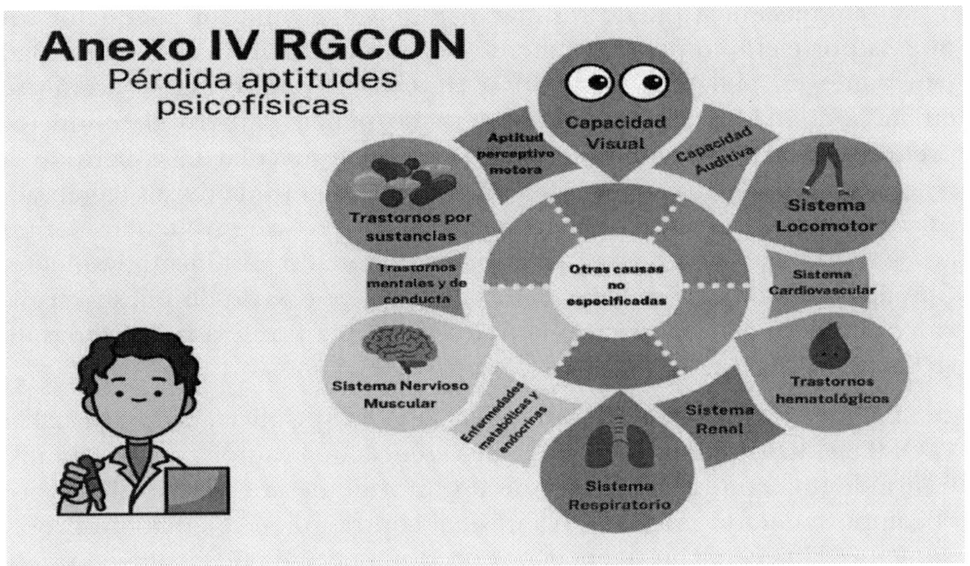

A continuación se expone un caso real: La Policía Local da el alto al conductor de un vehículo que acaba de hacer caso omiso a la luz semafórica roja y cuando se acercan a la ventanilla del conductor, observan que va conduciendo totalmente desnudo. El conductor refiere que acaba de quedarse desempleado, ha perdido su pareja y sufre una fuerte depresión habiéndole sido diagnosticada una fuerte depresión (Hecho incardinable en el punto décimo del Anexo IV RGCON). Ante tales hechos y dada la derogación que permitía a los agentes la intervención inmediata del permiso o licencia conforme el vetusto Art, 71 bis de la antigua LSV, elevan informe a la Jefatura Provincial de Tráfico, alertando de la posible pérdida de las referidas facultades por parte del conductor e iniciando conforme el artículo trigésimo sexto del RGCON, el jefe provincial de tráfico un expediente de declaración de pérdida de vigencia, en el cual concede al conductor un plazo de dos meses para acudir a los servicios sanitarios de su comunidad autónoma, al objeto de ser evaluado. No superando dichas pruebas se decreta la pérdida de vigencia de su permiso de conducción por pérdida de sus facultades psicofísicas. A los pocos meses se observa a esta persona conduciendo siendo firme su pérdida de vigencia ¿Sería delito su conducta? Pues de acuerdo con los principios de legalidad y tipicidad NO sería punible, porque únicamente es punible la pérdida de vigencia por agotamiento del saldo legal de puntos, quedando únicamente abierta la vía administrativa. Es decir, de las distintas pérdidas de vigencia que recoge el RGCON, únicamente es relevante penalmente la pérdida por agotamiento del saldo de puntos.

Tal circunstancia puede resultar paradójica ya que un conductor sin puntos por ejemplo por únicamente no portar el cinturón de seguridad (sin poner en peligro a terceros) si ejercita la conducción su acción se enmarca dentro de los límites del derecho penal. Empero el conductor precitado o una persona que por degeneración macular haya perdido la visión en un 90% y haya perdido el permiso por pérdida de sus facultades psicofísicas, en caso de conducciones posteriores (que sí atentan contra la seguridad vial de terceros) solo sería sancionado administrativamente. Cuestión que debería ser objeto de reflexión por parte de nuestro legislador al objeto de armonizar una única respuesta frente a las pérdidas de vigencia.

Al respecto de las pérdidas de vigencia la STSJ Galicia, de 26/01/2024 (TOL9.894.974) ratificó la pérdida de vigencia de la autorización administrativa de una conductora a raíz de un informe de la Guardia Civil sobre el comportamiento inusual de la misma, contra quien se inició un procedimiento de pérdida de vigencia por presunta pérdida de facultades psicofísicas para el ejercicio de la conducción, concediéndole un plazo de dos meses para alegar y ser examinada por personal médico, sin embargo el plazo expiró sin que la conductora se sometiera a las pruebas lo que derivó en la resolución firme de pérdida de vigencia, cuestión avalada por el órgano jurisdiccional.

CASO PRÁCTICO 12: (Conductor con 0 puntos en su permiso Español, que muestra otro permiso de conducción no nacional en vigor o permiso canjeado): Por ejemplo sería el caso de un conductor Senegalés, quien ha perdido la vigencia del permiso de conducir del que es titular en España pero sigue conduciendo con su permiso de Senegal. En este caso y tal y como indica la SAP Tarragona 482/2013 de 7 de noviembre (TOL4.054.037) no cabe por el hecho de ser extranjero y tener el permiso originario de su país, ser de mejor condición que el resto de ciudadanos nacionales que tienen únicamente el permiso de conducir Español. Por lo tanto el extranjero que pierde la vigencia del permiso de conducir en España no puede su conducta quedar impune y por lo tanto no puede acogerse a ser el mismo titular de otro u otros permisos de conducir obtenidos en otros países ya que se estaría cometiendo un fraude de ley.

Otro ejemplo dentro de la misma casuística sería el conductor español que es conocedor que se ha iniciado contra él un procedimiento de pérdida de vigencia del permiso de conducción por haber agotado su saldo legal de puntos y antes que tal circunstancia le sea notificada, consigue canjear su permiso nacional español, por el permiso de conducción inglés (o portugués, o francés...) y sigue conduciendo. En este caso y como bien cita la SAP Segovia 9/2014 de 31 de enero (TOL4.121.736) aunque el permiso expedido en el Reino Unido estuviera en vigor y conforme el artículo decimoquinto del RGCON, estuviera habilitado en principio (administrativamente) para conducir por España, su mera existencia NO evita integrar la conducta típica cuando la imputación no es carecer de permiso, sino conducir en nuestro país, cuando media resolución firme de la pérdida de vigencia del permiso de conducción.

Puesto que conforme el citado precepto y norma, NO son válidos los permisos de conducción expedidos por cualquiera de los estados miembros de la Unión Europea, a quienes hubieran sido titulares de otro permiso expedido en alguno de ellos que les haya sido retirado, suspendido o declarada su nulidad, lesividad o pérdida de vigencia en España. Y no afecta a la cuestión el hecho de que el canje del permiso español se hubiera efectuado con anterioridad a la resolución administrativa por la que se acuerda la pérdida de vigencia del mismo, pues lo que la norma sanciona es la falta de validez del otro permiso cuando se de tal circunstancia, al margen del momento en que haya producido la misma. En igual sentido la SAP Lugo 57/2013, de 12 de marzo (TOL3.659.231) juzga un caso similar con el canje de un permiso español retirado, por uno portugués cuando el conductor era conocedor de su pérdida de puntos. Además el artículo 8 de la Directiva 91/439 autoriza a un Estado miembro a denegar el reconocimiento de la validez de un permiso de conducción obtenido en otro estado por una persona que en el territorio del primer Estado miembro sea objeto de una medida de restricción, suspensión, retirada o anulación del permiso.

La tesis de fiscalía cohonesta con estas primeras sentencias de audiencias provinciales, ratificando tanto la Memoria FGE de 2014 como de 2016 la tipicidad de estas conductas. Finalmente las STS 612/2017, de 13 de septiembre (TOL6.346.233) y STS 735/2017, de 15 de noviembre (TOL6.436.471) ratifican y consolidan la existencia de delito en los supuestos de canje de autorizaciones administrativas de conducción nacionales por otros extranjeros, cuando se ha declarado la pérdida de vigencia del permiso español por pérdida de los puntos, siendo indistinto la fecha en la que el canje se produzca, ya sea antes o después de la pérdida de vigencia.

Como corolario final la STS 385/2019, de 23 de julio (TOL7.433.921) es de notoria importancia pues si bien en los casos anteriores hemos estado haciendo referencia continua al Art. 15 RGCON y los canjes de permisos europeos, en la presente sentencia se contempla el canje de un permiso español por uno andorrano en 2014 cuyo conductor residía habitualmente en Andorra y se le declara la pérdida de vigencia en 2016 a raíz de infracciones administrativas posteriores al canje. Ya que el alto tribunal entiende que el Art. 384 CP extiende sus efectos a quienes conducen al amparo de un permiso de conducir emitido por país no integrante de la Unión Europea o del Espacio Económico Europeo y siendo indiferente su lugar de residencia, pues si comete las infracciones en España con detracción de puntos, no son ajenos al sistema de retirada del permiso.

Conclusiones: El Artículo 384 CP no sólo protege la seguridad vial y en definitiva la vida y la integridad de las personas, sino que tutela un orden administrativo incorporando además un fuerte componente de desobediencia.

Sujeto activo será el conductor de un vehículo a motor o ciclomotor que será quien maneje el mecanismo de dirección o vaya al mando del mismo. El delito se comete conduciendo y en cuanto al lugar de realización de la conducta, la conducción debe realizarse o en una vía o terreno público apto para la circulación o en una vía o terreno privado susceptible de ser utilizado por una colectividad indeterminada de usuarios. La reincidencia es plausible entre las distintas conductas que sanciona, dado que en todas ellas se ataca el mismo bien jurídico.

Respecto a la aplicación de eximentes es bastante frecuente la alegación en defensa del imputado del estado de necesidad, en el que por razones urgentes, normalmente médicas éste coge el vehículo no existiendo problemas en su apreciación por los tribunales siempre y cuando se constaten todos sus requisitos. Recordemos al efecto que la carga probatoria de las eximentes corresponde a la parte que las alega y cuyos déficits probatorios no deben resolverse a favor del reo, sino en favor de la plena responsabilidad penal conforme STS 1477/2003, de 29 de diciembre (TOL352.411). Su apreciación, tanto de la eximente completa como incompleta, radica en la existencia de un conflicto entre distintos bienes o intereses jurídicos, de modo que sea necesario llevar a cabo la realización del mal que el delito supone, dañando el bien jurídico protegido por esa figura delictiva, con la finalidad de librarse del mal que amenaza al sujeto activo, sin que exista otro remedio razonable y asequible para evitar este último que ha de ser grave en consonancia con lo descrito en la STS 710/2017, de 27 de octubre (TOL6.413.682).

De esta manera los tribunales al no cumplirse los requisitos expresados no han admitido como estado de necesidad las siguientes conductas:

Coger el coche para acudir a casa de un familiar porque el bebé se había caído y no paraba de llorar, arreglo SAP Madrid 21/2019, de 15 de enero (TOL7.231.325); Necesitar el vehículo con el fin de acudir al trabajo, conforme SAP 38/2019, de 21 de enero (TOL7.154.362); Aparcar un vehículo que estaba en doble fila obstaculizando el tráfico, puesto que su propietaria estaba indispuesta a tenor de la SAP Barcelona 345/2021, de 13 de mayo (TOL8.601.931); Recoger a su pareja embarazada de siete meses que le llama por teléfono y necesitaba ir al hospital en relación a lo dispuesto en la SAP Barcelona 294/2023, de 9 de mayo (TOL9.880.596) o ejercer la conducción porque a su pareja le entró un fuerte dolor de barriga, conforme SAP Las Palmas 290/2021, de 23 de septiembre (TOL8.698.685). Por todo ello, y al objeto que el órgano jurisdiccional pueda apreciar la legalidad de las acciones contenidas en el atestado y para evitar la picaresca o simplemente dejar fiel constancia de los hechos se recomienda en la confección del atestado añadir todos los hechos jurídicamente relevantes inherentes al hecho investigado.

Finalmente citar que el legislador no prevé la pena de privación del derecho a conducir por razones de política criminal, ya que lo que se pretende es motivar a los infractores a que obtengan el permiso, subrayándose la finalidad rehabilitadora de la pena. Así como en los casos en los cuales el sujeto ha sido privado por sentencia judicial de su autorización administrativa para conducir, los efectos y la extensión de la misma abarcan hasta el último de los días, reseñándose a título de ejemplo la STS 914/2022, de 23 de noviembre (TOL9.307.320) en la que el acusado fue sorprendido conduciendo el último día de cumplimiento de la pena de privación del derecho a conducir, manifestando nuestro alto tribunal que mientras no se esté en posesión del permiso de conducir no se puede conducir.

385 Código Penal.

Obstáculos en la vía

Será castigado con la pena de prisión de seis meses a dos años o a las de multa de doce a veinticuatro meses y trabajos en beneficio de la comunidad de diez a cuarenta días, el que originare un grave riesgo para la circulación de alguna de las siguientes formas:

1º.- Colocando en la vía obstáculos imprevisibles, derramando sustancias deslizantes o inflamables o mutando, sustrayendo o anulando la señalización o por cualquier otro medio.

2º.- No restableciendo la seguridad de la vía, cuando haya obligación de hacerlo.

Si bien la mayoría de las conductas penales atentatorias contra la seguridad vial se centran en la represión de distintas conductas realizadas por los conductores, quienes provocan casi nueve de cada diez accidentes, el artículo 385 CP, precepto de escasa aplicación en la práctica jurídica, el cual únicamente representó el 0,48 % de los procedimientos penales incoados por delitos contra la seguridad vial durante el año 2.022, se centra en la punición de conductas realizadas que provoquen un grave riesgo en otro de los tres elementos que conforman la circulación de vehículos a motor: la vía y su entorno. Que junto a los conductores y vehículos conforman los elementos principales del hecho circulatorio.

Diligencias Previas + Diligencias Urgentes	2013	2014	2015	2016	2017	2018	2019	2020	2021	2022
Art. 379.1 CP . .	1.021	752	818	902	813	842	889	1.562	1.193	1.111
Art. 379.2 CP . .	72.430	69.340	61.346	61.177	59.466	69.121	68.039	57.262	70.674	77.133
Art. 380 CP . . .	2.587	2.384	2.310	2.658	2.761	1.553	2.009	3.050	3.360	3.539
Art. 381 CP . . .	318	204	190	204	190	87	207	297	268	267
Art. 383 CP . . .	2.070	1.884	1.550	1.583	1.819	2.013	2.381	2.252	2.897	3.261
Art. 384 CP . . .	36.017	33.883	31.231	31.262	30.875	36.649	40.670	37.172	47.058	51.431
Art. 385 CP . . .	411	396	482	417	379	389	477	489	489	664
Total	114.854	108.843	97.927	98.203	96.303	110.654	114.672	102.084	125.939	137.406

Fuente: Memoria Fiscalía General del Estado, 2023.

El tipo penal del artículo 385 CP presenta ciertas particularidades. A diferencia de sus correlativos anteriores es aplicable no solo a conductores, sino también a peatones e incluso a cualquier persona que actúe desde la vía o fuera de ella, piénsese por ejemplo en quien arroja a la misma objetos desde un balcón o una pasarela. Por contra, sí que coincide en las formas de culpabilidad con sus compañeros de capítulo puesto que únicamente se tipifican como delito las conductas dolosas siendo atípicas las dinámicas de comisión imprudentes, debiendo de acudir en caso de accidentes ocasionados a consecuencia de obstáculos en la vía derivados de actos imprudentes, a la punición de dichos hechos en su caso por los artículos referentes a los homicidios o lesiones por imprudencia. El bien jurídico protegido son las condiciones de seguridad de las vías, infraestructuras y elementos relacionados con ellas, en cuanto inciden en la seguridad de la circulación y sus usuarios. En lo que se refiere a su naturaleza jurídica nos encontramos ante un delito de peligro abstracto como nos indica la SAP Ciudad Real 23/2022, de 3 de marzo (TOL8.992.703) o la SAP Tarragona 261/2023, de 23 de junio (TOL9.701.923). No obstante, dadas sus cifras absolutas podemos afirmar que se trata de un tipo residual casi inaplicado, que conserva su condición de tipo penal cuantitativamente residual y muy poco aplicado, a pesar de su importancia para preservar riesgos viales (Memoria Fiscalía General del Estado, 2023).

Evolución legislativa: La estirpe del actual artículo 385 CP, al tipificar conductas afines a las actuales la encontramos en ley del automóvil, de 9 de mayo de 1950. Ley penal especial en la que coincidiendo con el uso generalizado de vehículos a motor en España procedió a regular de manera más concreta los delitos de riesgo derivados del tráfico, penándose las siguientes conductas:

- Quitar, cambiar, simular, alterar o dañar las indicaciones o señales establecidas para orientación o seguridad de la circulación de vehículos a motor.
- La grave perturbación u obstaculización a la circulación de vehículos de motor, con peligro para sus ocupantes.
- El lanzamiento de piedras u otros objetos contra vehículos de motor en marcha, con peligro para las personas.

Posteriormente la Ley sobre uso y circulación de vehículos de motor, de 24 de diciembre de 1962, extendió la protección en las conductas referidas a la colocación de obstáculos a las personas y los bienes. Y no sería hasta 1967, cuando el legislador abandonó el recurso de acudir a leyes penales especiales para castigar las conductas relativas a la protección de la seguridad vial, ante tal y como cita el preámbulo de la Ley 3/1967 la persistencia y continuidad con que se producían los delitos cometidos con ocasión del tránsito de automóviles y su indudable semejanza con otros previstos en el Código penal, que aconsejaban su inserción en el principal texto punitivo.

De esta manera se produjo el traspaso al Código penal texto revisado de 1.963 de dichas figuras, bajo la rúbrica "Delitos contra la seguridad del tráfico", que comprendían los artículos 340 bis a), 340 bis b) y 340 bis c). Castigando el segundo de estos artículos, con las penas de arresto mayor o multa de 5.000 a 50.000 pesetas al que "Originase un grave riesgo para la circulación, alterando la seguridad del tráfico mediante la colocación en la vía de obstáculos imprevisibles, derramamiento de sustancias deslizantes o inflamables, mutación o daño de la señalización o por cualquier otro medio o no restableciendo la seguridad de la vía, cuando hubiese obligación de hacerlo. Precisándose tras la incorporación tal y como se puede apreciar, las formas de realización y permaneciendo relativamente invariado desde entonces en lo que respecta a su conducta, no en su pena pecuniaria que en el Código penal de 1.973 queda configurada entre las 30.000 y las 300.000 pesetas. No obstante, con la publicación del nuevo Código penal de 1995, el antiguo artículo 340 bis b) se convirtió en el artículo 382:

Será castigado con la pena de prisión de seis meses a dos años o multa de tres a ocho meses el que origine un grave riesgo para la circulación de alguna de las siguientes formas:

1° Alterando la seguridad del tráfico mediante la colocación en la vía de obstáculos imprevisibles, derramamiento de sustancias deslizantes o inflamables, mutación o daño de la señalización, o por cualquier otro medio.

2° No restableciendo la seguridad de la vía, cuando haya obligación de hacerlo.

Desde entonces ha sufrido dos reformas que significaremos a continuación. La primera operada por la Ley orgánica 15/2003, elevó la pena alternativa de multa desde los 3 a 8 meses, hasta los 12 a 24 meses. De esta manera se pretendió proporcionar la pena de multa a la pena de prisión, ya que si tenemos en cuenta que cada día de privación de libertad equivale a dos días de multa, los 12 meses de multa son proporcionados a los 6 meses de prisión aunque los 2 años de prisión equivalen a 48 meses de multa y en el límite máximo no se cumple esta proporcionalidad. La segunda, fruto de la reforma llevada a cabo por la Ley orgánica 15/2007, añadió a la pena alternativa de multa la pena de trabajos en beneficio de la comunidad lográndose así la proporción. Amén de esta última innovación en el ordenamiento, desapareció del articulado la expresión “alterando la seguridad del tráfico” entendiendo que dicha expresión significaba una reiteración innecesaria. Añadiéndose dos verbos más a las conductas punibles que son sustraer o anular, la señalización que sustituyen a la expresión anterior de daños en la señalización.

Estructura: El delito del artículo 385 CP se estructura de forma bicéfala, (ambas dolosas) de manera que se subdivide en dos apartados, castigando el Art. 385.1 CP, la vertiente activa que persigue la alteración de las condiciones de seguridad de la vía, produciendo con ello un grave riesgo para la circulación. Y alternativamente, el Art. 385.2 CP que es de omisión, concretamente de comisión por omisión (Aunque varios autores abogan por calificarlo como un delito de omisión pura) por la que el reproche penal se dirige al sujeto que obligado a recuperar la seguridad de la vía infringe el deber de restituirla a su estado inicial. Esta disposición alternativa implica que la aplicación de una impide la observancia de la otra, so pena de quebrantar el principio *Non bis in idem.*

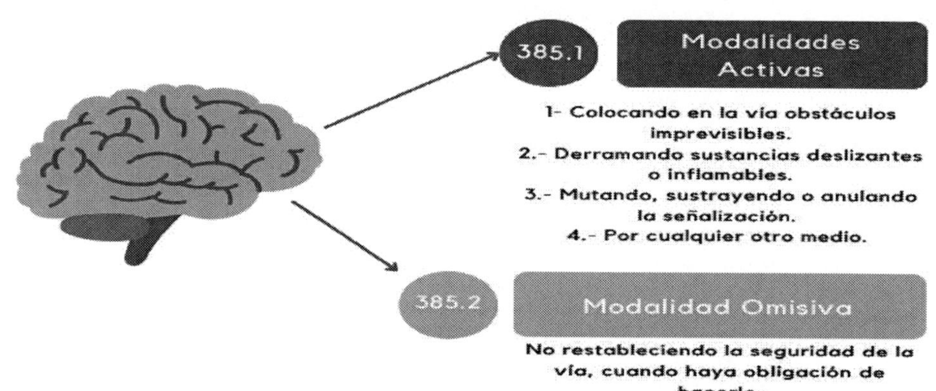

Modalidad activa: Tipificada en el primero de sus apartados requiere como requisito principal la creación de un grave riesgo para la circulación. ¿Qué debemos entender por grave riesgo? Aquél cuya entidad sea capaz de modificar de forma sustancial las condiciones de la vía, lo que deriva en un incremento del peligro para los usuarios, un plus. No bastando una mera incomodidad sino que la alteración ocasionada se debe traducir en una situación en la que resulte altamente probable la lesión de los intereses personales de los usuarios de la vía. No siendo necesario para el nacimiento de la figura delictiva que se produzca un accidente o un hecho luctuoso o una puesta en peligro concreta, debido a que nos encontramos ante un delito considerado mayoritariamente de peligro abstracto. *Ad exemplum*, el precepto realiza una enumeración de tres conductas que pueden originar dicho grave riesgo:

1.- Colocación en la vía de obstáculos imprevisibles:

Es decir, situar impedimentos físicos que por inesperados puedan sorprender a los usuarios de la vía. Resultando indiferente su carácter estático o móvil. Se reitera el hecho de que no basta con causar incomodidad para circular sino que es preciso que se origine un RIESGO GRAVE.

Para ello atenderemos a las condiciones de visibilidad, su trascendencia e importancia y especialmente a su señalización o falta de ella, puesto que en el presente apartado se exige además de la creación de un riesgo grave que el mismo sea imprevisible para un conductor que circula con la diligencia media.

Nuestros tribunales a título de ejemplo han venido entendiendo como constitutivo del delito de creación de un riesgo grave obrante la modalidad activa consistente en la colocación dolosa en la vía de obstáculos imprevisibles, las siguientes conductas: La SAP Córdoba 311/2005, de 17 de junio (TOL684.793) castiga a quienes colocaron vallas, así como sillares de hormigón en plena vía pública impidiendo por completo el paso de vehículos obligando a los mismos a circular en dirección prohibida; La SAP León 117/2008, de 5 de junio (TOL1.396.341) a quien arrastró un contenedor de basura al centro de la calzada para a continuación volcarlo; La SAP Coruña 654/2008, de 4 de diciembre (TOL7.213.080) castiga por la presente conducta a quien a la salida de una curva colocó un tronco de madera de grandes dimensiones; La SAP Burgos 258/2009, de 20 de noviembre (1.769.529) consideró subsumible en la presente arrancar 15 hitos de arista del carril de una carretera quedando esparcidos por el carril, ocasionando un peligro al quedar esparcidos en un tramo de cambio de rasante seguido de curva a la izquierda y posterior curva a la derecha; La SAP Tarragona 474/2014, de 11 de diciembre (TOL4.730.259) pune a quien pusieron entre seis y ocho bloques de hormigón a la salida de una curvea en una carretera, los cuales ocupaban la totalidad de la calzada; La SAP Coruña 14/2017, de 16 de enero (TOL5.949.018) la colocación de forma intencionada de diversos objetos metálicos punzantes sobre la calzada tales como barras de aluminio, un rastrillo y dos tableros con puntas de hierro.

La colocación de los obstáculos puede ser dinámica, es decir no se precisa un depósito estático previo de los mismos sobre la vía sino que una modalidad muy habitual en nuestra práctica jurídica consiste en la punición de quien lanza o arroja los obstáculos al paso de los vehículos lo que sin duda constituye obstáculos aún más imprevisibles si cabe que en el caso anterior, de esta manera castigan por dicha modalidad dinámica la SAP Madrid 145/2004, de 27 de septiembre (TOL745.133) Por lanzar bolas de rodamiento valiéndose de unos tirachinas contra autobuses con pasajeros, circulando en paralelo por una vía de alta velocidad muy transitada; La SAP Palencia 4/2010, de 11 de febrero (TOL1.832.732) por lanzar una piedra desde un puente a la carretera, la cual impactó en la luna delantera de un vehículo o la SAP Ciudad Real 23/2022, de 3 de marzo (TOL8.992.703) por lanzar desde un edificio abandonado situado en la carretera una multitud de piedras, en forma de losa, de grandes dimensiones «40x30x3 aproximadamente» contra los vehículos. Hasta aquí hemos observado la colocación de obstáculos exógenos a la calzada (contenedores, piedras, bidones, losas...) como encuadrables en el marco penal presente, pero nada impide que los propios vehículos inherentes a la circulación en atención a las circunstancias se configuren como objeto del delito. De esta manera se castiga detener el propio vehículo que se conduce por somnolencia en mitad de los carriles y sin señalización alguna (ECLI:ES:APSO:2001:276*);* En igual sentido la SAP Burgos 27/2007, de 2 de febrero (TOL7.527.707) reprende el empujar vehículos estacionados en batería hasta la calzada, colocándolos de forma transversal en medio de la calzada, ocupando los carriles de circulación o la SAP Málaga 269/2023, de 12 de septiembre (TOL9.793.243) la colocación de dos motocicletas, además de dos contenedores y un mueble. En este último caso los autores que resultaron condenados, manifestaron haber efectuado tal conducta por mera diversión sin ánimo atentatorio ninguno, pero recordemos que el Art. 385 CP se consuma con la realización objetiva del tipo. Otra peculiaridad anteriormente reseñada es que a diferencia de sus homónimos capitulares, el sujeto activo del presente delito NO tiene porque ser el conductor de un vehículo a motor, sino que el mismo puede ser un tercero externo a la circulación u otros partícipes en la misma. De esta manera la SAP Guipúzcoa 163/2003, de 18 de marzo (ECLI:ES:APSS:2003:163) pena por la siguiente conducta y modalidad al peatón que deambulaba por la calzada de una autopista bajo los efectos del alcohol, abalanzándose sobre los vehículos que circulaban por ella; La SAP Guipúzcoa 265/2004, de 23 de abril (ECLI:ES:APSS:2004:265) Al peatón que va andando por el carril de circulación de una carretera en sentido contrario a los vehículos; La SAP Sevilla 385/2003, de 29 de enero (ECLI:ES:APSE:2003:385) La práctica de autostop en mitad de una autovía por la noche abalanzándose sobre los vehículos o la SAP Tarragona 261/2023, de 23 de junio (TOL9.701.923) circular en bicicleta por una autopista en sentido contrario por la noche, por el carril izquierdo "el más rápido", sin iluminación ninguna.

En síntesis, la actuación policial se centrará en valorar la gravedad para la circulación de los obstáculos a la vía arrojados. Y su imprevisibilidad para los usuarios de la vía que circulen con diligencia media por las mismas. Así como determinar la existencia de dolo como elemento necesario para la detención del presunto autor de los hechos, en base a los indicios racionales que se plasmarán en el atestado de forma detallada, describiéndose las características de la vía, el espacio ocupado por los objetos, la visibilidad de la vía, las condiciones meteorológicas, la hora, la intensidad circulatoria, la configuración de la calzada (recta, intersección, curva, rotonda...) velocidad reglamentaria de la vía, existencia de peligros aparentes como cambios de rasante, intersecciones próximas, etc. Cuestiones a plasmar en la respectiva inspección ocular.

Puesto que una deficiente o lacónica descripción de dichos datos en el atestado policial impiden al juzgador la valoración de la gravedad de los hechos. Sirva a título de ejemplo de lo relatado la SAP Guipúzcoa 58/2005 de 6 de abril (TOL685.265) donde se absuelve a una persona que arrojó una motocicleta, varias bolsas de basura y distintos enseres a la calzada, puesto que la descripción de los hechos incluida en el atestado policial y expuesta en la vista, si bien permitió constatar la presencia de una alteración de la seguridad vial, mediante la colocación en una vía pública de obstáculos que en razón a sus características intrínsecas y en atención a las circunstancias exógenas, no resultaban previsibles para un conductor que empleara la diligencia media, la ausencia de toda mención a las características específicas de la vía, entidad del espacio ocupado por los objetos arrojados y condiciones de visibilidad del lugar, impidieron calibrar al juzgador si el riesgo creado derivado de la alteración, adquirió la significación precisa para ser calificado como grave. En igual sentido la SAP Girona 112/2015, de 6 de marzo (TOL5.168.812) absolvió a quien volcó a la calzada dos contenedores de basura dado que en los hechos probados no constan las características de la vía, anchura y número de carriles, visibilidad, iluminación... Por lo que no se puedo determinar que existiera un grave riesgo para la seguridad vial.

Por su parte, la colocación de clavos y chinchetas, también se ha entendido por los tribunales como obstáculos, si bien la SAP Cuenca 131/2006, de 29 de diciembre absuelve al autor de colocar dichos elementos ya que los puso a la entrada de una fábrica, donde los vehículos circulaban a escasas velocidades y por lo tanto el juzgador no apreció el grave riesgo. Igualmente la SAP Castellón 260/2011, de 8 de junio (TOL2.366.746) absuelve a quien arrojó dos contenedores a la vía pública en un recta con gran visibilidad, a las 07:30 horas de la mañana de un domingo, que únicamente estuvieron unos minutos hasta la llegada de la Policía Local en una vía con una limitación específica de velocidad de 50 kilómetros por hora. Finalmente reseñar que para aquellos casos en que la colocación de obstáculos no sea considerada grave a efectos penales, queda expedita la aplicación de la vía administrativa. Concretamente, el Reglamento General de Circulación, recoge varias infracciones relacionadas con la colocación de obstáculos en la calzada:

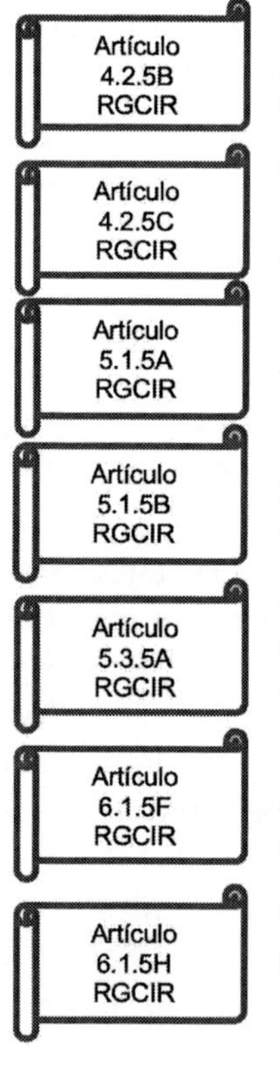

"Depositar o abandonar sobre la vía objetos o materias que puedan entorpecer la libre circulación, parada o estacionamiento" Infracción Leve → 80 €

"Arrojar sobre la vía objetos o materias que hagan peligrosa la libre circulación, parada o estacionamiento o deteriorar aquella o sus instalaciones". Infracción Grave → 200 €

"No hacer desaparecer lo antes posible un obstáculo o peligro en la vía, por quien lo ha creado" Infracción Leve → 80 €

"No adoptar las medidas necesarias para que el resto de usuarios puedan advertir un obstáculo o peligro en la vía por quien lo haya creado. Infracción Leve → 80 €

"No señalizar de forma eficaz, tanto de día como de noche, un obstáculo o peligro en la vía por quien lo ha creado ". Infracción Leve →80 €

"Arrojar a la vía o en sus inmediaciones cualquier objeto que pueda producir accidentes de circulación". Infracción Muy Grave (*Conductor)* → 500 € y 6 puntos.

"Arrojar a la vía o en sus inmediaciones cualquier objeto que pueda producir accidentes de circulación". Infracción Muy Grave → 500 €.

2.- Derramamiento de sustancias deslizantes o inflamables:

El riesgo grave para el tráfico no se origina en un obstáculo sino en la posibilidad de un patinazo o deslizamiento, así como en el incendio de los propios vehículos. Por derramar se entenderá dejar caer, verter o arrojar. El delito, al igual que en el supuesto anterior exige la creación de un grave riesgo y la concurrencia de dolo en cualquiera de sus modalidades, es decir la comisión consciente puesto que la comisión fortuita o imprudente es atípica, aunque puede dar lugar en determinadas circunstancias al delito, si aunque el derramamiento no se ha efectuado dolosamente en la vía se comprueba y por lo tanto se tiene conciencia que éste ha caído por imprudencia o fortuitamente, creando un grave riesgo y no se restaura la seguridad vial. Aunque entonces dicha conducta se encuadraría dentro del apartado segundo del precepto. La SAP Navarra 81/2007, de 29 de junio (TOL1.322.909) apreció esta figura delictiva en la conducta realizada dolosamente por varios jóvenes, consistente en derramar sobre la calzada de una rotonda cuatro bidones de un líquido desencofrante procedente de una obra cercana, de textura aceitosa y sumamente resbaladizo

3- Mutación, sustracción o anulación de la señalización:

Consiste en la alteración de las indicaciones ubicadas en las vías de forma y modo que resulten ininteligibles o produzcan confusión. La doctrina señala que sólo tendrán entidad a efectos penales las conductas realizadas sobre las señales de peligro o las que guarden relación más directa y sustancial con la seguridad vial, determinación que no puede establecerse de manera general, sino que habrá de hacerse en el caso concreto. No obstante en una primera aproximación podríamos citar que presumiblemente carecería de responsabilidad penal (en relación con los delitos contra la seguridad vial), la persona que por ejemplo anulara una señal (S-112) que avisa de la proximidad de una cafetería o la señal (S-114) que avisa de la proximidad de un merendero.

Fuente: Catálogo oficial de señales de tráfico, España.

Asimismo en aquellas comunidades o municipios bilingües, entendemos que la alteración toponímica relativa a los nombres de población (cuestión relativamente habitual) no constituyen delito al margen de la correspondiente sanción administrativa, por infracción al artículo 142 del reglamento general de circulación que castiga con 3.000 euros de multa (sin posibilidad de reducción del 50%) a quien retire, oculte, altere o deteriore la señalización permanente u ocasional en una vía sin permiso o causa justificada. Multa no baladí, que en un porcentaje de sentencias muy elevado supera con creces las penas de multa que pudieran derivar del ilícito penal correspondiente.

Fuente: Elaboración propia

En relación a los tipos de señalización, atenderemos a las clases que señala el reglamento general de circulación en sus artículos del 131 al 172 (*De la señalización)* que son las siguientes arreglo su orden de prioridad:

1. *Señales y Órdenes de los agentes de circulación.*
2. *Señalización circunstancial que modifique el régimen normal de utilización de la vía.*
3. *Semáforos.*
4. *Señales verticales.*

   a. *Advertencia de Peligro. (P) Tienen por objeto indicar al usuario la proximidad y naturaleza de un peligro.*

b. *De Reglamentación. (R) Tienen por objeto indicar al usuario obligaciones, limitaciones o prohibiciones.*

c. *De Indicación. (S) Tienen por objeto facilitar al usuario indicaciones de utilidad.*

5. Marcas Viales.

De manera que también la alteración de las marcas viales siempre que se originase un grave riesgo para la circulación, sería también constitutivo de delito. Conforme lo explicitado los tribunales han apreciado el delito en quien tumba cuatro señales de dirección obligatoria, una de dirección prohibida y otra de prohibido estacionar, además de dejarlas sobre la propia calzada, hechos contenidos en la SAP Barcelona 169/2005, de 17 de febrero (TOL630.486). Y también cuando se tiran las vallas y pivotes que señalizan una obra y la zanja existente arreglo SAP Zaragoza de 03/09/2003 (TOL430.995). Al igual que los apartados anteriores requiere dolo en cualquiera de sus modalidades, no siendo punible la imprudencia.

De esta manera, el conductor de un camión que al realizar un giro arrancara una señal de peligro sin percatarse de ello, no cumpliría el tipo penal, cuestión distinta sería que tuviera consciencia de ello y no hiciera nada abandonando el lugar en cuyo caso nos encontraríamos con la conducta típica que describiremos a continuación en el artículo 385.2 CP relativo a la conducta omisiva. Por el contrario el AAP BU 862/2022, de 29 de septiembre (TOL9.503.734) absuelve a quien para facilitar el acceso peatonal a una ermita en un tramo de carretera pintó varias señales sobre el firme consistentes en señales limitativas de la velocidad a 20 Km/h y dos pasos de cebra, puesto que la limitación de velocidad en el lugar a 20 Km/h ya se encontraba regulada por una señalización vertical reglamentaria previa y en relación a la pintura de dos pasos de cebra o de peatones en ese lugar, el juez estimó que dicha conducta era inidónea para generar el grave riesgo para la circulación que el delito exige.

En relación a la afortunadamente corta "moda" consistente en pintar de negro señalización que prohíbe el estacionamiento, obviamente las marcas amarillas longitudinales amarillas son señalización vial y pueden ser objeto consecuentemente de diligencias penales, ahora bien, habrá que determinar si la anulación de dichas marcas constituye un grave riesgo para la circulación o no, caso a caso.

4- Por cualquier otro medio:

Finalmente, la expresión "o por cualquier otro medio" se constituye en una cláusula abierta en la cual se encuadraría cualquier otra conducta dolosa no tipificada en los artículos anteriores ya que repetimos que la imprudencia al no estar tipificada en este precepto, ni en ningún otro de los relativos al capítulo de los delitos contra la seguridad vial, no debe de tenerse en cuenta según lo dictaminado en el artículo 12 CP. Así entendemos que podría tener cabida dentro de la cláusula abierta "o por cualquier otro medio" conductas tales como desplazarse en un vehículo a motor, pero no por impulsos del mismo que es el requisito establecido por la jurisprudencia para determinar la acción de la conducción, sino por efectos de la gravedad. Piénsese por ejemplo deslizándose desde una pendiente con el motor apagado.

NOTICIAS DE PRENSA *22/08/2014*

MONOPATÍN KAMIKAZE EN CARRETERA DE MONTAÑA

Dos hombres han sido imputados por circular en monopatín por el carril contrario, mientras descendían la CV-190, a su paso por Castell de Vilamalefa (Castellón). Mientras uno descendía, el otro le avisaba por walkie del tráfico. Un fallo en la comunicación, provocó un accidente.

https://www.lasprovincias.es/comunitat/201408/22/monopatin-kamikaze-carretera-montana-20140822000255-v.html

Y es que el articulo 385 CP, en la práctica va a seguir cumpliendo una función de cierre del sistema de protección penal de la seguridad vial, al subsumirse en él conductas no incardinables en el resto de artículos que regulan la materia. Función residual que reafirma el legislador reubicando el precepto al final del capítulo IV y que comprende situaciones tan heterogéneas como las siguientes: La SAP Girona 629/2010 de 8 de noviembre (TOL2.058.089) condenó como autores de una falta de hurto y de un delito contra la seguridad vial, a dos personas que hurtaron tres tapas de alcantarilla de una vía especialmente transitada (en este caso concreto con la intención de venderlas posteriormente como chatarra) creando otros tantos agujeros, de aproximadamente medio metro de diámetro por otro tanto de fondo cada uno de ellos, aptos para ocasionar un grave peligro a la circulación, sobre todo en ciclomotores y bicicletas y por lógica extensión para sus ocupantes. Obsérvese como una constante del presente tipo penal es que es indiferente la finalidad con la cual se ejecuta la acción para la consumación del mismo, siendo de especial interés "ad hoc" la presente sentencia para la praxis policial diaria, donde en la mayoría de los casos la actuación policial ante dicha problemática se centra únicamente en el delito leve de hurto.

Igualmente, la SJP 3 Donostia, de 14/01/2013, condenó por esta modalidad comisiva a un individuo que valiéndose de un puntero laser apuntaba con el haz de luz a los conductores de los vehículos, acción que por las circunstancias de la vía y climatológicas originaba un grave riesgo para la circulación. Por último la SAP Coruña 250/2020, de 27 de mayo (TOL8.048.026) condenó a los autores de haber esparcido gravilla por la curva de una carretera por la que se celebraba un Rally.

Modalidad Omisiva: Por su parte, el artículo 385.2 CP que regula la modalidad omisiva, castiga a quien origine un grave riesgo para la circulación, no restableciendo la seguridad de la vía cuando haya obligación de hacerlo y sea consciente del peligro generado, configurándose por ende como un delito especial, que sólo puede ser cometido por las personas obligadas a actuar para devolver a la vía sus condiciones de seguridad.

Si bien no es pacífica la doctrina, entendiendo varios autores que no sólo se podría castigar a quien origina el grave riesgo y no lo subsana, sino que entienden que el omitente también puede ser cualquier persona que a pesar de no haber creado el peligro, ya devenga su origen en la conducta dolosa o imprudente de un tercero, por agentes naturales o por imprudencia propia, tenga obligación de restablecer la seguridad de la vía. Piénsese por ejemplo en el personal de mantenimiento de carreteras o en los mismas fuerzas y cuerpos de seguridad, las cuales a la llegada de un percance circulatorio en el que exista derramamiento de aceite u otras sustancias deslizantes o consecuencia del siniestro quedaran importantes piezas de la carrocería de los vehículos esparcidas por la vía y no hicieran nada para restablecer la seguridad, eliminando el riesgo. Para este sector de la doctrina no importa quien haya causado la inseguridad en el tráfico, lo decisivo es quién no la restablece teniendo obligación de ello. Obligaciones en general, que señalan tanto la Ley de seguridad vial como el reglamento general de circulación en su articulado identificando causante con obligado, como regla general y ampliando el abanico de sujetos obligados, en el caso de los accidentes a todos los que tengan noticia del siniestro.

- Artículo 12.3 LSV en concordancia con artículo 5.1 RGC: Quien haya creado sobre la vía algún obstáculo o peligro, debe hacerlo desaparecer lo antes posible, adoptando entretanto las medidas necesarias para que pueda ser advertido por los demás usuarios y para que no se dificulte la circulación.
- Artículo 51.1 LSV en concordancia con artículo 129 RGC: El usuario de la vía que se vea implicado en un accidente de tráfico, lo presencie o tenga conocimiento de él, está obligado a auxiliar o solicitar auxilio para atender a las víctimas que pueda haber, prestar su colaboración, evitar mayores peligros o daños, restablecer en la medida de lo posible la seguridad de la circulación y esclarecer los hechos.
- Artículo 51.2 LSV en concordancia con artículo 130 RGC: Si por causa de accidente o avería el vehículo o su carga obstaculizan la calzada, el conductor, tras señalizar convenientemente el vehículo o el obstáculo creado, adoptará las medidas necesarias para que sea retirado en el menor tiempo posible, debiendo sacarlo de la calzada y situarlo cumpliendo las normas de estacionamiento siempre que sea factible.
- Artículo 57.1 LSV en concordancia con Artículo 139 RGC: Corresponde al titular de la vía la responsabilidad del mantenimiento de la misma en las mejores condiciones posibles de seguridad para la circulación y de la instalación y conservación en ella de las adecuadas señales y marcas viales.

Por restablecer la seguridad de la vía, se entiende la restauración de las condiciones objetivas de la vía que aseguran una circulación sin riesgos. Sirva como paradigma, el conductor de un camión del cual se desprende parte de la carga ya sea imprudente o fortuitamente y tras comprobar que ha quedado depositada en la calzada, originando un grave riesgo no hace nada para remediarlo. Obligación que también se hace extensiva a la policía, tal y como hemos expuesto ya que a la llegada de un accidente, una de sus funciones además de auxiliar a las víctimas y recabar datos del percance, es sin duda la correcta señalización en evitación de nuevos peligros así como el aviso a los servicios de limpieza o mantenimiento oportunos, para el restablecimiento de la seguridad vial.

De tal manera se desprende de la Guía de buenas prácticas para la atención inmediata a las víctimas en siniestros viales editada por el Ministerio Fiscal en 2022 que estipula como funciones de la policía a la llegada en primer lugar del siniestro, la adopción de las medidas de seguridad, información y señalización correspondientes, siendo los cuerpos de seguridad como norma general, los últimos en abandonar el lugar del accidente procediendo a la apertura con o sin restricciones del tráfico en las adecuadas condiciones de seguridad. Obligación de señalización que se extiende en ausencia de policía a bomberos y servicios de emergencias sanitarias.

Cuando el riesgo que presenta una carretera o vía se encuentre en su condición inicial, es decir cuando adolezca de defectos no añadidos sino que tienen su origen en una deficiente construcción de la misma, se entiende que tal hecho no es constitutivo del presente delito porque el tipo penal estipula que la acción consiste en un "no restablecer" y su creador responderá por otro tipo de infracciones civiles o administrativas.

No obstante, un inadecuado mantenimiento de la vía sí que pudiera tener repercusiones penales, puesto que se reprime no por perturbar, sino por no corregir lo que entorpece y disminuye las garantías de una tranquila utilización de las vías. Si bien normalmente los tribunales son más propensos a la utilización de la vía de la responsabilidad patrimonial de las administraciones, es posible hallar sentencias condenatorias contra empresas o contratistas ante graves incumplimientos a sus cometidos tal y como se recoge en las conclusiones de fiscales delegados de seguridad vial de León-2009 y Madrid-2023.

En lo que respecta a sentencias dictadas por nuestros órganos jurisdiccionales en relación a la presente infracción penal son de destacar la SAP Asturias de 05/04/2001 (TOL56.754) la cual condenó por la citada norma a quienes tras un accidente se detuvieron y comprobaron que el gasoil que transportaban en su furgoneta se estaba derramando en el suelo de la misma y filtrándose a la calzada a través de unos agujeros y no obstante permanecieron con una postura pasiva de omisión absoluta, sin adoptar ninguna medida para prevenir o evitar el peligro que de ello pudiera derivarse para otros usuarios de la vía. También la SAP Segovia 39/2005, de 23 de septiembre (TOL812.820) castiga por este delito al encargado de una obra y al representante legal de una empresa de construcción, porque varios camiones de la obra que entraban y salían de la misma dejaron lleno de barro deslizante la calzada, no adoptando ninguna medida de restablecimiento, pese a ser advertidos por la Guardia Civil de tales circunstancias, de manera que se produjeron dos accidentes de tráfico en días consecutivos, a consecuencia del barro. E igualmente la SAP Alicante, 22/05/1999 (ECLI:ES:APA:1999:1523) castiga al conductor de una furgoneta, la cual transportaba varios bidones de gasoil y tras un frenazo cayeron a la vía parte de los mismos, derramándose unos 80 litros en la calzada cubriendo una superficie de unos 50 metros de longitud y el conductor que los transportaba pese a verificar que había caído el gasoil a la calzada, dedujo que no existía peligro y marchó del lugar, pensando que ya lo absorbería alguna alcantarilla, sin adoptar ninguna medida al respecto. Hecho que causó que los usuarios de la calzada tuvieran apuros para circular precisándose el concurso de la Policía Local que adoptó medidas para reparar la situación.

Un nutrido conjunto de sentencias por modalidad omisiva, lo constituyen las referentes a titulares de animales sueltos. Así, la SAP Ciudad Real 10/2010, de 27 de enero (TOL1.819.048) condenó como autor criminalmente responsable de un delito contra la seguridad vial, al titular de varios equinos sueltos, el cual fue avisado que sus caballos se hallaban deambulando en una carretera nacional interrumpiendo el tráfico rodado, además en días sucesivos y únicamente avisó a un familiar entendiendo que con ello se daba solución al problema. No siendo esta la única sentencia relacionada con caballos y su libre deambulación por las carreteras ya que la SAP Cáceres 337/2015, de 13 de julio (TOL5.401.727) condenó en igual sentido al dueño de varios caballos que fue denunciado varias veces por invadir sus animales una carretera nacional, hasta que finalmente provocó un accidente. E igualmente la SAP Ciudad Real 27/2016, de 14 de marzo (TOL5.689.905) condenó al titular de una vivienda en la que se albergaban gran número de animales, sin las suficientes medidas de seguridad que impidiesen que los mismos pudieran salir por sí solos a la vía pública, habiendo sido informado en reiteradas ocasiones por la Policía Local sobre el grave riesgo que provocaban sus animales cuando salían de su propiedad y accedían a las vías públicas más cercanas, registrándose previamente numerosos incidentes.

El abandono del vehículo siniestrado, averiado o accidentado generando un grave riesgo para la seguridad vial, también conforma otro gran cúmulo de sentencias representativas del presente.

Por ejemplo, la SAP Pontevedra 81/2008, de 22 de abril (ECLI:ES:APPO:2008:1099) recoge el abandonar el coche en mitad de un carril, sin luces, ni triángulos de señalización, en una curva de escasa visibilidad y con fuerte temporal; La SAP Zamora 18/2011, de 21 de febrero (TOL2.111.502) castiga al conductor de un vehículo que por causa desconocida pierde el control de su vehículo e impacta contra una farola, dejando el vehículo en la vía pública sin señalizar, ocupando un carril de circulación así como la farola que al ser derribada por la colisión había quedado ocupando parte de ambos carriles, constituyendo dichos obstáculos graves riesgos imprevisibles para la circulación y resto de los usuarios de la vía, ausentándose del lugar, no llamando a la policía, no avisando a ninguna grúa y no señalizando el lugar del accidente, incumpliendo con las obligaciones que le imponen tanto el artículo 10.3 de la LSV (actualmente 12.3 tras reforma operada por el RDL 6/15), en relación con el precepto quinto del reglamento general de circulación. Y también es merecedor de reproche penal el acusado que generó un grave peligro en la vía pública al dejar su vehículo siniestrado ocupando parte del carril sentido Ribadesella, marchándose del lugar sin colocar ninguna señal de advertencia de peligro, sin volver al lugar después ni interesarse por lo que pudiera resultar de la fuente de peligro que él había generado, ni avisar al 112. Pese al accidente el acusado nunca perdió su capacidad cognitiva y se encontraba en condiciones físicas y mentales aptas para accionar en pro del restablecimiento de la seguridad de la vía, conforme la SAP Asturias 183/2023, de 3 de mayo (TOL9.647.972).

Conclusiones: En síntesis de lo narrado, dos son los elementos nucleares para la apreciación del presente delito además de la concurrencia de determinadas circunstancias que sólo acontecen en algún apartado del precepto, tales como que los obstáculos sean imprevisibles o que los líquidos sean deslizantes.

El primero de ellos lo constituye la existencia de dolo en cualquiera de sus tres variables, resumiéndose en que se actúe guiado por la intención de alterar la seguridad vial o bien que se acepte dicho resultado como derivado de una conducta, en la cual aunque no se busca de forma directa la perturbación, es aceptada como posible resultado. Así la SAP Asturias 209/2003 de 19 de marzo (TOL318.358) absuelve de un delito contra la seguridad vial, al imputado que había dejado varios animales sueltos que invadían la carretera, por considerar probado que no pretendía alterar la seguridad vial, ni pensaba que la misma se iba a producir. Es decir por ausencia de dolo, en cualquiera de sus modalidades.

La segunda piedra angular que conforma el hecho delictivo, es el grave riesgo, concepto abstracto y subjetivo que puede definirse desde el sentido común como todo aquel que ponga en serio peligro la circulación y que debe de analizarse caso por caso.

Así siguiendo el espíritu de la obra se muestran de nuevo dos ejemplos reales, en los cuales los órganos jurisdiccionales exponen sus criterios, en este caso en lo concerniente al grave riesgo. Por un lado la SAP Castellón 134/2005, de 27 de abril (TOL690.175) entendió que existió grave riesgo en la acción de lanzar un palo de un metro de longitud que impactó contra la parte frontal de un vehículo, que derivó en que el conductor del mismo procediera a frenar bruscamente, lo que le provocó el ser alcanzado por otro vehículo.

Por el contrario, la SAP Málaga 05/10/2000 (TOL1.172.700), estimó que no existía dicho grave riesgo, en la acción de un menor de edad que arrojó a la vía pública desde la terraza de su vivienda varios objetos, entre ellos una barra de hierro y si bien reconoce que tales hechos son reprochables e incívicos, por medio de tales actos no se originó un grave riesgo para la circulación, es decir una situación de trascendencia importante y general.

385 Bis y Ter Código Penal.

Comiso del vehículo a motor. Subtipo atenuado

Art. 385 Bis: *El vehículo a motor o ciclomotor utilizado en los hechos previstos en este capítulo se considerará instrumento del delito a los efectos de los artículos 127 y 128.*

Art. 385 Ter: *En los delitos previstos en los artículos 379, 383, 384 y 385, el Juez o Tribunal, razonándolo en sentencia, podrá rebajar en un grado la pena de prisión en atención a la menor entidad del riesgo causado y a las demás circunstancias del hecho.*

Los presentes novedosos y autónomos artículos son fruto de la reforma operada en el Código Penal mediante la Ley orgánica 5/2010, de 22 de junio y que conforme establecía su disposición final séptima entraron en vigor el 24 de diciembre del mismo año. Su carta de naturaleza deviene de la misma raíz que la propia reforma en general que alteró el contenido de cerca de ciento cincuenta artículos del Código Penal. Que no es otra que la adaptación de la realidad social a la realidad jurídica, otorgando una respuesta adecuada a la evolución social de un sistema democrático avanzado como el que configura la Constitución Española, lo que desemboca que el ordenamiento jurídico esté sometido a un proceso constante de revisión.

Artículo 385 Bis (COMISO): No es ni una pena, ni una medida de seguridad, es una consecuencia accesoria. El comiso de vehículos a motor, en relación con los actuales delitos viales tuvo su origen en la Ley Orgánica 3/1989, de actualización del Código Penal.

En concomitancia con la entonces neófita tipificación del delito de conducción temeraria con consciente desprecio por la vida de los demás, introducido por la entonces alarma social que provocaron en esa época, los llamados conductores homicidas. Así, el último párrafo del entonces artículo 340 bis d) citaba que "el vehículo de motor utilizado se consideraría instrumento del delito". Más tarde, en 1995 con la aprobación del Código Penal, el comiso de los vehículos de motor se mantuvo si bien se extirpó su ubicación del entonces precepto destinado a la conducción temeraria (antiguo 384 CP) para reubicarlo en el artículo 385 CP pero restringido únicamente a los hechos tipificados en el 384 CP. Con la promulgación de la L.O. 15/2007, por la que se modificó el Código Penal en materia de Seguridad Vial, se volvió a incluir el comiso de vehículos dentro del mismo precepto que regulaba la conducción temeraria con manifiesto desprecio por la vida de los demás (*Art. 381.3 C.P.*)

Fuente: Repertorio propio.

De esta manera nos encontramos como desde sus orígenes en 1989, el comiso de vehículos a motor en relación con los delitos viales, ha estado íntimamente ligado a las conducciones temerarias homicidas. Bien regulándose en el mismo artículo que éstas (1989-1995 y 2007-2010) bien fuera del mismo artículo, pero reservándose únicamente para las conducciones temerarias homicidas (1995-2006).

Tal reserva del comiso del vehículo a motor, exclusivamente a la susodicha figura penal como se desprendía del artículo 381 CP, párrafo tercero, que en su redacción dada por la L.O. 15/2007 citaba que «El vehículo a motor o ciclomotor utilizado en los hechos previstos en el presente precepto se consideraría instrumento del delito» despertó notables críticas en cierta parte de la doctrina y jurisprudencia dispar.

A título de ejemplo en la memoria del fiscal de sala de seguridad vial 2009, se citaba que la actual regulación del comiso, conforme la LO 15/2007 «*ut supra*» referida, al margen de su interpretación era anacrónica y contradictoria. Amén de no concordar con el resto de países europeos de nuestro entorno, puesto que dada su redacción y ubicación en el anterior y ya derogado articulado, los delitos viales eran aparentemente los únicos delitos dolosos de peligro donde no cabía la medida. Cuestión no comprensible si pensamos que incluso en las antiguas faltas dolosas de peligro era posible la utilización del comiso del vehículo a motor o ciclomotor.

De esta manera en la reunión de fiscales delegados de seguridad vial de León 2009, se había debatido sobre la incertidumbre de hacer extensiva esta medida a todos los delitos del capítulo. Hallando argumentos a favor, tales como que la remisión del antiguo 381.3 CP no era excluyente para los demás delitos del régimen general que plantean los artículos 127 y 128 CP; Además venía siendo aplicado por la doctrina jurisprudencial, reseñándose a título de ejemplo las siguientes resoluciones que decretaban la medida de comiso y la razonaban: SAP Coruña 486/2008, de 18 de noviembre (TOL7.213.119) y SAP Álava 43/2009, de 12 de febrero (TOL1.568.988) en los casos de mayor gravedad y peligrosidad.

E inclusive además el hecho que la fiscalía superior de Extremadura había dictado instrucciones al respecto, entendiendo que sí que eran de aplicación a todos los delitos viales; Conjuntamente su no aplicación al resto de delitos contra la seguridad vial, devaluaría a éstos puesto que serían los únicos delitos dolosos de peligro del Código Penal, sin la posibilidad del comiso lo que significaba una devaluación de la delincuencia vial, contraria a la nueva cultura existente en nuestro país sobre seguridad vial y la necesidad de una eficaz tutela de la vida e integridad como bienes jurídicos fundamentales puestos en peligro por la violencia vial. A sensu contrario únicamente se refutaba de manera principal como límite a esta interpretación, la ubicación concreta realizada por el legislador en el mentado precepto a día de hoy superado. Es por ello por lo que la fiscalía propugnaba en su memoria una nueva redefinición del articulado penal, cuestión que se materializó con la L.O. 5/2010.

Son importantes las consecuencias a efectos práctico policiales derivadas de la resolución del conflicto anteriormente planteado, tras la inclusión en el código del actual artículo 385 CP Bis, puesto que conlleva su práctica extensión a cualquier delito vial. Es decir, el conductor que conduzca bajo los efectos del alcohol, de las drogas o se niegue a las obligatorias pruebas legalmente establecidas o circule sin ningún tipo de autorización administrativa para circular, por ejemplo, su vehículo podrá ser considerado instrumento del delito en cuyo caso se deberá colocar a disposición de la autoridad judicial. No quedando reservada ya dicha posibilidad únicamente a las conducciones temerarias homicidas como antes.

Pero ¿cuándo debe decretarse el comiso del vehículo?, ¿en todos los casos?, ¿en todos los supuestos?... En primer lugar, apuntaremos que hablando en propiedad el único que puede decretar el comiso es el órgano jurisdiccional pertinente. El Ministerio Fiscal puede solicitarlo y las fuerzas y cuerpos de seguridad conforme los artículos 127 y 128 del Código

Penal, así como 282 y 770 de la Ley de enjuiciamiento criminal, pueden únicamente ponerlo a disposición del juzgado. En segundo lugar, se podrá decretar el comiso en todos los delitos contra la seguridad vial en que se emplee el vehículo a motor o ciclomotor como medio o instrumento del delito que son todos a excepción en su caso del propio artículo 385 CP, ya que éste se puede cometer sin necesidad de usar el vehículo.

En tercer lugar, es requisito indispensable que el vehículo pertenezca al autor del delito, ya que el artículo 127 del Código Penal impide expresamente que pueda efectuarse el comiso, cuando pertenezca a un tercero de buena fe, no responsable del delito. En este punto debemos hacer un pequeño inciso, puesto que existe una consolidada doctrina jurisprudencial que prima la titularidad real del vehículo sobre la formal del registro de las autoridades de tráfico, véanse a título de ejemplo la STC 151/2002, de 15 de julio (TOL258.483) y las STS 1240/1998, de 27 de noviembre (TOL5.133.378), STS 10/04/2000 (TOL38.549) y STS 883/2004, de 9 de julio (TOL514.540). Por lo tanto, corresponderá a la policía judicial que entienda de un determinado caso, la labor investigadora de distintas circunstancias de carácter relevante que revelen la verdadera titularidad real del vehículo, tales como utilización habitual del mismo, posesión en concepto de dueño, si el dueño es una persona física o jurídica, pago del precio, el pago del impuesto de circulación y cualesquiera otros relacionados con el vehículo, el pago del obligatorio seguro de responsabilidad civil, la factura de la estación ITV, el informe técnico de la estación ITV donde consta la firma del usuario, etc. De esta manera evitaremos fraudes sobre la titularidad de los vehículos.

Y finalmente reseñar que no toda conducta incardinable en un delito vial, conlleva necesariamente el comiso del vehículo, ya que este no es obligatorio, sino que el artículo 128 C.P. exige una proporción entre la intensidad de la infracción y el valor del objeto a decomisar. Una interpretación del precepto, nos debe llevar a la introducción de criterios de proporcionalidad que eviten su aplicación automática. De esta manera al poco de entrar en vigor el bisoño precepto, una pléyade de instrucciones de distintas fiscalías, intentaron clarificar o poner orden entre la amplia panoplia de conductas susceptibles del mismo, tales como:

- La nota de servicio 1/2011 de la Fiscalía Superior de Andalucía, Ceuta y Melilla, que reseñaba que los agentes podrán efectuar el "comiso preventivo", en los siguientes casos, que el vehículo no pertenezca a un tercero de buena fe, no responsable del delito:

- Cuando esté implicado en un delito de los artículos 380 y 381 del Código Penal.
- Cuando como consecuencia de un delito contra la seguridad vial (arts. 379 a 385 CP) se haya producido un resultado de muerte (art. 142 CP) o de lesiones graves (art. 152 CP).
- Cuando se trate de un delito de omisión del deber de socorro del artículo 195.3 CP.
- En los delitos de los artículos 379, 384 y 385 CP, cuando conste fehacientemente que el infractor ha sido condenado con anterioridad a los hechos objeto de investigación, por delitos contra la seguridad vial, al menos en tres ocasiones en el último año a contar de fecha a fecha.

– La instrucción general 1/2011 de la Fiscalía Provincial de Las Palmas, que en igual sentido indicaba que con independencia de las medidas de inmovilización del vehículo que puedan adoptarse en el marco de la normativa de tráfico, se tendrán en cuenta los siguientes criterios a la hora de proceder a la recogida de los "instrumentos" del delito, cuando el hecho revista especial gravedad, considerándose que esto sucedía en los siguientes casos:

- Cuando se supere el doble de los límites establecidos en los artículos 379 y 384 CP.
- En la conducción temeraria o con consciente desprecio por la vida de los demás, de los artículos 380 y 381 CP.
- Cuando concurra con alguno de los delitos contra la seguridad vial, un delito de homicidio y(o lesiones graves por imprudencia tipificados en los artículos 142 y 152 CP.
- Cuando exista una reiteración delictiva, que acontecerá con la comisión de una tercera infracción penal en los delitos penados por los artículos 379 y 384 CP.

Esta disparidad de criterios a seguir quedó en parte homogeneizada con las indicaciones orientativas del Fiscal de Sala coordinador de seguridad vial, de enero de 2011, en la que estipuló una serie de criterios orientativos, que constituyen una enumeración ejemplificativa para la praxis diaria. Estos criterios que a continuación se exponen, tienen la finalidad en la medida de lo posible, para que se adopte la medida del "comiso preventivo" por parte de las fuerzas y cuerpos de seguridad de manera concorde con las actuaciones judiciales posteriores, de manera que no se produzcan disfunciones consecuencia de una primera adopción de medidas que no vayan acompañadas ulteriormente en condiciones normales de la solicitud del Ministerio Fiscal y/o correspondiente resolución judicial.

Por ello y siempre que el vehículo a motor o ciclomotor no pertenezca a un tercero de buena fe, como regla general procederá el comiso, en los siguientes casos:

- PRIMERO: En los casos de multirreincidencia, reveladores de una continuada actitud de rebeldía y oposición a la norma en los delitos de los artículos 379 y 384 CP. Siendo preciso para ello más de tres condenas en los dos últimos años por delitos contra la seguridad vial.
- SEGUNDO: Excepcionalmente, en los supuestos de un solo delito de conducción bajo la influencia de alcohol y drogas y exceso de velocidad punible cuando las tasas, influencia o exceso sean de extraordinaria gravedad y generadoras de un intenso peligro que pueda dar lugar ya al juicio de peligrosidad. Se trata de supuestos extremos.
- TERCERO: En los delitos de negativa al sometimiento a las pruebas de detección de alcohol, pero sólo en los casos de reincidencia simple.
- CUARTO: Conducción temeraria y con consciente desprecio de los artículos 380 y 381 CP. Con más rigor en las carreras ilegales incardinables en estos preceptos.
- QUINTO: Con mayor exigencia en los delitos de homicidio y lesiones imprudentes de los artículos 142 y 152 CP por su gravedad y como medida complementaria de protección a las víctimas de accidentes de tráfico y en particular cuando van unidos al delito de omisión de socorro del 195.3 CP.

Finalmente la Circular 10/2011, de 17 de noviembre, sobre criterios para la unidad de actuación especializada del Ministerio Fiscal en materia de Seguridad Vial estableció que conforme una exégesis racional de los artículos 127 y 128 CP los criterios para acordarlo son:

- Naturaleza del hecho.
- Circunstancias concretas del ilícito.
- Gravedad.
- La situación económica y personal del penado.
- Valor económico.

Razonamientos que serán examinados todos ellos a la luz del principio de proporcionalidad, al objeto de determinar su conveniencia siendo especialmente coherente y/o conveniente su aplicación en los supuestos de multirreincidencia y delitos de conducción temeraria.

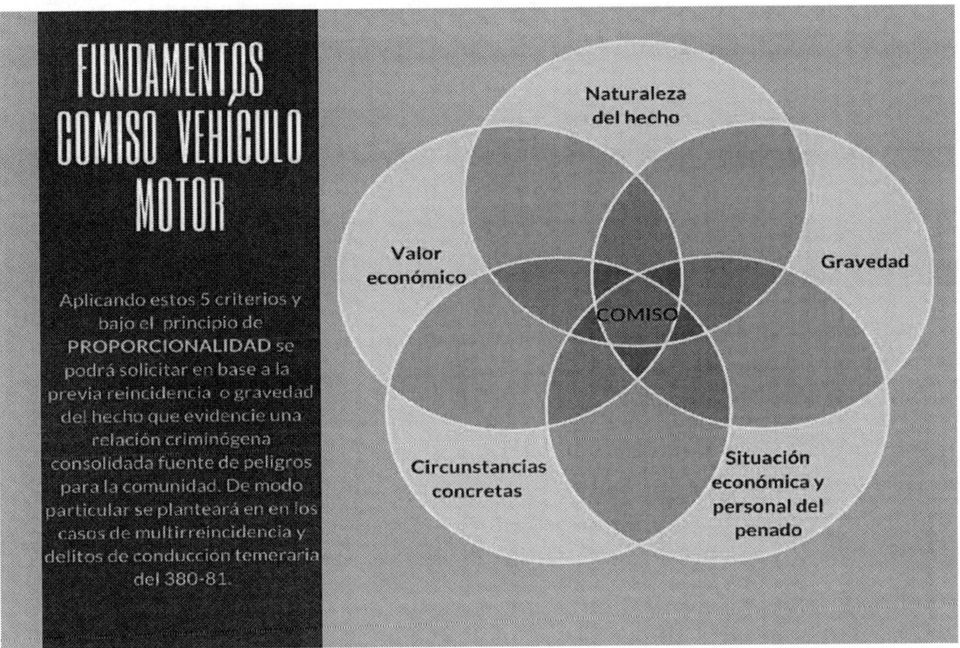

Es decir, frente a las conductas más graves o subjetivamente de mayor peligrosidad del autor, atendiendo a su *iter* delictivo, de aplicación normal en casos de multirreincidencia que previamente han incumplido anteriores prohibiciones de conducir vehículos a motor, se configura como el criterio que mantienen actualmente la mayoría de las Audiencias provinciales, citándose a título de ejemplo el AAP Barcelona 261/2023, de 27 de febrero (TOL9.770.659).

En todo caso se hará constar por diligencia tal circunstancia en el atestado, así como el lugar donde se encuentra depositado el vehículo y si este reúne o no las condiciones necesarias para su correcta conservación. Posteriormente será la autoridad judicial, quien ratificará o no este comiso preventivo, todo ello sin perjuicio de la facultad de inmovilización o retirada del vehículo conforme la legislación de tráfico.

Artículo 385 Ter (Subtipo atenuado): Finalmente la reforma añade también un nuevo y novedoso artículo 385 ter, de limitado ámbito de aplicación, puesto que se aplicará únicamente a los supuestos de imposición de la pena de prisión, referentes únicamente a los delitos de los artículos 379,

383, 384 y 385 CP donde se concede a los jueces la facultad excepcional de rebajar la pena en grado atendiendo a la menor entidad del riesgo y a las demás circunstancias del hecho enjuiciado. Reforma que concuerda con las modificaciones efectuadas fundamentalmente en los delitos contra la seguridad vial, por la Ley orgánica 5/2010 y que se corresponden a sus variables penológicas. La reforma aun cuando ofrece una respuesta penal alternativa de menor entidad, sin embargo permite una mejor individualización de la pena y adaptación a la realidad de medios de la que se dispone. Siendo su objeto la evitación de los ingresos en prisión por tales tipos penales, que alcanzan una relevante cifra tras el aumento de la severidad de las penas o exacerbación punitiva, en los últimos años operada sobre los delitos contra la seguridad vial.

La STS 38/2020, de 6 de febrero (TOL7.763.421) en atención a la literalidad del precepto que alude expresamente a la pena de prisión, así como por aplicación de un criterio lógico o sistemático y conforme la voluntad del legislador estipuló que la posibilidad de rebajar la pena en un grado prevista en el artículo 385 ter CP, se refiere únicamente a la pena de prisión, es decir un condenado a la pena de trabajos en beneficio de la comunidad no puede reducir en un grado su condena en atención a la escasa entidad de los hechos enjuiciados.

Por lo tanto y a modo de resumen, podemos sintetizar las distintas condenas de los delitos contra la seguridad vial, en las siguientes tablas ordenada la primera de ellas por articulado...

Art.	Conducta	Prisión	Multa	TBC	Permiso
379.1	Exceso Velocidad	3/6 m	6/12 m	31-90 d	1-4 años
379.2	Alcoholemia Drogas (+)	3/6 m	6/12 m	31-90 d	1-4 años
380	Conducción Temeraria	6m/2a			1-6 años
381	Temeraria con desprecio	2/5 a	12/24 m		6-10 años
381.2	Temeraria con desprecio Sin peligro	1/2 a	6/12 m		6-10 años
383	Negativa pruebas	6m/1a			1-4 años
384	Conducción sin permiso	3/6 m	12/24 m	31-90 d	
385	Colocación obstáculos	6m/2a	12/24 m	10-40 d	

Pena obligatoria / Pena alternativa

Y la segunda por la gravedad de las conductas cometidas, en base a la pena privativa de prisión, operando la atenuante del Art. 385 *ter*.

Artículo	Conducta	Prisión
381	Temeraria con desprecio	2/5 a
381.2	Temeraria con desprecio, sin peligro	1/2 a
380	Conducción Temeraria	6m/2a
385	Colocación obstáculos	6m/2a
383	Negativa pruebas	6m/1a
383 atenuado	Negativa pruebas	3m/6m y 1d
385 atenuado	Colocación obstáculos	3m/6m y 1d
379.1	Exceso Velocidad	3/6 m
379.2	Alcoholemia, Drogas (+)	3/6 m
384	Conducción sin permiso	3/6 m
379.1 atenuado	Exceso Velocidad	1m y 15d / 3m y 1d
379.2 atenuado	Alcoholemia Drogas (+)	1m y 15d / 3m y 1d
384 atenuado	Conducción sin permiso	1m y 15d / 3m y 1d

El nonato Artículo 385 Quáter (Libertad vigilada):

En primer lugar y como el título del epígrafe reseña, aclarar que no existe a día de hoy ningún artículo 385.4 en nuestro Código Penal. Si bien el presente epígrafe trae causa en el largo procedimiento de reforma del Código, que devengó en la Ley Orgánica 1/2015, de 30 de marzo, y que casi lo creó. Ya que inicialmente conforme el Proyecto de Ley inicial de modificación del Código Penal, publicado en el BOCG de 4 de octubre de 2013, sí que se establecía la introducción del artículo 385 *quáter*, como una disposición común aplicable a todos los delitos contra la seguridad vial cuyo tenor era el siguiente:

> "A los condenados por la comisión de uno o más delitos comprendidos en este Título se les podrá imponer además una medida de libertad vigilada".

De esta manera la libertad vigilada que no es una pena, sino una medida de seguridad consistente en una serie de limitaciones, obligaciones, prohibiciones o reglas de conducta, tendentes a la protección de las víctimas, la rehabilitación y la reinserción social del delincuente y que fue introducida en nuestro ordenamiento penal por la L.O. 5/2010 (regulada y desarrollada posteriormente por el RD 840/2011 de 17 de junio), para determinados y limitados supuestos, a raíz de la reforma inicial planteada por el legislador, se iba a aplicar también a los delincuentes viales. Recordemos que la libertad vigilada, puede consistir en la obligación de estar siempre localizable, obligación de comunicar cambios de domicilio, obligación de participar en programas formativos, seguir tratamientos médicos... Y además la reforma pretendía ampliar su ámbito a aspectos tales como la prohibición de consumir alcohol o drogas. De esta manera si se hubiera llegado a aprobar el proyecto inicial de reforma, en sus términos originarios y teniendo en cuenta que el Art. 468 del Código Penal, relativo a los quebrantamientos castiga no sólo los quebrantamientos de condena, sino también los de medidas de seguridad. Se podría haber dado la circunstancia que un delincuente vial tras ser castigado con la pena por haber cometido un delito vial y estando sometido a libertad vigilada, consistente ésta en la prohibición de consumir alcohol (en su caso), se le pudiera llegar a detener por estar tomando una cerveza en un bar, por quebrantamiento de medida de seguridad.

No obstante, dada la pretensión desmesurada de ampliación de la libertad vigilada a múltiples supuestos penales, así como su duración temporal, hicieron reflexionar al legislador y durante el procedimiento parlamentario de reforma del Código Penal fue objeto de enmienda de supresión.

Justificándose la misma en la difícil vigilancia de tantos sujetos, en tantos ámbitos que generaría una importante carga de recursos al sistema (que no tiene) y porque tampoco ayudaba a la reinserción del delincuente.

Por ello dicho artículo 385.4 CP nunca llegó a ver la luz y los delincuentes viales, no pueden ser objeto de libertades vigiladas, actualmente.

Referencias bibliográficas

ANADÓN BASELGA, M. y ROBLEDO ACINAS, M. (2010) *Manual de criminalística y ciencias forenses.* España, editorial Tébar Flores.

ARAGÓN, C., MIQUEL, M., CORREA, M. y SANCHIS-SEGURA, C. (2002). *Alcohol y metabolismo humano.* Adicciones, 14 (5).

ARREGUI DALMASES, C., LUZÓN NARRO, J. y SEGUÍ-GÓMEZ, M. (2007) *Fundamentos de biomecánica en las lesiones por accidente de tráfico.* Madrid: Dirección General de Tráfico.

CARRASCO GARCÍA, A. (2022) *Visión Cero: Los siguientes pasos a implementar para reducir la siniestralidad vial.* Diario La Ley, 2022, nº 10.166

CARRASCO GARCÍA, A. (2024) *Análisis de debilidades y propuestas de mejora en la legislación nacional de tráfico. Revista General de Derecho Administrativo, (65), 9.*

DASGUPTA, A. (2019) *Critical issues in alcohol and drugs of abuse testing.* Academic Press.

DIRECCIÓN GENERAL DE TRÁFICO (2006) *Revista Tráfico y Seguridad Vial, número 177-17.* Edita Ministerio del Interior, Madrid.

ELSOHLY, M.A. y SLADE, D. (2005) Chemical constituents of marijuana: The complex mixtures of natural cannabinoids. *Life Sciences* 78. pp. 539-548.

GARCÍA-REPETTO, R. PÉREZ-TORRES, A. y SORIA-SÁNCHEZ, M.L. (2012) Conducción bajo los efectos de sustancias psicoactivas: correlación de las concentraciones en fluido oral y sangre. *Revista Española de Medicina Legal, 38 (3), 91-99.*

GONZÁLEZ LLONA, I., TUMULURU, S., GONZÁLEZ-TORRES, M.A. y GAVIRIA, M. (2015) Cocaína: una revisión de la adicción y el tratamiento. Revista de la asociación española de neuropsiquiatría, 2015; 35 (127), 555-571.

FUENTES GONZÁLEZ, M.C., GONZÁLEZ LUQUE, J.C., PALMA BRIONES, J. y ZORI BERTOLÍN, P. (2010) *Avanzado de intervención de accidentes en vía urbana e interurbana.* Madrid. Ediciones GPS.

INSTITUTO NACIONAL DE TOXICOLOGÍA Y CIENCIAS FORENSES (2022) *Hallazgos toxicológicos en víctimas mortales de accidentes de tráfico.* Ministerio de Justicia.

LANZAROTE MARTI´NEZ, P. (2021) *Doctrina unificada del Tribunal Supremo sobre delitos contra la seguridad vial.* Ed. Wolters Kluwer, Madrid.

LI, H.L. (1974). *An archaelogical and historical account of cannabis in China.* Economic Botany 28, 437–448.

LIJARCIO CÁRCEL, J.I., MARTÍ-BELDA, A.M. y BOSÓ, P. (2011) Tratamiento administrativo y penal del consumo de alcohol y otras drogas en la conducción de vehículos. R*evista española de drogodependencias, 3, 351-365.*

MECHOULAM, R. y HANUS, L. (2002) Cannabidiol: An overview of some chemical and pharmacological aspects. Part I, Chemical aspects. *Chemistry and Physics of Lipids* 121: 35-43.

MEHMEDIC, Z., PHARM, M., CHANDRA, S., SLADE, D., DENHAM, H., FOSTER, S., PATEL, A.S., ROSS, S.A., KHAN, I.A. y ELSOHLY, .M (2010) Potency Trends of D9-THC and Other Cannabinoids in Confiscated Cannabis Preparations from 1993 to 2008. *Journal of Forensic Sciences.* Vol 55. Nº 5.

NACIONES UNIDAS, OFICINA CONTRA LAS DROGAS Y EL DELITO (2010) *Métodos recomendados para la identificación y el análisis del cannabis y los productos del cannabis.* UnitedNationsPublicationS.09.XI.15. Viena, Austria.

OBSERVATORIO ESPAÑOL DE LAS DROGAS Y LAS ADICCIONES (2023) *Alcohol, tabaco y drogas ilegales en España.* Madrid: Ministerio de Sanidad. Delegación del Gobierno para el Plan Nacional sobre Drogas; 2023. 270p.

OBSERVATORIO NACIONAL DE SEGURIDAD VIAL (2021*) Revisión sistemática sobre drogas y conducción.* Ministerio del Interior, Madrid.

PÉREZ-MARTÍN, M. (2007). Apuntes sobre la prueba de alcoholemia en el proceso penal español. *Revista de ciencias jurídicas y sociales da Unipar, 10(1), 5-24.*

PHILLIPS, K., LUK, A. SOOR, G., ABRAHAN, J.R., LEONG, S. y BUTANY, J. (2009) *Cocaine Cardiotoxicity. A review of the pathophysiology, pathology and treatment options.* American Journal Cardiovascular Drugs 2009; 9 (3): 177-196.

REPETTO, M. (1995) *Toxicología del alcohol etílico.* M. Repetto (1ª edición), Toxicología avanzada, 425-455.

SANZ FERNÁNDEZ-VEGA, MARIO (2013) *Delito de conducción bajo los efectos del alcohol: La cadena de custodia en las analísticas de sangre.* Jornadas de fiscales especialistas de seguridad Vial, Madrid.

SELVA OTAOLAURRUCHI, J.S., BOTELLA, M.C., SALOM, P.G., ROS, N.B., MONSALVE, A.G. y DE LA VEGA, M.L. (2001) Etanolemia y etilometría: un punto de discusión. F*armacia hospitalaria,* 2001 (25/03), 175.

VELASCO MARTÍN, A. (2014). Farmacología y toxicología del alcohol etílico o etanol.

Sobre el autor

Antonio Carrasco García, es Comisario-Jefe, del cuerpo de la Policía Local de Alaquàs (Valencia) donde presta sus servicios desde hace más de 20 años. Licenciado en Derecho y Criminología, cuenta con un Máster en Criminología (*premio extraordinario*) y es Doctor "*Cum Laude*" en estudios jurídicos superiores por la Universidad de Valencia. Comisario desde los 35 años, fue el más joven de la Comunidad Valenciana en alcanzar dicho rango.

Desde sus inicios profesionales se centró siempre en el ámbito del tráfico, la educación y la seguridad vial. Profesor colaborador en el Instituto Valenciano de Seguridad Pública y Emergencias desde la anualidad 2011 y coordinador de las asignaturas de Tráfico Urbano, Seguridad Vial y Circulación así como Detección de drogas en la conducción, es igualmente tutor del grado de criminología de las Universidades de Valencia, Católica de Valencia y Jaime I de Castellón.

Autor de distintos manuales policiales, así como co-autor del libro "Movilidad sostenible en ciudades medias", publica habitualmente artículos relacionados con el tráfico y el derecho penal en distintas revistas de ámbito nacional (*Diario la Ley, Revista de Tráfico y Seguridad Vial; Revista General del Derecho administrativo...*). Ha sido ponente en distintas ponencias y congresos organizados a nivel nacional e internacional y cuenta con numerosas condecoraciones a cargo de su dilatada experiencia profesional.